Dietmar Hansch
Persönlichkeit führt

Dietmar Hansch

Persönlichkeit führt

Sich selbst und Mitarbeiter wirkungsvoll coachen

Grundlagen der Psychosynergetik®

Bibliografische Information der Deutschen Nationalbibliothek

Die Deutsche Nationalbibliothek verzeichnet diese Publikation in der
Deutschen Nationalbibliografie; detaillierte bibliografische Daten sind
im Internet über http://dnb.d-nb.de abrufbar.

ISBN 978-3-89749-846-4

Lektorat: Sabine Rock, Frankfurt/Main | www.druckreif-rock.de
Umschlaggestaltung: Martin Zech, Bremen | www.martinzech.de
Satz und Layout: Das Herstellungsbüro, Hamburg | www.buch-herstellungsbuero.de
Herstellung: BoD - Books on Demand, Norderstedt

Über aktuelle Neuerscheinungen und Veranstaltungen informiert Sie
der GABAL-Newsletter unter www.gabal.de

Inhalt

Über dieses Buch

Viele von Ihnen kennen das Gefühl, enorm steigenden Anforderungen ausgesetzt zu sein. Die Gründe dafür sind vielfältig. Vielleicht sind auch bei Ihnen Mitarbeiterstellen entfallen und Ihr Arbeitsvolumen wächst. Vielleicht sind Sie in Ihrem Unternehmen versetzt worden und Sie müssen sich nun in ein neues Aufgabenfeld einarbeiten. Vielleicht werden Sie ständig mit Neuem konfrontiert, weil eine Umstrukturierung die nächste jagt. Vielleicht sind Sie in der Sandwichposition einer mittleren Führungskraft und müssen Leistungsdruck »nach unten weitergeben«. Wie sollen Sie das den Leuten beibringen und trotzdem noch ein gutes Arbeitsklima erhalten? Auch als Topmanager stehen Sie unter wachsendem Druck: Wie sollen Sie nur mit der Ungeduld und den Begehrlichkeiten der Investoren und Fondsmanager umgehen?

Wachsender Anforderungsdruck

Schlimmstenfalls ist Ihr eigener Arbeitsplatz gerade einer Umstrukturierung zum Opfer gefallen. Nun müssen Sie lernen, vom eher außengeleiteten Leben eines Angestellten auf die innengeleitete Lebensführung eines Selbstständigen umzuschalten. Die richtigen Ziele finden, Selbstdisziplin und Selbstmotivation einüben – wie geht das eigentlich? Außerdem wollen Sie noch für Ihre Familie da sein, einigen Hobbys nachgehen, glücklich werden und gesund bleiben.

Erkennen Sie sich wieder? Dann sollten Sie dieses Buch lesen (obwohl eigentlich nichts wirklich Neues drinsteht).

Wie gehe ich mit meinen Problemen, mit mir selbst, mit meinen Mitmenschen und Mitarbeitern am besten um? Was kann ich tun, um eine souveräne Persönlichkeit und Führungskraft zu werden?

Schlüsselfragen

An Fragen dieser Art arbeiten sich die Menschen schon seit einigen Tausend Jahren ab. Längst sind alle Einstellungs-Kombinationen an den Schalthebeln unserer psychischen Benutzeroberfläche durchprobiert worden. Das Wichtigste kann man schon bei Buddha nachlesen, oder bei den Stoikern. Es geht heute nicht mehr darum, irgendwelche brandneuen Instant-Tricks mit vermeintlicher Wunderwirkung zu erfinden. Es gibt sie nicht, und ich fürchte, es wird sie auch nie geben, trotz aller »modernen Hirnforschung«.

Psycho-synergetik: die Spreu vom Weizen trennen

Das Problem stellt sich eher so dar: Neben richtigen und wirksamen Ratschlägen gibt es auch eine Fülle von Konzepten und Empfehlungen, die wenig hilfreich sind oder gar schädlich. Hier gilt es, die Spreu vom Weizen zu trennen und einige wenige Ansätze mit großer Hebelwirkung so zu kombinieren, dass nochmals Synergieeffekte möglich werden. Diesem Ziel stellt sich die von mir und anderen in den letzten zwanzig Jahren entwickelte Psychosynergetik. Von einer breiten, alle relevanten Wissenschaftsdisziplinen umfassenden Basis aus wird in einem stufenweisen Auswahl-, Kohärenzbildungs- und Verdichtungsprozess das veränderungsrelevante Wissen extrahiert und zu mental gut handhabbaren Modellen integriert. Die kürzeste, prägnanteste und praxisbezogenste Darstellung finden Sie in diesem Buch.

Hebelwirkung: von oberflächlichen Verhaltensratschlägen zu komplexen Strategien der Selbstentwicklung

»Äußerliche« Tipps genügen nicht

Setzen Sie sich Ziele! Als Führungskraft müssen Sie klare Entscheidungen treffen! Und Ihre Mitarbeiter dafür begeistern! Seien Sie authentisch! Treten Sie Ihren Mitarbeitern nicht als Diktator, sondern als Coach gegenüber – alles klar? Vermutlich wird Sie ein solches Ratschlägekonvolut eher verunsichern. Was ist, wenn Sie Ihre »innere Stimme« nicht laut genug über die richtigen Ziele und Entscheidungen informiert? Wenn Sie gar nicht so recht wissen, wie es sich anfühlt, authentisch zu sein? Und wie macht oder lernt man das – »coachen«? Mit Ratschlägen, die sich auf das äußere Verhalten beziehen, ist es nicht getan. Wenn Sie sich bei einer Präsentation darauf konzentrieren, eine begeisternde Attitüde einzunehmen, dann richten Sie Ihren Fokus auf die Form und nicht auf den Inhalt. Auf diese Weise können Sie weder überzeugen noch wirklich begeistern.

Alle Verhaltensregeln, die Sie sich mit Ihrem bewussten Ich auferlegen, wirken »aufgesetzt«. Das Ergebnis ist ein verkrampft-stockendes Verhalten, das wenig Effekt hat. Außerdem ist es anstrengend und auf Dauer kaum durchzuhalten.

Wir müssen lernen, reiche, stimmig-integrierte und reife Persönlichkeiten zu werden, die in komplexen Situationen »aus dem Bauch heraus« im gewünschten Sinne entscheiden und handeln.

Was wir dazu brauchen, sind »Entwicklungsratschläge«, die, wenn sie langfristig befolgt werden, zu den gewünschten Veränderungen in den tieferen Schichten unserer Persönlichkeit führen. Nur dann steht das Neue dem spontanen Reagieren und Verhalten zur Verfügung, mühelos und überzeugend.

»Entwicklungs-ratschläge«

Entsprechend umfasst die in diesem Buch empfohlene Veränderungsstrategie drei Hauptschritte:

Schritte der Veränderung

Im ersten Schritt wird ein Grundverständnis davon vermittelt, wie Gehirn und Psyche aufgebaut sind und funktionieren. Es werden jene Begriffe und Modelle abgeleitet, die für eine effektive Selbststeuerung zwingend erforderlich sind. Im zweiten Schritt werden Übungen, mentale Tools, förderliche Geisteshaltungen und Lebensstrategien erarbeitet, die zu persönlicher Meisterschaft führen.

Schon dies kann hilfreich sein – allein das Lesen dieses Buches wird manches, was beim Leser schon innerlich vorbereitet ist, in eine neue Qualität umschlagen lassen. Zu wirklich durchgreifenden Veränderungen aber wird zumeist erst der dritte Schritt führen: die Übung und Umsetzung der erarbeiteten Maßnahmen im Alltagsverhalten über einige Monate (wenn nicht über Jahre).

Ziel ist, das Alltagsleben in einen permanenten Lern- und Entwicklungsprozess umzuwandeln. Psychosynergetik stellt Ihnen ein Netz zur Verfügung, mit dem Sie aus dem Erfahrungsstrom des Alltags ein Maximum an Nahrung für Ihr persönliches Wachstum herausfiltern können.

Selbstführung, Mitarbeiterführung, Leadership

In diesem Buch werden Selbstführung und Mitarbeiterführung integriert behandelt. Wer ein Meister der Selbstführung ist, der beherrscht die Mitarbeiterführung zu 80 Prozent und hat auch für die übrigen Anforderungen von Leadership eine hervorragende Grundlage. Darauf hat schon der Managementguru Peter Drucker immer wieder hingewiesen. Da Autoritätsbeweise hier aber nichts gelten, nenne ich Ihnen explizit zwei Gründe dafür:

Mitarbeiter-Empowerment

1. Moderne kooperative Führung heißt, die Mitarbeiter in Richtung Eigeninitiative und Selbstverantwortung zu coachen (»Empowerment«). Dafür muss man sich in andere einfühlen können, man muss ihre Potenziale und Interessen erkennen und kommunikationsfähig sein. Der zentrale Quell für diese Kenntnisse und Kompetenzen ist die Selbsterfahrung. Es gilt, persönliche Meisterschaft zu erwerben, um andere zu persönlicher Meisterschaft coachen zu können.

Komplexitäts-management

2. Die Anforderungen in Führung und Management sind zunehmend gekennzeichnet durch: Komplexität, Intransparenz, Beschleunigung, Unberechenbarkeit und Variantenreichtum. Eine Fülle von Fakten, unscharfen Eindrücken und vagen Wahrscheinlichkeiten muss von der Führungskraft oft innerhalb kürzester Zeit zu Entscheidungen integriert werden. Was über die Steuerung des eigenen Verhaltens gesagt wurde, gilt hier natürlich in besonderem Maße: Komplexe Managementanforderungen sind nicht allein dadurch zu bewältigen, dass unser bewusstes Ich mit algorithmischer Logik Schritt für Schritt die Checklisten aus dem Führungshandbuch abarbeitet.

Das »Hauptorgan« für den Umgang mit Komplexität sind Intuitionen (»Bauchgefühle«), die aus der Führungspersönlichkeit als Ganzheit erwachsen. Die Persönlichkeit

wird zum entscheidenden Diagnose- und Management-instrument des modernen Leaders.

Was heißt es also heute, Führung zu lehren? Nun, im Kern nichts anderes, als dazu anzuleiten, eine komplexe, gut integrierte und auf Führungsprobleme meisterlich eingestimmte Persönlichkeit zu entwickeln.

Persönliche Meisterschaft

Mitarbeiter-Empowerment und Komplexitätsmanagement – so könnte man also die zwei zentralen Herausforderungen moderner Führung auf den Begriff bringen. Und auf beide lautet die Antwort: Entwicklung persönlicher Meisterschaft. Folgerichtig liegt das Schwergewicht dieses Buches auf den Prinzipien der Entwicklung persönlicher Meisterschaft. In den letzten Kapiteln werden diese dann zu den Prinzipien der (Mitarbeiter-)Führung erweitert.

Lassen Sie uns zum Abschluss dieser Einführung noch so etwas wie die vier tragenden Säulen von Psychosynergetik und persönlicher Meisterschaft skizzieren.

Die vier tragenden Säulen dieses Buches

Grundsätzlich und langfristig betrachtet, hängen Erfolg, Glück und Gesundheit zusammen. Wie Studien gezeigt haben, fördern positive Gefühle Kreativität und Leistung. Erzielte Erfolge steigern das Glück. Glück und Erfolg nun wiederum fördern die Gesundheit.

Glück und Erfolg lassen sich auf dreierlei Weise erreichen:

1. Innere Freiheit – das »Buddha-Prinzip«

Wenn es uns gelänge, unserer Wünsche und Begierden weitgehend Herr zu werden und sie da zum Schweigen zu bringen, wo sie nicht erfüllbar sind, dann wäre uns ein Zustand dauerhafter Zufriedenheit sicher. Entsprechend dienen die Prinzipien, Übungen und Techniken der inneren Befreiung dem Ziel, die eigenen Gefühle weitgehend unter Kontrolle zu bringen: positive Gefühle stärken, negative Gefühle abschwächen. Wir wollen lernen,

Begierden loslassen

Stressspannungen unter möglichst allen Bedingungen zu lösen und einen Zustand der entspannten Offenheit aufrechtzuerhalten. In diesem Zustand sind wir am sensibelsten auch für schwächste Umweltsignale und können im Handeln unsere angeborenen und gelernten Potenziale am besten entfalten.

Folgende Konzepte und Methoden gehen hier ein: Buddhismus und östliche Weisheitslehren, kognitive Verhaltenstherapie, Evolutionspsychologie, Grundlagen der Erkenntnisfunktionen (Synergetik des Gehirns, evolutionäre Erkenntnistheorie, Konstruktivismus).

2. Inneres Wachstum – das »Superman-Prinzip«

Kompetenzen entwickeln

Ein zweiter Weg zu Erfolg und Glück sieht so aus: Wir stärken unsere Fähigkeiten und Kompetenzen maximal, um unsere Umwelt weitestgehend in einem uns gemäßen Sinne verändern zu können. Entsprechend fokussieren die Prinzipien des inneren Wachstums auf die Akkumulation von Wissen und innerem Reichtum, auf das Einschleifen meisterlicher Kompetenzen. Insbesondere geht es um den Aufbau eines kohärenten Persönlichkeitskerns mit fest verinnerlichten Überzeugungen, Prinzipien und Werten. Hier haben Charisma, Überzeugungskraft und Durchsetzungsstärke ihren Ursprung, aber auch so wichtige Phänomene wie die Liebe zum Sein (n. A. Maslow).

Folgende Konzepte sind integriert: Ansätze aus der humanistischen Psychologie, die Logotherapie nach V. Frankl, das Flow-Konzept nach M. Csikszentmihalyi.

3. Die selbstentsprechende Nische – das »Paradies-Prinzip«

Sich seine Lebensumstände passend einrichten

Unsere Wandlungs- und Anpassungsfähigkeit hat natürlich Grenzen. Deshalb ist es sinnvoll und notwendig, seine Stärken, Schwächen, persönlichen Neigungen und Eigenheiten so genau wie möglich kennenzulernen. Dann kann jeder nach einer persönlichen, gesellschaftlichen und beruflichen Nische suchen oder sich eine solche schaffen, die den eigenen Veranlagungen maximal entgegenkommt. Je selbstentsprechender diese Nische ist, desto mehr kann jeder einfach »er selbst« sein und desto mehr fließt das Leben von allein, ohne dass man sich besonders anstrengen müsste. Mit der Erforschung der Talente und Stärken des Menschen hat sich vor allem die positive Psychologie in den letzten Jahren intensiv beschäftigt.

Wenn wir auch nur eines dieser drei Konzepte mit Absolutheit umsetzen könnten, dann wäre alles gut. Allerdings: Keiner von uns wird zu 100 Prozent Buddhaschaft erlangen oder ein wahrer Superman werden. Und das Paradies wird auch niemand finden. Wie sicher auch Sie schon bemerkt haben, muss man ziemlich lange mit offenem Mund in der Gegend herumstehen, ehe eine gebratene Taube hineinfliegt. Es ist deshalb sinnvoll, diese Prinzipien synergetisch zu kombinieren und auf allen drei Wegen so weit zu kommen wie möglich. Wichtige Wegweiser hierfür bietet Ihnen die Psychosynergetik.

Synergetische Kombination

Auch hier gilt allerdings die unbequeme Konsequenz der Wegweiser-Metapher: Gehen müssen Sie den Weg schon selbst.

Doch das lohnt sich in vieler Hinsicht: Das Vorankommen hierbei steigert nicht nur das persönliche Glück, es schafft auch gute Voraussetzungen dafür, auf eine förderliche Weise mit anderen Menschen umzugehen – und das ist Säule Nr. 4.

4. Die Kunst der Mitarbeiterführung – das Aikido-Prinzip

Die unschönen Seiten unseres westlichen Umgangs miteinander zeigen sich im Box»sport«: Man blockt die Energie des anderen ab und versucht, diesen direkt und mit vollem Einsatz der eigenen Energie zu Fall zu bringen. Druck erzeugt hier Gegendruck. Der Energieeinsatz ist hoch und es geht viel kaputt.

Demgegenüber kommt östliche soziale Intelligenz vollendet im Aikido zur Entfaltung. Aikido ist eine »sanfte« asiatische Kampfkunst, in der versucht wird, mit minimalem eigenem Einsatz eine

Die Eigenenergie des Gegenübers nutzen

maximale Wirkung zu erzielen. Die Angriffsenergie des Gegners wird dabei nicht durch eigenen Energieeinsatz gestoppt oder gebrochen. Sie wird vielmehr geschickt so umgelenkt, dass sie sich am Ende gegen den Angreifer selbst wendet. Wenn der Gegner etwa einen Faustschlag ausführt, zieht man ihn am Schlagarm, sodass er nach vorn aus dem Gleichgewicht gerät, und führt ihn dann im Halbkreis zu Boden.

Indirektes Führungshandeln Dies ist ein ideales Modell für kluges Führungshandeln: so wenig und so indirekt wie möglich, dafür aber genau an den richtigen Stellen und zum richtigen Zeitpunkt in die soziale Selbstorganisation eingreifen – und auf diese Weise andere Menschen und Teams soweit es geht aus eigenem Vermögen ans Ziel kommen lassen.

Den Hintergrund hierfür bilden neben der Synergetik und dem (radikalen) Konstruktivismus vor allem die sogenannten »systemischen (Therapie-)Ansätze«.

1 Grundlagen – was Sie über Gehirn und Psyche wissen müssen

1.1 Flow – Surfen auf den Wellen des Seins

Wenn man die Menschen fragt, was sie sich am meisten wünschen, kommen Antworten wie: Glück, Gesundheit, gelingende Beziehungen, Spontaneität, Kreativität und beruflicher Erfolg. Tatsächlich gibt es eine Art Generalschlüssel zu all dem: Flow. Wem es gelingt, oft und lange im Flow-Zustand zu leben, der hat die besten Chancen darauf, dass sich diese Wünsche erfüllen. Sie glauben mir nicht? Lassen Sie sich überzeugen. Was also ist Flow?

Flow als Generalschlüssel

Zuerst vielleicht einmal ein paar beispielhafte Schilderungen von Flow-Erfahrungen, die von Mihaly Csikszentmihalyi (2004), dem geistigen Vater des Flow-Konzepts, gesammelt wurden:

Flow-Erfahrungen

So gab ein Chirurg zu Protokoll: »Bei einem guten operativen Eingriff ist alles, was man tut, wesentlich, jede Bewegung ist absolut richtig und notwendig; da ist Eleganz, nur wenig Blutverlust, minimales Trauma ... Das ist sehr angenehm, vor allem wenn das Team reibungslos und effizient zusammenarbeitet.«

Der Dichter Richard Jones schilderte seine Empfindungen beim Schreiben so: »Ich habe das Gefühl, dass da Energie durchläuft und ich blockiere sie nicht und setze ihr nichts entgegen. Eine sehr intelligente Energie fließt durch den Körper, wenn man schreibt, und es ist die Energie, die sich konzentriert und umgesetzt wird, nicht der Geist. Flow tritt ein, wenn ich es dem Schreiber in mir nicht gestatte, sich ins Schreiben einzumischen. Und wie mische ich mich ein? Ich fange an nachzudenken.«

Und schließlich der Komponist Ralph Shapey: »Man ist in einem Zustand der Ekstase, und zwar so sehr, dass man das Gefühl hat, nicht zu existieren. Ich habe das immer wieder erlebt. Meine Hand scheint losgelöst von mir, und ich habe nichts mit dem zu tun, was geschieht. Ich sitze nur und beobachte, ehrfürchtig und staunend. Und die Musik fließt einfach von sich aus heraus.«

Flow literarisch Eine sehr schöne Beschreibung des Flow-Zustandes in der Literatur fand Csikzentmihalyi in dem Roman *Anna Karenina* von Lew Tolstoi, wo der reiche Landbesitzer Lewin von seinem Leibeigenen Tit lernt, mit einer Sense Gras zu mähen:

»Lewin verlor jedes Bewusstsein der Zeit und wusste absolut nicht mehr, ob es spät oder früh war. In seiner Arbeit ging jetzt eine Veränderung vor sich, die ihm höchsten Genuss bereitete. Mitten in der Arbeit hatte er Augenblicke, in denen er vergaß, was er tat; es ward ihm leicht zumute, und in diesen Augenblicken war sein Streifen gerade so gleichmäßig und schön, wie Tits. Kaum aber besann er sich darauf, was er tat, und wollte sich Mühe geben, es besser zu machen, als er gleich die ganze Schwere der Arbeit fühlte und sein Streifen schlecht ausfiel … Und immer häufiger kamen jene Augenblicke des halb unbewussten Zustandes, in dem man nicht daran zu denken brauchte, was man tat. Die Sense mähte von selbst. Das waren glückliche Augenblicke.« (zit. n. Csikszentmihalyi 2004, S. 85)

Aus diesen und anderen Schilderungen lassen sich folgende Charakteristika des Flow-Erlebens herauskristallisieren:

Die Essenz der Flow-Erfahrung
- Alles geht leicht. Mit verhältnismäßig geringem Aufwand wird eine große Wirkung erzielt. Man muss sich nicht anstrengen, und wenn doch, dann wird die Anstrengung als angenehm und im Vergleich zur Aufgabe als gering empfunden.

- Es läuft wie von selbst. Nicht ich handle, sondern »es« handelt. Man geht auf im Fluss des Seins, fühlt sich als Teil eines Prozesses, der größer ist als man selbst. Was geschieht, folgt nicht einer Planung unseres bewussten Ich. Es erwächst aus einer irgendwie dem Sein unmittelbar innewohnenden Entfaltungslogik. Das bewusste Ich wird ganz oder nahezu vom Gegenstand der Tätigkeit absorbiert. Man vergisst sich selbst und die Zeit.

Im Tun aufgehen

- Es entstehen Empfindungen absoluter Sicherheit und absoluten Vertrauens, Gefühle der Freude und Harmonie, Gefühle des Einsseins mit der Welt.
- Alle angeborenen und gelernten Potenziale können sich optimal entfalten. Die Chancen auf hohe Leistung und Kreativität sind maximal.

Flow-Situationen

Elementarformen dieses Flow-Zustandes kann man relativ leicht bei einfachen Alltagsaktivitäten erleben, wenn man entspannt ist und sich voll auf die Empfindungen und Wahrnehmungen im Hier und Jetzt konzentriert: beim Gehen und Abwaschen, beim Bügeln oder Fensterputzen. Intensivere Flow-Erfahrungen aber macht man bei komplexen und schwierigen Tätigkeiten, sofern man sich die nötigen Kompetenzen angeeignet hat: beim Tanzen oder Musizieren, beim Sport oder Schachspiel, beim Schreiben eines Textes oder beim Nachdenken und Diskutieren über Mathematik oder Philosophie, beim Halten eines Vortrags oder bei der Leitung einer Konferenz.

> **Wichtige Fragen sind: Wie wäre es, wenn wir den überwiegenden Teil unseres täglichen Tuns mühelos im Flow verrichten könnten? Wäre das nicht wirklich so etwas wie ein Surfen auf den Wellen des Seins? Wie können wir das erreichen?**

Stress und Flow als Gegenpole

Flow ist das Gegenteil von Stress und stressassoziierten ungesunden psychischen Zuständen (z. B. Angstzustände, Depressionen). Stress entsteht unter ganz bestimmten Umständen: wenn ich reflektierend aus dem Sein heraustrete und ein Soll definiere, das zum Ist in Differenz steht, wenn ich diese Differenz bewusst bewerte und als bedrohlich empfinde und wenn ich mit meinem Willen Druck ausübe, um das Sein in die Form des gedanklich definierten Soll zu pressen (wir werden das später noch ausführlich besprechen).

Wenn Stress in Flow umschlägt Besonders in Situationen, die oft mit Stress und Anspannung verbunden sind, wird der Eintritt von Flow als überwältigende Glückserfahrung erlebt. Denken Sie etwa an die Entwicklung einer Liebesbeziehung, bei der die ersten Umarmungen und Küsse ganz ohne Planung und Verkrampfungen wie von allein geschehen und Sie das Gefühl haben, dass sie sich ohne bewusste Entscheidung notwendig ereignen. Oder wenn man zu ein und demselben Thema sehr oft Vorträge hält – irgendwann beherrscht man den Stoff so traumhaft sicher, dass das Erleben in einen Dauer-Flow umschlägt.

Wie insbesondere die Studien von M. Csikszentmihalyi (1993) gezeigt haben, tragen häufige Flow-Momente im Alltag entscheidend zu Glück und Lebenszufriedenheit bei. Flow ist die höchste Form von psychischer Harmonie. Man kann davon ausgehen, dass sie auch harmonisierend auf körperliche Funktionsabläufe wirkt und so zur psychosomatischen Gesundheit beiträgt.

> **Wenn es also so etwas wie einen Generalschlüssel, einen Haupthebel zur Verwirklichung unserer wichtigsten Wünsche gibt, dann ist das Flow.**

Es wäre wunderbar, wenn es uns gelingen könnte, möglichst lange und oft im Flow zu sein. Leben wie ein Vogel fliegt – so formulieren es die Buddhisten. Doch wie kommen wir zu Flow?

Flow-Potenzial Nun, in der konkreten Situation gibt es keine Garantie dafür, in den Flow-Zustand zu kommen. Aber wir können in unserer Persönlichkeit Bedingungen schaffen, die unsere Chancen auf Flow erhöhen. Diese Bedingungen wollen wir als Flow-Potenzial bezeichnen. Je mehr Flow-Potenzial wir in uns aufbauen, desto größer ist die Wahrscheinlichkeit, im Alltag oft und lange Flow zu leben. Wie können wir unser Flow-Potenzial steigern? Dabei helfen uns zwei Prozesse, die sich wechselseitig fördern: innere Befreiung und inneres Wachstum.

1.2 Das Tausendfuß-Problem: Ich und Selbst

Die Problematik von Flow und Stress wird sehr schön durch die Geschichte vom Tausendfuß und dem Spiegel illustriert: Elegant und unbefangen schlängelt sich ein Tausendfuß durch den Wald. Doch dann trifft er auf eine Spiegelscherbe und erschrickt ganz fürchterlich, als er erstmals in seinem Leben sein eigenes Abbild sieht. Wie kann man denn mit so vielen Beinen laufen, ohne sich heillos zu verheddern? Mit welchem Bein muss ich eigentlich beginnen, wenn ich wieder loslaufen will? Erschreckt stellt er fest, dass er das gar nicht weiß. Seither steht er verzweifelt und bewegungsunfähig vor der Spiegelscherbe.

Die reflexive Blockierung

Vor der Begegnung mit dem Spiegel war unser Tausendfuß im Flow. Der Blick in den Spiegel bescherte ihm Stress mit der Folge einer reflexiven Blockierung. Der unreflektiert als Ganzheit funktionierende Tausendfuß steht für das, was wir als Selbst bezeichnen wollen. Der Spiegel hingegen symbolisiert das bewusste Ich.

Flow ist ein Zustand, in dem wir uns als Ganzheit erfahren, die nur von einem ganzheitlichen Selbst bestimmt wird. Es gibt nur das Selbst, und sonst nichts. Wenn sich aus diesem Selbst eine zweite Ebene, eine Bewusstseinsebene heraushebt, die eine Selbst-Bespiegelung ermöglicht, entstehen neue Chancen und neue Risiken: Chancen im Sinne neuer Möglichkeiten der Kreativität, des Lernens, aber auch der Selbsterfahrung und des Selbstgenusses; Risiken in Form möglicher Teufelskreise, die sich zu vielfältigen Formen psychischer Störungen aufschaukeln können.

Chancen und Risiken des Bewusstseins

Lassen Sie uns vor diesem Hintergrund diese beiden zentralen Begriffe Ich und Selbst noch einmal definieren:

Ich = wertendes und intendierendes Bewusstsein (d.h. ein Bewusstsein, das Ist/Soll-Vergleiche durchführt und über die Willenskraft Veränderungen des Ist anstrebt).

Selbst = Gehirn und Körper mit allen Potenzialen, die sich entweder unbewusst entfalten oder von einem nicht wertenden, nicht intendierenden Bewusstsein begleitet werden (ein Bewusstsein, das einfach nur da ist und das sich entfaltende Sein annimmt, wie es ist).

Wenn wir diese Begriffe im hier definierten Sinn verwenden, werden sie kursiv gesetzt.

Reflexive Blockierungen im Alltag

Erinnert Sie das Tausendfuß-Syndrom an Situationen aus Ihrem Alltag? Als ich vor einigen Jahren in einer fremden Stadt dringend Geld benötigte, versuchte ich, mich auf dem Weg zum Bankautomaten an meine Geheimnummer zu erinnern. Entsetzt musste ich feststellen, dass sie mir nicht mehr als explizites Wissen zur Verfügung stand. Ich geriet in Stress und war nicht dazu in der Lage, dem Automaten auch nur einen verdammten Cent zu entlocken. Zu Hause hatte ich die Nummer in den Monaten zuvor immer mehr »automatisiert« eingegeben, ohne bewusst darüber nachzudenken. Es gibt spezielle und wirksame Techniken, um solche Fallen zu vermeiden beziehungsweise wieder aus ihnen herauszukommen, wie zum Beispiel die paradoxe Intention, auf die wir später genauer eingehen (siehe Kapitel 2.3 ab Seite 93).

1.3 Das Ich

Vernunftauge und pragmatische Einstellung

Damit unser *Ich* seine Bewertungs- und Veränderungsaufgaben erfüllen kann, braucht es zwei Kontrollorgane – wir wollen sie hier als Vernunftauge und als Synergieohr bezeichnen.

Vielleicht erinnern Sie sich noch, wie Sie in der Tanzschule das Tanzen gelernt haben oder im Sportunterricht das Kugelstoßen. Beim Erlernen so komplexer Bewegungsmuster gib es zwei grundlegende innere Einstellungen: In der pragmatischen Einstellung konzentriert man sich auf Korrekturen an den Details der Bewegung, die beispielsweise die Fußstellung oder die Körperhaltung betreffen. Hierbei helfen auch Korrekturen von außen, etwa durch Hinweise des Lehrers / Trainers oder auch durch den Blick in einen Spiegel. Diese auf Veränderungen am Detail gerichtete Perspektive wird uns vom Vernunftauge ermöglicht.

Da das Fenster unseres Bewusstseins aber so eng ist, können wir immer nur ein oder wenige Details gleichzeitig in den Blick unseres Vernunftauges nehmen. Auf diese Weise lässt sich zwar absichern, dass zum Beispiel die Stellung des rechten Fußes korrekt ist. Es lässt sich aber nicht erfassen, ob die Koordination der komplexen Gesamtbewegung des Körpers optimal ist. Diese ganzheitsbezogene Information liefert uns nun das Synergieohr in Form von Stimmigkeits- oder Unstimmigkeitsempfindungen, die wir als Synergiegefühle bezeichnen. Wir haben ein sicheres Gefühl für die Harmonie unserer Gesamtbewegung beim Tanzen oder beim Kugelstoßen.

Teil und Ganzes

Bei sehr komplexen Bewegungen, die dem perfekten Gelingen nahe sind, können sich die vom Synergieohr ausgehenden Synergiegefühle zu einer intensiven Funktionslust steigern. Sie weckt ein starkes Bedürfnis danach, diese Bewegungen immer und immer wieder auszuführen und womöglich noch auszubauen. Das ist ja der eigentliche Grund, warum wir tanzen oder Sport treiben. Und: Diese vom Synergieohr ausgehenden Stimmigkeitsgefühle sind natürlich auch die Grundlage der im Zusammenhang mit dem Flow-Zustand erwähnten Harmoniegefühle. Diese Tätigkeitseinstellung, die auf das Erspüren der Harmonie des Ganzen gerichtet ist, nennen wir ästhetische Einstellung.

Synergieohr und ästhetische Einstellung

> **Ein zweistufiger Prozess: Wir erarbeiten uns unter Führung des Vernunftauges in pragmatischer Einstellung die Teilbewegungen und fügen diese dann unter Führung des Synergieohres in ästhetischer Einstellung zu einem harmonischen Ganzen zusammen.**

Beispiele Diese Form der Zusammenarbeit gibt es in ähnlicher Form in der Wahrnehmung und im Denken: Ein Komponist »bastelt« unter Verwendung seines theoretischen Wissens mit dem Vernunftauge bestimmte Akkorde. Zwischendurch aber wechselt er immer wieder einmal in eine ästhetische Einstellung, um mit dem Synergieohr zu erspüren, ob sie sich zu einem harmonischen Ganzen zusammenfügen. Ein Physiker rechnet mit dem Vernunftauge an bestimmten Teilproblemen herum und befragt zwischendurch sein Synergieohr, ob ihn die Teilschritte hin zu einer stimmigeren, »schöneren« Gesamttheorie führen (er befragt seine »Intuition«). Überall, wo hochkomplexe Entscheidungen unter Zeitdruck getroffen werden müssen, spielen diese integrierend-ganzheitsbezogenen Intuitionen eine zentrale Rolle, insbesondere bei Führungsentscheidungen in Wirtschaft oder Politik.

Übrigens hat auch jede einfache Alltagstätigkeit vom Gehen bis zum Fensterputzen eine ästhetische Seite. Wenn wir uns nicht durch alle möglichen »Zwänge« unter Spannung setzen (lassen), uns auf das Hier und Jetzt konzentrieren und wirklich achtsam für unsere Empfindungen sind, lässt sich auch solchem Tun Genuss entlocken. In der Folge kann man auch dabei einfache Flow-Erfahrungen machen.

Fazit So leistet also das Vernunftauge die punktuelle Kontrolle / Bewertung der Teile und das Synergieohr die globale Kontrolle / Bewertung des Ganzen.

1.4 Das Selbst

1.4.1 Natürliche Potenziale: Psychoneurale Selbstordnungskräfte

Unflexible Computer Wenn ich Sie jetzt fragen würde »Wie arbeitet das Gehirn?«, würden wahrscheinlich einige von Ihnen antworten: Na, vielleicht so ähnlich wie ein Computer. Ich muss Sie enttäuschen – kaum eine Antwort könnte falscher sein. Computer müssen gebaut und programmiert werden. Sie folgen starren Regeln, machen in standardisierter Form immer das Gleiche. Wenn sie doch einmal etwas tun, was nicht vorbestimmt ist, dann sind sie meist kaputt.

Das Gehirn ist das genaue Gegenteil davon. Hier entsteht ständig **Kreatives Gehirn** Neues: Jede Bewegung, jeder Gedanke und jede Wahrnehmung, die Ihnen bewusst wird, hat eine völlig neue Struktur, die es so vorher noch nie gegeben hat und auch nie wieder geben wird. Das Gehirn ist aus sich heraus kreativ. Es nutzt dafür die Kräfte der Selbstorganisation, die der Materie unter bestimmten physikalischen Rahmenbedingungen innewohnen.

Aus dem Zueinander von Zufallsvariationen, Selektionsprozessen und bestimmten »Gesetzen des Zusammenwirkens« entstehen aus einem »freien Spiel der Kräfte« neue Strukturen in unserer Welt.

Abb. 1: Beispiel für Selbstorganisation in der Wahrnehmung

Abbildung 1 vermittelt Ihnen einen kleinen sinnlichen Eindruck **Chaotischer** vom Wirken der psychoneuralen Selbstordnungskräfte in unse- **Suchprozess** rem Gehirn. Einem fluktuierenden Wabern gleich, tastet unser Sehsystem das Reizmuster auf der Suche nach einer sinnvollen Deutung ab. Allerdings lässt dieses Reizmuster viele Deutungen in Form großer und kleiner Rosetten zu, sodass dieser chaotische Suchprozess nicht zur Ruhe kommt. Wir erleben ein vom Zufall mitbestimmtes Herumprobieren, wie wir es aus dem praktischen Handeln und dem theoretischen Lösen von Problemen in ähnlicher Weise kennen (und wie es zugleich Maschinen und Computern völlig wesensfremd ist).

Selbst-organisation als Elementarschritt der Evolution

Selbstorganisationsprozesse dieser Art sind die universellen schöpferischen Kräfte, die überall in Natur, Psyche und Gesellschaft wirksam sind. Sie bilden die Elementarschritte, die auch die komplexeren Evolutionsprozesse in unserem Universum vorantreiben – etwa die Darwin'sche Evolution, welche die biologischen Arten und die Strukturen unseres Körpers geschaffen hat, aber auch die soziokulturelle Evolution, welche die Strukturen der Gesellschaften und die geistigen Inhalte der Kulturen erzeugt.

Synergetik: Die Lehre vom Zusammenwirken

Derartige Selbstorganisations- und Evolutionsprozesse in komplexen Systemen werden von der modernen Natur- und Systemwissenschaft seit einem Vierteljahrhundert intensiv erforscht. Führend ist hier die Synergetik, die sich speziell auch mit Selbstorganisationsprozessen im Gehirn beschäftigt hat. Diese »Lehre vom Zusammenwirken« wurde von dem bedeutenden deutschen Physiker Hermann Haken begründet. Auf diesem Fundament aufbauend habe ich dann in Zusammenarbeit mit anderen die Psychosynergetik entwickelt. Im Rahmen dieses Buches kann allerdings auf die wissenschaftlichen Einzelheiten nicht weiter eingegangen werden. Sollten Sie sich dafür interessieren, empfehle ich Ihnen weiterführende Bücher (Haken 1995, Haken u. Haken-Krell 1997, Hansch 2004).

Das Potenzial der Selbst-organisation ist immer verfügbar

An dieser Stelle sollte lediglich eines deutlich werden: Unser *Selbst* ist untrennbar eingebunden in die Evolution unseres Universums. Die universellen schöpferischen Kräfte der Natur wirken auch in unserem Körper und unserer Psyche. Sie sind unverlierbar präsent und immer verfügbar, wenn wir sie nicht im Stress blockieren. Das Wissen darum kann eine wichtige Basis unseres Verbundenheitsgefühls mit der Natur und eine Stütze für unser Selbstvertrauen werden.

1.4.2 Angeborene Potenziale: Erbantriebe

Wenn Sie völlig freie Wahl hätten und alle Möglichkeiten dieser Welt – wo würden Sie sich wohl Ihr Traumhaus bauen lassen? Mitten hinein in einen dichten Wald? Sicher nicht. Die meisten würden wohl so oder ähnlich antworten: auf einem hohen Berg mit Weitblick über Gewässer und gegebenenfalls einer Felswand im Rücken. Entsprechend sind dies auch die teuersten und gefragtesten Immobilienlagen. Haben Sie schon einmal darüber nachgedacht, warum das so ist? Die Antwort: Für unsere Vorfahren waren das die sichersten Plätze – Wasser und Felswand boten Schutz und die Höhe erlaubte es, herannahende Feinde rechtzeitig zu erkennen. Da unsere entfernten Vorfahren noch nicht über Einsicht und Denken verfügten, musste sich ein Instinkt entwickeln, der sie an solche sicheren Plätze trieb und ihnen dort positive Gefühle bescherte.

Wie sich Instinkte bei uns zeigen

In ähnlicher Weise entwickelten sich für alle Verhaltensweisen, die unter den Bedingungen unserer Vorfahren dem eigenen Überleben oder dem Überleben der Art dienlich waren, entsprechende angeborene Antriebe. Als stammesgeschichtliches Erbe gehören sie zum »fest verdrahteten« Teil unseres Gehirns. Typische Auslösesituationen mit bestimmten, genetisch fixierten Merkmalen erzeugen dabei charakteristische Gefühle. Diese Emotionen drängen uns dann zu einem Verhalten, das beispielsweise darauf zielt, uns in den Besitz bestimmter Objekte zu bringen oder eine bestimmte äußere Situation herzustellen: Das Dickicht des Waldes erzeugt Unbehagen, das uns dazu bringt, für die Rast noch die nächste Anhöhe zu erwandern. Dort löst sich dann die Spannung und wir fühlen uns wohl.

Bewältigung der Überlebensprobleme unserer Vorfahren

Lassen Sie uns in diesem Zusammenhang von Erbantrieben, Erbbedürfnissen und Erbgefühlen sprechen. Neben dem erläuterten »Orts- und Sicherheitsantrieb« gibt es folgende wichtige Erbantriebe:

Die wichtigsten Erbantriebe

- Atemantrieb
- Ernährungsantrieb

- Temperaturregulationsantrieb
- Schmerzvermeidungsantrieb

Weitere, insbesondere für das soziale Verhalten wichtige Erbantriebe werden wir noch mehr im Detail besprechen.

Zuvor aber sollten wir uns zweierlei klar machen:

»Unzeitgemäße«
Erbantriebe

1. Die Erbantriebe wurden von der Evolution zur Zeit unserer tierischen und steinzeitlichen Vorfahren geformt. Sie sollten unseren Vorfahren bei der Lösung von typischen Problemen helfen, mit denen sie in ihrer natürlichen Umwelt häufig konfrontiert waren.

> **Wir leben heute unter völlig veränderten kulturellen Bedingungen. Daher drängen uns viele unserer ererbten Gefühle und Verhaltenstendenzen in eine falsche Richtung – sie tragen nichts zur Bewältigung unserer aktuellen geistig zu lösenden Probleme bei oder sind dabei sogar hinderlich.**

So führt unser unter Mangelbedingungen entstandener Ernährungsantrieb durch leicht überkalorische Ernährung zum Anlegen von Fettpolstern, die dann aber, da es diese Notzeiten nicht mehr gibt, nicht abgebaut werden und weiter zunehmen. Es ist ein zentrales Moment persönlicher Meisterschaft, die oft grundfalsche Logik vieler unserer Erbgefühle zu erkennen und einen souveränen Umgang mit ihnen zu erlernen.

»Unmoralische«
Erbantriebe

2. Die Evolutionsmechanismen, welche die Zielrichtung unserer Erbantriebe geprägt haben, sind ohne Seele und Moral. Sie folgen der kalten Logik der Genausbreitung: Gefördert werden all die Verhaltensweisen, die zum Überleben der meisten Nachkommen führen. Viele der ererbten Verhaltensimpulse sind deshalb unter moralischen Aspekten ziemlich zweifelhaft – nicht umsonst spricht man vom »inneren Schweinehund« oder vom »Tier im Menschen«. Allerdings sind wir Menschen, im Unterschied zum Tier, unseren ererbten Verhaltensimpulsen nicht wie Sklaven aus-

geliefert. Nur noch selten gehen sie mit uns durch, etwa, wenn wir bei einem heftigen Streit wutschnaubend zum Schlag ausholen.

In aller Regel sind ererbte Verhaltensimpulse bei uns Menschen nur *ein* Faktor im Prozess der Verhaltensformung, der mit anderen Faktoren zu einem Kompromiss »verrechnet« wird. Die wichtigsten dieser anderen Faktoren sind bewusste Willensimpulse und Synergiegefühle, die zum Beispiel für verinnerlichte kulturelle Normen und Werte stehen (wir sprechen hier von »kultureller Aufhebung«, siehe Kapitel 3.3 und Exkurs II im Anhang). So kann jemand, der abnehmen will, mit seinem Willen dem Hunger widerstehen. Bei einem politischen Aktivisten können Überzeugungen so stark verinnerlicht sein, dass sie im Hungerstreik sogar seinen »Überlebensinstinkt« aufwiegen.

Die kulturellen Gegenkräfte

Kurzum: Der Mensch ist sehr wohl in der Lage, sich zum Meister über seine angeborene Natur aufzuschwingen. Von der persönlichen Verantwortung hierfür kann man niemanden entbinden:

Aus dem Vorhandensein bestimmter genetisch geprägter Verhaltensneigungen kann keine Entschuldigung oder Rechtfertigung für ein Verhalten abgeleitet werden, das andere Menschen schädigt.

Die für die Themenstellung unseres Buches wichtigsten Erbantriebe sind:

Weitere wichtige Erbantriebe

- Ruhe- und Schlafantrieb
- Neugier- und Spielantrieb
- Sexualantrieb
- Eifersuchtsantrieb
- Fürsorge- und Kooperationsantrieb
- Aggressionsbereitschaft
- Angstantrieb und Stressreaktion
- Macht-, Status- und Kontrollantrieb
- Bereitschaft zur Unterordnung

Welche Bedeutung haben diese Antriebe heute für uns?

Ruhe- und Schlafantrieb

Zu wenig Bewegung

Sind alle anderen Erbantriebe entspannt, setzt der Ruheantrieb ein: Es entsteht das Bedürfnis, sich auf ein warmes, weiches Plätzchen zu betten und dort möglichst wenig zu tun – sich zum Beispiel auf der Couch räkeln und fernsehen. Auch dies war für unsere Vorfahren sinnvoll: Es sparte Energie und verminderte Risiken – heute verschärft es das Problem, dass viele Menschen als Folge ihres Bewegungsmangels übergewichtig sind.

Neugier- und Spielantrieb

Körper und Umwelt lernend erkunden

Insbesondere Kinder und Jugendliche entwickeln einen Drang, ihre Umgebung zu erkunden und die Möglichkeiten des eigenen Körpers im Bewegungsspiel auszutesten und zu erweitern. Aber die Neugier ist nicht auf die Kindheit beschränkt. Auch im Erwachsenenalter werden viele Menschen noch von der Suche nach Abwechslung und neuen Reizen umgetrieben.

Sexualantrieb

Warum die Neigung zum Seitensprung so verbreitet ist

Einer der stärksten Erbantriebe ist der Sexualantrieb – über das ganze Drumherum muss man sich seit Oswald Kolle nicht mehr verbreiten. Da die Evolution auf eine möglichst hohe Nachkommenzahl abzielt, ist unser Bedürfnis nach immer neuen sexuellen Reizen ziemlich stark – bei den Männern meist noch etwas mehr als bei den Frauen (hierfür lassen sich evolutionstheoretische Gründe anführen, siehe Buss 1994). Daraus erwächst eine mehr oder weniger starke Neigung zu Seitensprüngen, und das selbst vor dem Hintergrund fester und harmonischer Beziehungen.

Nach dem 30. Präsidenten der USA wird das als »Coolidge-Effekt« bezeichnet – offenbar ist es nicht erst seit der Clinton / Lewinsky-Affäre üblich, Probleme der menschlichen Sexualität am Beispiel der amerikanischen Präsidenten zu erläutern. Die zugrunde liegende Anekdote möchte ich Ihnen nicht vorenthalten: Präsident Calvin Coolidge und seine Frau besichtigten eine Regierungsfarm, wobei es das Protokoll aus irgendwelchen Gründen wollte, dass beide getrennt durch die Anlagen geführt wurden. Als Mrs. Coolidge die Hühnerställe gezeigt wurden, fragte sie, ob der Hahn mehr als einmal täglich kopuliere. »Dutzende Male«, antwortete der Führer. »Sagen Sie dies bitte dem Präsidenten«, bat daraufhin Mrs. Coolidge. Als der Präsident wenig später durch die Hühnerställe ging und er über das Treiben des Hahns aufgeklärt wurde, fragte er: »Jedes Mal dieselbe Henne?« »Oh nein, Mr. President, immer eine andere!« »Sagen Sie dies meiner Frau«, bat der Präsident.

Eifersuchtsantrieb

Natürlich wäre es für unsere Gene, die nur an ihrer eigenen Ausbreitung interessiert sind, fatal, wenn unsere materiellen Ressourcen an fremde Kinder mit fremden Genen »verloren« gingen, anstatt dem Überleben unserer eigenen Kinder zu dienen. Deshalb pflanzten uns unsere Gene die Eifersucht ins Herz: Die Eifersucht des Mannes soll verhindern, dass er nach einem unbemerkten Seitensprung seiner Frau irrtümlich die Kinder eines fremden Konkurrenten durchfüttert. Die Eifersucht der Frau soll vermeiden, dass ihren Kindern die Ressourcen und der Schutz des Vaters verloren gehen, sollte er sich dauerhaft einer Geliebten zuwenden.

Egoistische Gene

Fürsorge- und Kooperationsantrieb

Viele überlebenswichtige Aufgaben schultern sich gemeinsam besser als allein, zum Beispiel die Aufzucht der Kinder oder die Jagd auf große Tiere. Um die entsprechenden wechselseitigen sozialen Verhaltensweisen in der Familie beziehungsweise in der Steinzeithorde sinnvoll aufeinander abzustimmen, mussten sich komplizierte Systeme erblicher Empfindungen und Verhaltensimpulse entwickeln. Zu ihnen zählen zum Beispiel: Empfindungen und Verhaltensweisen der partnerschaftlichen und elterlichen Liebe und Fürsorge, Verhaltensweisen der Kinder, die elterliche Zuwendung erzeugen (z.B. herzergreifendes Weinen), Mitgefühl und Hilfsbereitschaft, Bedürfnisse nach sozialen Beziehungen und Geborgenheit in einer Gruppe, Dankbarkeit sowie Schuld- und Schamempfinden.

Vor allem bei Verwandtschaft und Gegenleistung

Auch dieser Antrieb ist leider nicht frei von »genetischem Egoismus«: Es gibt nachweislich Tendenzen, die Hilfe auf genetisch Verwandte zu beschränken, die ja quasi einen Teil der eigenen Gene als Kopie in sich tragen (Geschwister beispielsweise haben zu 50 Prozent übereinstimmende Gene). Außerdem richtet sie sich noch an gut bekannte Hordenmitglieder, von denen man Gegenleistungen erwarten kann, nach dem Prinzip »Wie du mir, so ich dir«. Tiere, Kinder und auch Erwachsene können gegenüber Fremden und Ausgestoßenen recht kalt und grausam sein.

Gerechtigkeitsempfinden

Gleichwohl ist in diesem Kontext wohl ein Gefühl für die Gleichwertigkeit von Leistung und Gegenleistung entstanden. Dieser »Reziprozitätsinstinkt«, der auf gleichwertigen Austausch drängt, ist sicher eine wichtige Basis unseres Fairness- und Gerechtigkeitsempfindens.

Aggressionsbereitschaft

Wut bei Widerstand

Die Erbgefühle Ärger und Wut, unter Umständen verbunden mit der Ausübung von Gewalt, werden ganz allgemein ausgelöst, wenn unser Verhalten auf Widerstände trifft. Dies können Gegenstände sein wie ein Baumstamm auf dem Wege oder ein eingerostetes Schloss, aber auch Lebewesen: ein angreifender Hund oder ein Mitmensch, von dem wir glauben, dass er uns in irgendeiner Weise behindert oder uns Böses will.

Angstantrieb

Urängste

Werden der Widerstand oder die Bedrohung aber zu groß, entstehen Angst und Fluchtbereitschaft. Für Gefahrensituationen, denen bereits unsere Vorfahren häufig ausgesetzt waren, tragen wir eine angeborene Angstbereitschaft in uns. Dies betrifft vor allem die folgenden Dinge beziehungsweise Situationen:

- große Höhen
- Feuer
- Raubtiere
- Blut

- Schlangen
- Insekten
- tiefes Wasser
- Unwetter
- Dunkelheit
- große Entfernung zum schützenden Heim
- enge Räume ohne Ausgang
- viele Menschen, die uns (vermeintlich) anstarren (und damit vielleicht zum Ausdruck bringen, dass wir zu den Ausgestoßenen gehören).

Stressreaktion

Neben Gefühlen und Verhaltensweisen entspringen unseren Erbantrieben auch immer charakteristische körperliche Reaktionen. Die Körperreaktionen, die durch den Aggressions- und den Angstantrieb ausgelöst werden, bezeichnen wir als Stressreaktion. Sie soll uns auf die großen muskulären Anstrengungen vorbereiten, mit denen sowohl Kampf als auch Flucht verbunden sind. In erster Linie müssen hierfür Atmung und Kreislauf »angekurbelt« werden, um die Muskeln mit »Brennmaterial« und Sauerstoff zur Energieerzeugung zu versorgen. Wir empfinden plötzlich Luftknappheit und Enge im Brustkorb, was uns zu tiefem und schnellem Atmen anhält; das Herz beginnt zu jagen, der Blutdruck steigt und die Muskelspannung erhöht sich.

Körperliche Symptome

Andere Organsysteme werden in ihrer Leistung heruntergeregelt, weil ihre Funktion in der unmittelbaren Notsituation nicht gebraucht wird. Dies betrifft das Verdauungssystem: Mundtrockenheit, Blähungen oder auch der Drang, Darm und Blase zu entleeren, können die Folge sein. Der Sexualantrieb wird verständlicherweise gedämpft, aber auch das Immunsystem wird »heruntergefahren«: Mit Fieber kämpft oder flieht es sich nicht gut. Für die Beseitigung der Wundbakterien – bei der das Fieber hilft – ist noch Zeit, wenn man die schutzgebende Höhle erreicht hat.

Auf der psychischen Ebene erleben wir natürlich die von den genannten Antrieben erzeugten Erbgefühle: Ärger und Wut in dem

Psychische Symptome

einen Fall oder Angst und Furcht in dem anderen. Es kommt zu einer Konzentration aller Funktionen und Energien auf die Auslöser des Aggressions- beziehungsweise Fluchtantriebs. Wir erleben dies als »mentale Einengung« oder »Tunnelblick«: Das Bedrohliche nimmt unseren gesamten Wahrnehmungshorizont ein und verdrängt alle anderen Aspekte der Situation. Die höheren psychischen Funktionen – sachliches und systematisches Nachdenken – sind gestört oder abgeschaltet. War dies in den körperlichen Bedrohungssituationen unserer Vorfahren ein Vorteil, so schlägt uns das in Konfrontation mit den überwiegend geistigen Problemanforderungen unserer Zeit zum Nachteil aus: Wir verlieren schnell den Überblick, unser Verhalten wird hektisch. Die Chancen, unsere Probleme zu lösen, sinken dadurch noch mehr, was in einem Teufelskreis den Stress nur weiter verstärkt.

Dauerstress ist ungesund

Chronischer Stress, der nicht ausreichend von Phasen der Entspannung abgelöst wird, kann auf vielfältige Weise zu Gesundheitsstörungen führen. Da die mobilisierte Energie nicht mehr körperlich abgebaut wird, entstehen Bluthochdruck und als Folge davon Verengungen der Blutgefäße (»Arterienverkalkung«). Bei kritischen Gefäßverengungen sterben die versorgten Organe oder Teile davon ab. Ist das Herz betroffen, kommt es zur Angina Pectoris (Engegefühl und Schmerz im Brustkorb) oder gar zum Herzinfarkt (Teile des Herzmuskels gehen zu Grunde). Ist das Gehirn betroffen, resultiert ein Schlaganfall mit Sprachstörungen und Lähmungserscheinungen.

Die möglichen Folgen

Um Frust zu kompensieren und sich ein falsches und trügerisches Entspannungsgefühl zu verschaffen, werden ungesunde Verhaltensweisen entwickelt: zu hoher Konsum von Tabletten, Alkohol und Drogen oder übermäßiges Essen. Oft resultiert daraus Übergewicht, was dann zum sogenannten »Metabolischen Syndrom« führen kann: Der Gehalt des Blutes an Zucker, Fett und Harnsäure steigt (die möglichen Folgen: Diabetes mellitus, Fettstoffwechselstörung, Gicht). In Verbindung mit dem Bluthochdruck werden hierdurch die Schäden an den Blutgefäßen und die genannten Herz-Kreislauf-Erkrankungen erheblich verschlimmert.

Darüber hinaus kann es bei chronischem Stress zu funktionellen Störungen vieler Organsysteme kommen sowie zu einer erhöhten Infektanfälligkeit. Aber auch psychische Probleme werden durch Dauerüberlastung gefördert. Das durch den Tunneleffekt eingeengte Denken verfängt sich leicht in den Teufelskreisen negativistischen Grübelns und erzeugt so Angststörungen oder Depressionen.

Macht-, Status- und Kontrollantrieb

Wo immer Tiere in Gruppen zusammenleben, kommt es zur Herausbildung sozialer Strukturen, aus denen sich so etwas wie eine Rangordnung ergibt. Geradezu sprichwörtlich geworden ist die »Hackordnung« der Hühner: Alle kämpfen reihum miteinander und fortan gehen die Unterlegenen den Siegern aus dem Weg. Das trägt entscheidend dazu bei, das soziale Leben möglichst »reibungsfrei« zu organisieren.

Aus Sicht des Einzelindividuums dient es der Ausbreitung der eigenen Gene, nach einer möglichst hohen Rangposition zu streben. Ranghohe haben einen besseren Zugriff auf attraktive Sexualpartner zur Zeugung von Nachkommen und auf materielle Ressourcen, um diese dann auch »durchzubringen«. Im Prinzip trifft dies auch auf uns Menschen zu: Aus dem Harem des marokkanischen Kaisers Mulai Ismail des Blutrünstigen etwa gingen an die 900 Kinder hervor. Bei vielen Menschen ist das Streben nach einem hohen Sozialstatus, der Wunsch, »Karriere« zu machen, sehr ausgeprägt – insbesondere bei manchen Männern ist es das Lebensthema schlechthin.

Hohe Rangposition: gute Chancen für viele Nachkommen

Auch das Besitzstreben ist teilweise durch den Drang nach gesellschaftlichem Aufstieg und Macht motiviert: Reichtum verschafft sozialen Einfluss und Luxusgüter können als Statussymbole dienen, die den hohen sozialen Rang nach außen kenntlich machen (z.B. der Ferrari vor der Tür oder die Rolex am Handgelenk). Die entsprechenden Erbgefühle aus diesem Komplex von Antrieben sind beispielsweise: Machtgier und Kontrollwünsche, Stolz, Neid (es spornt uns an, wenn Konkurrenten an uns vorbeiziehen) und

Besitzstreben

Schadenfreude (die uns dazu drängt, den Konkurrenten »eins auszuwischen«).

Bereitschaft zur Unterordnung (bei Misserfolg)

Die Überlebens-strategie der Schwachen
Für Individuen, die infolge mangelnder Begabung keine Chance haben, in der Konkurrenz um hohe Rangplätze erfolgreich zu sein, stellt sich die Situation anders dar. Anstatt sich in aussichtslosen Kämpfen zu erschöpfen, ist es sinnvoller, die eigenen Chancen dadurch zu verbessern, dass man sich den Beistand der Mächtigen etwa durch Anbiederung sichert.

Moralisch zweifelhafte Gefühle sind normal
Sollten Sie also die beschriebenen Erbgefühle und Verhaltensneigungen bei sich spüren – akzeptieren Sie das und bekennen Sie sich dazu. Sie verhindern damit, dass es Ihnen geht wie den Patienten von Sigmund Freud im 19. Jahrhundert. Damals waren die Moralnormen, vor allem bezogen auf die Sexualität, derart streng und rigide, dass sich viele Menschen ihre natürlichen Wünsche auf diesem Gebiet nicht eingestehen mochten. Eine so massive Verleugnung der eigenen Natur konnte nicht gutgehen und trug zu einer Vielzahl psychosomatischer Beschwerden bei.

Sie sind heute in einer bedeutend besseren Situation. Zum einen sind Moralnormen heute sehr viel laxer. In jeder Talkshow kann man entspannt über die bizarrsten sexuellen Praktiken plaudern und es gilt das Motto: Gute Menschen kommen in den Himmel und schlechte schaffen es überall hin (in Abwandlung eines bekannten Buchtitels). Zum anderen wissen Sie, was zu Zeiten Sigmund Freuds noch nicht so klar war: Die Erbantriebe, Ihre »Natur«, das ist nur *eine Seite* Ihrer Persönlichkeit. Es gibt noch eine andere, wichtigere Seite, die von kulturellen Inhalten bestimmt ist. Es liegt in Ihrer Hand, kulturell geprägte Antriebe und entsprechende Motivationen zu entwickeln, die stärker sind als Ihre Erbantriebe.

Eine entwickelte Persönlichkeit zeichnet sich nicht dadurch aus, dass sie keine negativen Impulse hat. Vielmehr ist sie sich ihrer negativen Seiten bewusst

und zeigt einen souveränen Umgang damit: Man kann negative Impulse ausleben, wenn es niemandem weh tut, man muss sie willentlich unterdrücken oder durch kulturelle Motivationen aufwiegen, sobald Schaden daraus entsteht.

Sollten Sie also Aggressionen, Neid, Schadenfreude oder Ähnliches bei sich spüren (auch bezogen auf Angehörige oder Freunde), gestehen Sie sich das ein – das alles ist völlig normal. Fast alle Menschen haben derartige Impulse, ob sie nun darüber reden oder nicht. Ererbte Regungen dieser Art gehören unabänderlich zu unserer Natur.

Erbgefühle akzeptieren

Detailliertere Besprechungen unserer Erbantriebe finden Sie in der Literatur zur Evolutionspsychologie und Psychosynergetik (Buss 1994, 2004, Hansch 2004, 2006).

1.4.3 Gelernte Potenziale: Flow-Antriebe

Gottlob jagen wir Menschen nicht mehr ausschließlich den Motiven unserer Erbantriebe hinterher. Wir sind mehr als nur die Marionetten unserer Gene. Es geht uns nicht mehr nur um Sex, Völlerei, Macht oder den Schlüssel zu all dem: Geld.

Das Leben vieler Menschen wird teilweise oder sogar überwiegend von primär kulturellen Motiven geprägt. Forscher basteln mit Begeisterung an wissenschaftlichen Theorien, Schriftsteller, Maler oder Komponisten nahmen für ihre künstlerische Besessenheit Hunger und andere Entbehrungen auf sich, und politische Aktivisten ließen gar für politische Ideale ihr Leben.

Wie kann man das nun wieder erklären?

Nun, Leben ist Lernen. Mehr oder weniger gezielt formen wir ständig neues Wissen und neue Kompetenzen in unser *Selbst* hinein (»Gedächtnisbildung«). Sobald wir diese Inhalte mit einer gewissen Meisterschaft handhaben, spricht unser Synergieohr auf sie

Motivation aus kulturellen Inhalten

an: Wir empfinden während des Tuns eine motorische und / oder mentale Funktionslust und geraten oft in Flow. Wenn diese perfekt beherrschten Inhalte eine gewisse Komplexität überschritten haben, dann kann aus ihnen ein eigenständiges Bedürfnis, ein eigenständiger Antrieb erwachsen, der darauf gerichtet ist, diese Inhalte im Tun öfter zu aktivieren und immer weiter auszubauen. Wer gelernt hat, mit drei Bällen zu jonglieren, der bekommt Lust, auch einen vierten und fünften Ball mit ins Spiel zu nehmen. Wer über die Anfangsgründe des Klavierspiels hinausgelangt ist, möchte sich immer neue Stücke seiner Lieblingskomponisten aneignen. Bei einem Physiker, der die wichtigen Teilgebiete der Physik beherrschen gelernt hat, entsteht wie von selbst der Wunsch, sie durch die »Weltformel« zusammenzufassen.

Flow-Antriebe Lassen Sie uns diese Form der erworbenen, der gelernten Potenziale unseres *Selbst* als Flow-Antriebe bezeichnen.

> **Flow-Antriebe sind der Kern unseres Flow-Potenzials. Je mehr Flow-Antriebe wir im Laufe unseres Lebens aufbauen, desto häufiger und länger werden wir im Flow sein, desto intensiver werden wir das Gefühl genießen können, auf den Wellen des Seins zu surfen.**

Flow-Antriebe können wir in vielen Lebensbereichen entwickeln, vom Sport- oder Hobbybereich bis hinein ins Berufsleben – wir werden darauf im Zusammenhang mit dem Thema inneres Wachstum noch genauer zu sprechen kommen (siehe S. 130 ff.).

Übereinstimmung mit den Werten herstellen Ein Teil des Wissens, das wir uns aneignen oder uns durch eigenes Denken erarbeiten, betrifft aber nicht die äußeren Tätigkeiten, sondern bezieht sich auf Dinge wie: Lebensmaximen, Werte, Welt- und Menschenbild. Auch wenn wir über diese Themen nachdenken, hört natürlich unser Synergieohr mit. Es sagt uns, wie gut die Gedanken, Erinnerungen oder Zukunftsvorstellungen, die wir gerade im Kopf haben, zu unseren Werten und Lebensmaximen passen. Vielleicht erinnern Sie sich gerade an etwas, das Sie gestern getan haben. Wenn das zu Ihren Werten im Widerspruch steht, dann werden Sie jenes Unstimmigkeitsgefühl empfinden, das wir schlechtes Gewissen nennen. Gibt es dagegen eine Übereinstimmung, fühlen Sie sich im Einklang mit sich selbst.

Die meisten von uns befinden sich in einem ständigen inneren Dialog mit sich selbst. Was passiert da? Ein wichtiger Aspekt ist folgender: Angestachelt durch Unstimmigkeitsgefühle arbeiten wir an einer ständigen Harmonisierung unserer inneren Strukturen. Wir versuchen, Widersprüche zu entdecken und auszuräumen, wir rechtfertigen unser Verhalten vor unseren Werten, oder wir verändern unsere Werte aufgrund neuen Wissens oder neuer Erfahrungen. Wenn wir dies systematisch und intensiv betreiben, dann wächst in uns ein komplexes und harmonisch integriertes System aus Erfahrungen, Wissen, Werten und Weltanschauung. Dies ist der Kern unserer Persönlichkeit.

Einen starken Persönlichkeitskern schaffen

Je komplexer und harmonischer Sie diesen Kernantrieb bei sich ausbauen, desto charismatischer und durchsetzungsstärker werden Sie als Mensch wirken können. Wissen und Werte werden auf diesem Wege verinnerlicht und damit verhaltenswirksam: Sie werden zu Überzeugungen, die zu Taten antreiben. Gleich erstarkenden Magnetfeldern in der Tiefe des *Selbst* sorgen sie dafür, dass wir immer öfter auch spontan im Sinne dieser Werte empfinden und handeln.

Verinnerlichung von Werten und Prinzipien

Während uns Erbantriebe dazu drängen, bestimmte Objekte zu beschaffen oder sinnliche Situationen herzustellen, drängen uns Flow-Antriebe dazu, bestimmte Tätigkeiten auszuführen und auszubauen. Sie vermitteln uns die Freude am Tun selbst, an einem Tun, das wir um seiner selbst willen ausführen.

Entsprechend unterschiedlich ist auch die Bewertungsfunktion der dazugehörigen Arten von Gefühlen: Erbgefühle bewerten Objekt- oder Zustandseigenschaften vor dem Hintergrund eines genetisch fixierten Soll-Musters. Jedes Erbgefühl hat im Erleben eine unverwechselbare »Farbe«. Wenn zum Beispiel Nahrung viel Fett enthält, entsteht ein gewisser Wohlgeschmack und diese Empfindung fühlt sich deutlich anders an als etwa sexuelle Be-

Erbgefühle: beschränktes Spektrum

friedigung. Erbantriebe gibt es nur in genetisch begrenzter Zahl. Entsprechend lassen sich Erbgefühle zwar durch Lernen verfeinern und differenzieren, nicht aber in ihrer Zahl vermehren.

Synergiegefühle: grenzenlos entwickelbar

Die Synergiegefühle als Grundlage der Flow-Antriebe dagegen bewerten inhaltsneutrale Prozesseigenschaften. Je mehr Momente und Teilelemente bei einem Tätigkeitsprozess ineinandergreifen und je reibungsloser und perfekter dieses Zusammenwirken ist, desto positiver ist das Synergiegefühl. Es handelt sich um allgemeine Harmoniegefühle, die sich auf alle denkbaren Inhalte beziehen können: Was immer wir uns differenziert aneignen oder kreativ erschaffen – wenn wir diese Inhalte perfekt beherrschen, dann spenden sie inneren Lohn in Form von positivem Harmonieerleben. Diese allgemeinen Harmoniegefühle behalten unabhängig vom konkreten Inhalt eine gewisse Ähnlichkeit. So vergleichen Wissenschaftler das Erleben schöner Theorien oft mit musikalischen Symphonien. Synergiegefühle lassen sich unbegrenzt entwickeln und ausdehnen. Über eine intensive Aneignung der Welt können wir deshalb eine umfassende Liebe zum Sein entwickeln.

1.5 Äußerer und innerer Lohn

Die Quellen des Lebens-Treibstoffs

Die besprochenen Antriebe sind auch die Quellen »positiver Gefühlsenergie«, die so etwas wie den Treibstoff unseres Lebens bildet.

Hier ist es recht nützlich, äußeren Lohn von innerem Lohn zu unterscheiden.

> **Äußerer Lohn ist positive Gefühlsenergie, die hauptsächlich durch äußere Faktoren erzeugt wird, wie etwa: schmackhafte Speisen, Sexualpartner, Konsumgegenstände als Statussymbole, andere Menschen, die uns Bewunderung und Respekt entgegenbringen. Äußerer Lohn erwächst aus Konsum, Ruhm und Macht. Er hat seine Basis in den Erbantrieben.**

Innerer Lohn dagegen ist positive Gefühlsenergie, die kaum von äußeren Faktoren abhängt. Sein überwiegender Ursprung ist das Synergieohr, das auf eine hohe Ordnung psychischer Prozesse mit der Erzeugung von Synergiegefühlen reagiert.

Es lassen sich drei Hauptquellen dieser psychischen Synergie unterscheiden:

1. Die psychische Ordnung lässt sich steigern, indem man sich auf Wahrnehmungen konzentriert (die im Allgemeinen einen hohen Grad von Ordnung aufweisen). Man kann sich auf den Rhythmus des eigenen Atems konzentrieren oder auf den geordneten Ablauf einfacher Tätigkeiten (Mantras oder Gebete aufsagen, Gehen, Bügeln, Straße fegen etc.). Das ist der Kern von Achtsamkeits- und Meditationsübungen.

   Quellen psychischer Ordnung

2. Eine hohe Ordnung psychischer Prozesse entsteht beim gelingenden Ausführen möglichst komplexer Tätigkeiten, die uns an die Obergrenze unseres Könnens bringen (Klavier spielen, Tanzen, eine Konferenz leiten etc.). Hier haben wir es mit typischen Flow-Aktivitäten auf der Basis von Flow-Antrieben zu tun.

3. In einem mehr ganzheitlichen Sinne entsteht eine hohe psychische Ordnung, wenn wir das Gefühl haben, unser Reden und vor allem unser Handeln stimmt mit unseren Werten und Prinzipien überein. Wir sind dann »mit uns im Reinen«, wir fühlen uns »selbstkongruent« oder »integer«. Auch dies ist eine wichtige Quelle von Lebenszufriedenheit.

Die für das Glück als so wichtig erlebten Beziehungen zu anderen Menschen können sowohl äußeren als auch inneren Lohn spenden: Man kann sich an der äußeren Schönheit seines Partners freuen, mit ihm Sex haben oder seine Komplimente genießen – dies wäre äußerer Lohn. Man kann aber auch mit ihm eine Galerie besuchen, Schach spielen oder über Philosophie diskutieren – dies wäre eine wechselseitige Steigerung der Erzeugung inneren Lohns durch Resonanz.

Beziehungen

Liebe ist innerer Lohn Die höheren Formen von Liebe gehören dabei zum inneren Lohn: Die Fähigkeit zu intensiver, achtsamer Wahrnehmung des anderen ist für die Entwicklung von Mitgefühl und nicht besitzergreifender Liebe von zentraler Bedeutung, insbesondere auch die Wahrnehmung einer Übereinstimmung des Verhaltens des anderen mit den eigenen Werten.

Auch die tätige Aneignung der Welt im Sinne des Aufbaus von Flow-Potenzial erzeugt Liebe, die »Liebe zum Sein«: Man kann lernen, die Musik, die Mathematik oder die Philosophie zu lieben. Und über diesen inneren Reichtum wird man auch resonanzfähig für Menschen, die diese Leidenschaften teilen, was wiederum die nicht besitzergreifende Liebe fördert, die Respekt und Bewunderung gibt und dafür nichts zurückerhalten muss.

Innerer Lohn ist wichtig Wie wir noch sehen werden, ist für Glück und ein erfülltes Leben die Kultivierung inneren Lohns sehr viel bedeutsamer als das Erschließen von äußerem Lohn. Letzterer unterliegt dem Phänomen der Gewöhnung: Was immer es ist – ein neuer Sportwagen oder eine neue Rangposition –, nach einiger Zeit bringt es nicht mehr den »Kick« und man braucht etwas Neues oder mehr. Gleichzeitig ist das Reservoir an äußerem Lohn begrenzt. Folgerichtig entsteht hier eine Mentalität des Mangels. Inneren Lohn kann man dagegen nahezu unbegrenzt in sich erzeugen – die Konzentration darauf lässt eine Mentalität der Fülle entstehen.

1.6 Wie Ich und Selbst zusammenarbeiten

Die Funktion des *Ich* In der Tausendfuß-Geschichte kommt das *Ich* ziemlich schlecht weg. Aber das ist nur eine Seite der Medaille. Das *Ich* stiftet natürlich auch Nutzen – sonst hätte es sich in der Evolutionsgeschichte nicht entwickeln können. Die vom *Ich* ermöglichte Einsicht befähigt uns Menschen, unser Verhalten an jede konkret vorliegende Problemsituation individuell anzupassen, während unsere entfernten Vorfahren nur mit vergleichsweise starren und groben angeborenen Verhaltenschemata antworten konnten.

Allerdings ist unser Bewusstseinsfenster ziemlich schmal – im Zentrum unserer bewussten Aufmerksamkeit haben immer nur wenige Dinge gleichzeitig Platz. Komplexe Verhaltensweisen können deshalb vom *Ich* nicht bewusst gesteuert werden. Wir können zwar unseren Zeigefinger unter der Kontrolle des Bewusstseins in einem bestimmten Winkel krümmen. Aber denken Sie einmal an einen Ski-Abfahrtslauf, wo wir Hunderte von Muskeln blitzschnell und gleichzeitig koordinieren müssen. Damit wäre unser bewusstes *Ich* überfordert.

Komplexe Verhaltensweisen müssen schrittweise erlernt werden und können nur dann schnell und gekonnt ablaufen, wenn sie automatisiert dem *Selbst* entspringen (statt »automatisiert« sollte man besser von »selbstorganisiert« sprechen). Wie die Abbildungen 2b und c zeigen, kommt dabei der Hauptverhaltensoutput aus dem *Selbst*, während das bewusste *Ich* nur einige wenige Schlüsselvariablen des Verhaltensprozesses im Auge behalten kann. Beim Ski-Abfahrtslauf wäre das zum Beispiel die vorausschauende Wahl des Kurses.

Dasselbe gilt auch für komplexes Verhalten in anderen Situationen: beim Halten eines Vortrags, bei der Leitung einer Konferenz oder beim lockeren Herumschwirren zwischen den Gästen einer Party. Je besser Sie die Spezialinhalte beherrschen, die Leute ken-

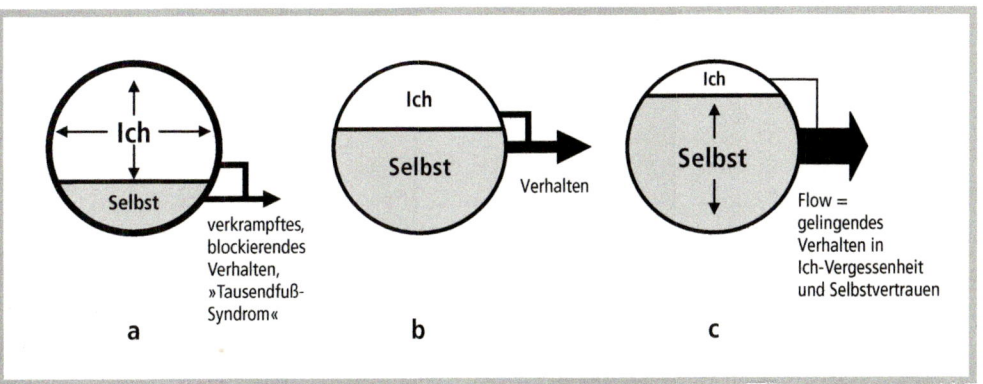

Abb. 2: Grundmodi der Verhaltensregulation: a) Stress, b) bewusstes Lernen, c) Flow

nen und je mehr Allgemeinwissen Sie haben, desto besser. Dann können Sie den engen Fokus Ihrer Aufmerksamkeit voll auf die Gesichter der Zuhörer beziehungsweise Gäste konzentrieren und die passenden Inhalte entfalten sich spontan aus Ihrem *Selbst* heraus.

Bewusstes Lernen Abbildung 2b entspricht dabei der Situation, in der komplexes Verhalten erlernt wird: Wir trainieren in relativ langsamer Fahrt einen bestimmten Skischwung auf dem »Idiotenhügel« oder wir üben unseren Vortrag, was noch etwas stockend geht, weil wir immer wieder bewusst über Auswahl und Formulierung der Inhalte nachdenken müssen. Das *Selbst* macht dabei eine Vielzahl von Vorschlägen in Form von Verhaltensbausteinen, die per psychoneuraler Selbstorganisation erzeugt werden (»Einfälle«, »Eingebungen«). Das *Ich* wählt sie mit dem Vernunftauge aus und setzt sie mithilfe des Synergieohres zusammen.

Flow Mit zunehmender Übung unter Leitung des Synergieohres geraten wir dann immer näher an den Flow-Zustand heran, den Abbildung 2c zeigt. Das *Ich* kann sich zurückziehen und das Verhalten ganz dem *Selbst* überlassen: gelingendes Tun in *Ich*-Vergessenheit und *Selbst*vertrauen. Doch der Flow-Zustand ist oft instabil und störanfällig: Schlechte Form, überzogene Leistungserwartungen, aufkeimende Selbstzweifel oder ungünstig veränderte Außenbedingungen können schnell dazu führen, dass wir wieder in den Normalzustand b zurückfallen.

Gefahren Erweisen sich die Probleme als hartnäckig, entsteht Gefahr: Das *Ich* kommt nun in die Versuchung, den Gesamtprozess unter seine bewusste Kontrolle bringen zu wollen: Hyperreflexion (Überkontrolle, übermäßige Selbstbespiegelung) und Hyperintention (verkrampftes Erzwingenwollen) sind die Folgen. Aufgrund seiner geringen »Kanalkapazität« verbessert das aber nicht die Performance. Im Gegenteil: Das Verhalten wird immer stockender und die Leistung sinkt.

Die Stress-blockade Nun entstehen auf vielen Ebenen Teufelskreise: Die erwähnte Stressreaktion springt an und führt über den »Tunnelblick« zu einer weiteren Verengung der Kanalbreite. Negative Gefühle und negative Gedanken steigern sich wechselseitig immer weiter in eine negative Richtung: Selbstbeschimpfungen und Katastrophengedanken erzeugen Ärger, Wut oder Angst – und diese Gefühle fördern dann wieder das Negativdenken. Der innere Druck steigt, das *Ich* bläht sich, bildlich gesprochen, auf und erdrückt zunehmend das *Selbst*. Immer mehr Feinfunktionen des *Selbst* blockieren. Als Folge des Tunnelblicks und der teilweise nach innen gerichteten Aufmerksamkeit lassen Wahrnehmung und Sensibilität nach außen nach. Die Handlungskompetenzen werden gehemmt bis hin zur totalen Blockierung im Tausendfuß-Syndrom. Spätestens jetzt stürzt der Ski-Abfahrtsläufer, der Redner oder Konferenzleiter beginnt zu stottern, verhaspelt sich und verliert unter Erröten gänzlich den Faden. Diese Entwicklung wird in Abbildung 2a auf Seite 43 gezeigt.

1.7 Persönlichkeitsentwicklung und chronisches Dysstress-Syndrom

Zugleich lassen sich an unseren drei Schemata einige Aspekte der Persönlichkeitsentwicklung verdeutlichen. Wie unsere tierischen Vorfahren sind insbesondere kleinere Kinder oft im Flow-Zustand, wie ihn Abbildung 2c auf Seite 43 zeigt. Spontan und unbekümmert handeln sie drauflos. Doch allmählich wächst das *Ich*: Das Kind vergleicht sich selbst mit anderen, es wird von anderen bewertet und bekommt Normvorgaben von Eltern und Lehrern, an denen es sich selbst misst.

Naturgemäß lauern hier Gefahren: Es ist nicht schwer, diese Vergleiche und Bewertungen sehr zu den eigenen Ungunsten ausfallen zu lassen. Natürlich verfügten wir im Jugendalter in vielen Bereichen über weniger Kompetenz als die bewunderten Stars der Erwachsenenwelt. Außerdem mangelte es uns in diesem Alter noch an eigenen Wertmaßstäben, sodass wir geneigt waren, die Normvorgaben der Autoritäten für bare Münze zu nehmen. Der Abstand zu unseren unrealistischen Idealvorstellungen war rie-

Der Vergleich als zweischneidiges Schwert

sengroß und entsprechend gewaltig war der Veränderungsdruck, den wir uns auferlegten. Eine ideale Situation für das Ingangkommen der beschriebenen Teufelskreise, die dann in die *Ich*-Krise der Pubertät führen. Gern entwickeln sich jetzt leichte psychische Störungen wie soziale Ängste (von denen sich dann durchaus psychische Erkrankungen herleiten können, insbesondere nach dem Hinzutreten traumatisierender Erlebnisse).

Das Dysstress-Syndrom infolge überzogener Ansprüche

Bei den meisten Menschen geht das Älterwerden dann mit zweierlei einher: mit einer Relativierung allzu harter Anforderungen an sich selbst und dem Kompetenzzuwachs in vielen Bereichen. Dies bringt das *Ich* zum Abschwellen und das *Selbst* zum Wachsen, womit wir uns zumindest in den Normalzustand von Abbildung 2b (S. 43) bewegen. Hier allerdings bleibt die Entwicklung dann oft stecken. Viele Menschen fühlen sich Zeit ihres Lebens unter Veränderungs- und Leistungsdruck Sie haben das Gefühl, nicht gut genug zu sein, taxieren angstvoll ihre Leistung und ihren Wert im Urteil der anderen, stehen unter Spannung und haben ständig das Gefühl, nicht genug geschafft zu haben. Zeiten der Entspannung im Nichtstun oder im Flow sind eher selten. Ein solches chronisches Dysstress-Syndrom ist unfunktional. Es steigert nicht die Leistung, sondern untergräbt sie. Es verdirbt die Stimmung und immer besteht die Gefahr, dass das Ganze in eine Angsterkrankung und / oder eine Depression »umkippt«.

Hier kommt wieder die Psychosynergetik ins Spiel. Sie möchte Menschen dabei helfen, ihre Flow-Potenziale zu stärken, um sich, wie in Abbildung 2 gezeigt, mehr von b nach c zu bewegen.

Der Prozess der inneren Befreiung zielt auf die Entblähung des *Ich*, der Prozess des inneren Wachstums auf die Stärkung und Vergrößerung des *Selbst*.

1.8 Wie aus Schmerz Leid wird

Habe ich Ihnen eigentlich schon von meinem letzten Skiurlaub erzählt? Ich konnte dabei einige wichtige psychologische Erkenntnisse noch einmal sehr eindrucksvoll am eigenen Leib nachvollziehen. Gleich am ersten Tag stürzte ich heftig und zog mir ein dickes, handflächengroßes Hämatom über der rechten Hüfte zu (dessen Ausläufer dann in den nächsten Wochen bis hinab in die Kniekehle wanderten). Glauben Sie mir – das waren richtig starke Schmerzen, bei jeder Bewegung des Beines, beim Drehen im Bett und vor allem beim Sitzen. Das Merkwürdige aber war: Diese starken Schmerzen haben mich in meiner Stimmung praktisch nicht beeinträchtigt. Das Wetter war hervorragend, die mitgereisten Leute unterhaltsam. Ich war oft abgelenkt. Beim Skifahren spürte ich die Schmerzen überhaupt nicht, sie waren tatsächlich zu 100 Prozent ausgeblendet.

Auch starken Schmerz kann man ausblenden

Am vierten Tag dann wachte ich mit einem ganz leichten Schmerz im linken Knie auf. Das nun verdarb mir sofort die Laune, und zwar mächtig. Ständig bewegte ich das Knie hin und her: Tut es immer noch weh? Ja – verdammt! Ich grübelte herum: Kann ich damit weiterfahren? Gewöhnt sich das Gelenk an die Belastung oder wird es schlimmer? Ruiniere ich mir am Ende das ganze Knie? Ist der Skiurlaub für mich jetzt zu Ende? Werde ich womöglich gar nicht mehr Skifahren können? Nein – bis zum Rollstuhl trieb ich meine Sorge nicht. Schließlich entschied ich mich missmutig für einen Pausentag. Alle anderen haben jetzt Spaß beim Fahren – nur ich nicht ⊗.

Am meisten schmerzt die Angst

Der Kontrast hätte größer und eindrucksvoller nicht sein können. Unter einem wirklich starken Schmerz litt ich praktisch überhaupt nicht, während ein sehr viel geringerer Schmerz starkes Leiden bei mir verursachte. Das macht eines sehr deutlich: Unsere Gefühlsreaktionen auf äußere und innere Ereignisse hängen offenbar stark davon ab, wie wir gedanklich damit umgehen. Von dem Hämatom-Schmerz wusste ich sicher, dass er harmlos ist, keinerlei Schonung erforderlich macht und sich das Ganze vollständig ohne jede Nachwirkung zurückbilden wird.

Die gedankliche Verarbeitung entscheidet

Bei dem leichten Knieschmerz war das ganz anders. Das Knie ist für das Skifahren und die Fortbewegung insgesamt ein ebenso zentrales wie verletzliches Körperteil. Aufgrund meiner mangelnden orthopädischen Erfahrung war ich mir hinsichtlich der Bedeutung der Schmerzen und der nötigen Konsequenzen für mein Verhalten unklar. Es hätte doch sehr unangenehme Folgen haben können, etwas Falsches zu tun. Entsprechend kam es zu einer übermäßigen Beachtung des Schmerzes (Hyperreflexion), zu katastrophisierenden Zukunftsgedanken und gefühlsmäßig zu einer Mischung aus Ärger und Angst. All dies gab diesem kleinen Schmerz viel Raum, verstärkte ihn in Teufelskreisen und erzeugte zusätzliche negative Gefühle. Was lernen wir daraus?

Leid ist ein im Spiegelkabinett des Bewusstseins durch das Denken vervielfachter Schmerz. Wenn wir diese Prozesse besser verstehen und beherrschen lernen, können wir viel unnötiges Leid vermeiden.

1.9 Die Lücke zwischen Reiz und Reaktion: die kognitive Modulation unserer Erbgefühle

Gedanken verändern Gefühle

Offenbar reagieren wir Menschen nicht mehr mit reflektorischer Zwangsläufigkeit auf Empfindungen oder Wahrnehmungen. Zwischen Reiz und Reaktion hat sich das Denken geschoben. Von dessen Art und Inhalt hängt es nun entscheidend ab, welche Gefühls- und Verhaltensreaktion auf den Reiz erfolgt. Natürlich betrifft das nicht nur Innenreize (wie im Beispiel in Form von Schmerz), es betrifft ebenso alle Außenwahrnehmungen.

Stellen Sie sich vor, Sie hängen über einer tiefen Schlucht. Sind Sie als reiner Freizeitkletterer bei einer Bergwanderung abgerutscht und schweben frei, dann wird die Angst Sie überwältigen. Sind Sie aber Profikletterer, kennen Ihre Kompetenzen und wissen sich gut angeseilt, dann wird es Ihnen leichtfallen, die Angst zu beherrschen. Oder: Sollte Sie Ihr Chef auf einmal nicht mehr grüßen, dann wird das Maß der aufkeimenden Sorge entscheidend davon abhängen, wie Sie Ihre Chancen auf dem Arbeitsmarkt einschätzen.

Selbst wenn sie durch real vorhandene angeborene Auslöser hervorgerufen werden – wie stark unsere Erbgefühle im Erleben wirklich werden, hängt von unserer Sichtweise, von unserer gedanklichen Interpretation und Bewertung der Situation ab. Diesen Vorgang der gedanklichen Beeinflussung wollen wir als kognitive Modulation unserer Erbgefühle bezeichnen. Vorstellbar sind verschiedene Situationen:

Kognitive Modulation

- Wir können real begründete negative Erbgefühle abschwächen und unter Kontrolle halten.
- Wir können völlig unbegründete negative Gefühle erzeugen und in ihrer Bedeutung steigern.
- Wir können positive Gefühle von innen heraus quasi aus dem Nichts erzeugen – z. B. durch bewusstes positives Tagträumen.
- Wir können uns das Genießen von außen induzierter positiver Gefühle vermiesen (z. B. wenn wir während eines Essens in einem Sterne-Restaurant negative Erinnerungen zulassen).

Varianten

Der am theoretischen Hintergrund interessierte Leser kann sich zu den Themen Konditionierung, Gewöhnung und kognitive Modulation im Exkurs I ab Seite 253 näher informieren.

Wenn das Denken eine so wichtige Rolle bei der Regulation unseres Befindens spielt, müssen wir uns mit Natur, Möglichkeiten und Grenzen von Denken und Erkenntnis genauer auseinandersetzen.

1.10 Die Natur von Denken und Erkenntnis: Evolutionäre Erkenntnistheorie und Konstruktivismus

Die Grundannahmen des Alltagsdenkens ...

Bestimmte Grundtatsachen unserer Existenz scheinen derart sonnenklar, dass viele Menschen sie niemals hinterfragen: Die Welt da draußen vor meinen Augen, die existiert doch objektiv und völlig unabhängig von mir selbst. Die anderen Menschen, die sind doch wie ich, sie haben Augen, Ohren und Nasen. Dann werden sie wohl auch die Welt genau so wahrnehmen und erleben wie ich – wie sollte es denn anders sein?

Und die westliche Wissenschaft – kann sie nicht inzwischen alles in seine kleinsten Bestandteile aufspalten und kann sie mit ihren Teleskopen nicht Äonen von Lichtjahren weit hinein ins All schauen? Ist das, was diese Wissenschaft zutage bringt, nicht ewige und absolute Wahrheit? Und wenn diese Wissenschaft immaterielle Dinge wie Seele oder Gott nicht auffinden kann, dann existieren sie wohl auch nicht.

... sind nichts als Illusionen

Schritt für Schritt zu verstehen, dass all dies Illusionen sind, habe ich als das spannendste intellektuelle Abenteuer meines bisherigen Lebens empfunden, aber auch als das schwierigste. Die sehr komplexen Hintergründe dieser Probleme kann ich an dieser Stelle nicht ausführlich besprechen. Stattdessen möchte ich drei Gleichnisse mit Ihnen diskutieren, die zumindest annähernd deutlich machen, was die moderne Erkenntnistheorie heute weiß. Diese modernen Theorien heißen Evolutionäre Erkenntnistheorie und (Radikaler) Konstruktivismus, – was ich Ihnen jetzt darlege, entspricht einer Kombination dieser beiden Ansätze. Sollte Sie das nicht völlig überzeugen, aber neugierig machen, dann kann ich Ihnen nur empfehlen, sich einmal mit ausführlicheren Darstellungen dieser Theorien zu befassen (in Hansch 2004 finden Sie eine ausführliche und integrierte Darstellung dieser Themen, etwas kürzer auch in Hansch 2006, siehe auch die Literaturempfehlungen in diesem Buch).

1.10.1 Das Instrumentenflug-Gleichnis

Moderne Flugzeuge fliegen auch dann weiter, wenn sich die Piloten bei Nacht oder Nebel nicht mehr zuverlässig durchs Kabinenfenster orientieren können. Das Cockpit enthält für all die Daten Instrumente und Anzeigen, die für einen sicheren Weiterflug erforderlich sind, unter anderem: Höhen- und Geschwindigkeitsmesser, Raumlage des Flugzeuges und Position in Bezug auf eine Karte, Radar für Hindernisse, Treibstoffanzeige.

Die Flugzeugkonstrukteure wollten es so den Piloten ermöglichen, sicher weiterzufliegen – ohne Kursabweichungen, Kollisionen oder Bruchlandungen. Dafür genügen relativ wenige Zahlen und Symbole. Der Informationsgehalt dieser Zahlen und Symbole ist, verglichen mit dem, was die volle Sicht durchs Kabinenfenster bietet, natürlich sehr viel geringer. Stellen Sie sich nun vor, ein fensterloses Flugzeug würde sich jahrzehntelang auf einem ununterbrochenen, luftbetankten Instrumentenflug befinden. Die im Flugzeug geborenen Pilotengenerationen könnten sich überhaupt kein Bild mehr von der Außenwelt machen. Das Cockpit mit seinen Instrumentenanzeigen wäre die einzige Wirklichkeit, die sie kennen.

Sie würden versuchen, die Symbole und Anzeigen samt ihrer korrelierten Veränderungen irgendwie sinnvoll zu deuten. Dabei würden sie fantastische Vorstellungen zusammenkonstruieren, die mit der Realität außerhalb des Flugzeuges wenig zu tun hätten. Manche von ihnen würden sagen: Die Zahlen und Symbole samt unserer Vorstellungen über ihre Bedeutung – das ist alles, was es gibt. Hämisch würden einige besonders Schlaue in die Runde fragen: Oder hat jemand von euch je etwas anderes gesehen?

Was ist Wirklichkeit?

Nun, ob Sie es glauben oder nicht – auch unsere Existenz im Universum gleicht einem solchen Instrumentenflug in einem Flugzeug, in das wir hineingeboren wurden und dass wir nicht verlassen können. Das Flugzeug entspricht in diesem Gleichnis unserem Körper samt seinem Gehirn, die Instrumente stehen für unsere Sinnesorgane und das Cockpit-Innere samt den Instru-

Die Psyche als Cockpit

mentenanzeigen gleicht unserer subjektiven Wirklichkeit – jener Welt, die uns von unseren Sinnesorganen präsentiert wird und die wir gleich den eingeborenen Piloten für die einzige und vollständige Welt zu halten geneigt sind.

Was unsere Sinnesorgane leisten

Aber das ist ein Irrtum, eine Illusion, die sich uns im Alltag mit großer Macht aufdrängt. Unsere subjektive Wirklichkeit ist eingebettet in eine äußere Realität, die unendlich viel komplexer und reicher ist. Wie die Flugzeugingenieure hat die Evolution unsere Sinnesorgane nicht konstruiert, um uns diese Realität möglichst vollständig zu zeigen. Sie hat uns nur so viele Sinnesinstrumente eingebaut, wie zum Überleben in unserer Nische notwendig ist.

Die Realität hat viel mehr Eigenschaften, als unsere Sinne erfassen

So verfährt die Evolution auch bei anderen biologischen Arten. Die erdlebenden Würmer etwa haben keine Augen, da es dort unten kein Licht gibt. Und so, wie ein im Museum gezeigtes Flugzeug keine Elektronik mehr braucht, haben auch die unbeweglichen Pflanzen gar nicht erst Nervensysteme eingebaut bekommen. Anders herum gibt es aber auch Tierarten, deren Augen, Ohren oder Nasen sehr viel sensibler sind als die unseren, weil sie dies für ein Überleben in ihrer Nische brauchen – denken Sie an das Geruchsuniversum, in dem die Schmetterlinge leben. Auf eine Vielzahl von Phänomenen, für die wir keine Sinnesorgane haben, ist die Wissenschaft zufällig gestoßen und hat gelernt, Messinstrumente für sie zu bauen: Röntgenstrahlen, Gammastrahlen, magnetische Felder oder Radioaktivität. Mit Sicherheit gibt es viele weitere Aspekte, Phänomene, Dimensionen, Eigenschaften der äußeren Realität, von denen wir nichts ahnen und die wir uns gar nicht vorstellen könnten.

Unsere innere Wirklichkeit hat keine Ähnlichkeit mit der äußeren Realität

Machen Sie sich immer wieder klar, wie wenig die Instrumentenanzeigen beim Instrumentenflug der realen Welt ähneln, durch die sich das Flugzeug bewegt: Eigentlich ähneln sie ihr überhaupt nicht. Der dreidimensionale Raum, die Art, wie sich uns »Materie« darstellt – all das sind nur Anzeigen und Symbole unserer zerebralen Navigationsinstrumente, sie sind nicht die Realität. Mit größter Sicherheit ähnelt unsere subjektive Wirklichkeit der realen Außenwelt wenig bis gar nicht.

Stellen Sie sich vor, auf der Oberfläche einer riesigen Kugel leb- **Sind auch wir nur Tintenkleckse?**
ten zweidimensionale Tintenkleckse. Sie würden ihre in sich ge-
schlossene Welt als unendlich erleben. Und sie würden sicher zu
der Überzeugung kommen, dass darüber hinaus nichts Weiteres
existieren könne. Ja, können sie denn nicht unendlich weit in
jede Richtung kriechen? Und hätte je irgendeiner von ihnen etwas Absonderliches gefunden? Aus der Perspektive dreidimensio-
naler Lebewesen können wir darüber nur lächeln. Doch dieses
Lächeln sollte uns auf den Lippen gefrieren, wenn wir uns klarmachen, dass auch die dreidimensionale Welt unseres eigenen Erlebens in noch höherdimensionale Welten eingebettet sein kann.
Dann ginge es uns eben selbst wie den platten Tintenklecks-We-
sen. Ganz in diesem Sinne findet etwa die renommierte Harvard-
Physikerin Lisa Randall viele Argumente dafür, dass die von uns
beobachtbare Welt nur eine von vielen Inseln innerhalb eines hö-
herdimensionalen Raumes ist, in dem sich viele Universen quasi
überlagern (Randall 2006). Ein fiktives allwissendes Wesen, das
dieses Multiversum überblickt, würde mitleidig auf uns herab-
schauen – so wie wir auf die nichtsahnenden Regenwürmer in
unserem Garten.

> **Unsere subjektive Wirklichkeit enthält lediglich einige
> Eckdaten, die für das Überleben notwendig und aus-
> reichend sind. Die Art und Weise, wie diese Eckdaten in
> unserer Wirklichkeit in Erscheinung treten, hat nichts
> mit der Realität zu tun. Sie entspringt der konstruktiven
> Fantasie der »Ingenieure« Evolution und Gehirn.**

1.10.2 Das Landkarten-Gleichnis

Tatsächlich beginnt diese konstruktive Phantasie schon auf der **Schon Farben sind Konstrukte**
Ebene der Wahrnehmungen. So haben die von uns erlebten qua-
litativ unterschiedlichen Farben kein Pendant in der Realität. Die
dem sichtbaren Licht entsprechenden elektromagnetischen Wellen verändern sich in ihrer Frequenz ganz allmählich und ohne
qualitative Sprünge. Die unterschiedlichen Farbqualitäten werden also vom Gehirn hinzugefügt. Um uns die Orientierung zu er-

leichtern, malt das Gehirn die aus den überlebenswichtigen Eck-konturen entstehenden Landkarten mit Leuchtfarben aus, ganz so, wie wir als Kinder unsere Malhefte ausmalten.

Die Karte ähnelt nicht dem Land

Überhaupt: Landkarten. Damit haben wir eine Metapher, die weitere wichtige Aspekte verdeutlicht. Zunächst einmal werden wir bestätigt: Auch Landkarten ähneln in keiner Weise dem Land, das sie beschreiben. Es gibt zwischen dem Aufgedruckten und dem realen Land ein paar topologische Entsprechungen in Bezug auf wichtige »Eckkonturen«, das ist alles. Das eine ist eine gigantische Masse an Fels, Sand und Holz, und das andere ist nur ein kleines Stück Papier.

Spezialkarten für bestimmte Zwecke

Die Gegebenheiten der Karte werden durch Farben, Linien und Symbole in Bezug auf bestimmte Zwecke dargestellt und hervorgehoben. Für ein und denselben Landstrich kann das sehr verschieden ausfallen: Eine Autokarte unterscheidet sich von einer Wanderkarte, eine Karte der Bundeswehr von der eines Bergbaukonzerns. Und alle diese Karten haben eine gleiche relative Gültigkeit. Man kann nicht sagen, die eine sei besser als die andere, oder gar behaupten, dass eine von ihnen in einem absoluten Sinne wahr wäre.

Schubladen-pyramiden der Abstraktion

Dies gleicht nun in mancher Hinsicht unserer begrifflichen Erkenntnis. Auch wir kartieren die Landschaft unserer Sinneswahrnehmungen mit Begriffen. Über bestimmte Elemente, die sich in irgendeiner Hinsicht ähneln, stülpen wir konkrete Begriffe wie eine umgekehrte Schublade. So wird beispielsweise über alles, was Federn hat, die Schublade mit dem Namen »Vogel« gestülpt. Mehrere solcher Basisschubladen werden dann unter die größere Schublade eines abstrakteren Begriffs gezwungen, so zum Beispiel Vogel, Säugetier und Fisch unter »Tiere«. Diese kommen dann neben den Pflanzen in die noch größere und abstraktere Schublade »Leben« – und so weiter. So bauen wir auf den Landschaften unserer Sinneswahrnehmungen Schubladenpyramiden, die von konkreten Begriffen zu immer nebulös-abstrakteren Begriffen aufsteigen.

Wie diese Bündelung von Sinnesempfindungen im Einzelnen erfolgt, hängt von den damit verfolgten Zwecken ab und ist auch von konstruktiver Willkür geprägt. Entsprechend verfügen unterschiedliche Sprachkulturen, Berufsgruppen und soziale Schichten über je eigene, mehr oder weniger spezifische Begriffskarten ihrer sinnlichen Wirklichkeit. So haben die Eskimos sehr viel mehr konkrete Begriffe zur Beschreibung von Schnee als Sie und ich. Die Buddhisten kennen besonders viele Begriffe für Bewusstseinszustände und die Restaurantkritiker sind sehr kreativ darin, Geschmacksvarianten zu beschreiben. Auch hier gilt wieder: Keine dieser Begriffskartierungen ist in einem absoluten Sinne besser oder wahrheitsnäher als die andere. Sie können immer nur einer relativen, kontextbezogenen Wahrheit näher sein, also besser geeignet in Bezug auf einen definierten Zweck.

Wahrheit relativ zum Zweck

Warum tun wir das eigentlich? Welchen Nutzen hat Begriffsbildung? Nun, zunächst vereinfacht es die Welt erheblich: Alles, was ähnlich ist, kommt in eine Schublade, wird gleichgemacht und bekommt das gleiche Wortetikett. Sodann werden durch Verallgemeinerung Vorhersagen auf Unbekanntes ermöglicht. Man nutzt das Prinzip: Was sich in bestimmten Aspekten ähnlich ist, wird sich wahrscheinlich auch in anderen Aspekten ähnlich verhalten. Stellen Sie sich vor, ein Stamm von Steinzeitjägern habe den Begriff »Vogel« gebildet (alles was Federn hat). Bei einem bestimmten Vogel entdecken sie, dass er Eier legt, die man essen kann. Jetzt verallgemeinern sie, suchen bei allen Vögeln Eier und werden fündig. Dies ist der große Nutzen, den begriffliches Denken bringt.

Begriffe vereinfachen und ermöglichen Vorhersagen

Die Steinzeitmenschen haben auch gelernt, dass Vögel wegfliegen, wenn man ihnen zu nahe kommt. Nun begegnet einer der Jäger einem ihm unbekannten Vogel, sagen wir, einem Strauß. Doch der fliegt nicht weg, sondern schlägt dem Eierdieb schwere Wunden. Dies nun ist die Falle der Überverallgemeinerung (»Übergeneralisierung«): Was sich in manchen Aspekten ähnelt, verhält sich eben nicht *zwangsläufig* auch in allen anderen Aspekten gleich.

Überverallgemeinerung

1.10.3 Das Kippbild-Gleichnis

Begriffe bestehen aus Bedeutung und Wortmarke

Begriffe bestehen also aus einer Schublade mit gleichgemachten Dingen darin und einem Namensetikett darauf. Die Bedeutung des Begriffs liegt in der Schublade, der Name ist nur ein auswechselbares Lautmuster (ob man »Vogel« sagt oder »bird«, ist egal). Das Problem: Wenn wir miteinander sprechen, dann rufen wir uns nur die Wortnamen zu. Die bedeutungsgefüllten Schubladen aber bleiben in unseren Köpfen. Entgegen weit verbreiteten Alltagsüberzeugungen wird beim Sprechen keine Bedeutung ausgetauscht. Kommunikation ist also kein Informationsaustausch, auch wenn klassische Wissenschaftskonzepte das anders sehen.

Betrachten Sie einmal Abbildung 3, ein sogenanntes Kippbild. Sie können darin entweder eine alte oder eine junge Frau erkennen. Das macht deutlich:

Bedeutung klebt nicht wie ein Abziehbild auf den Außendingen, sie wird innerhalb unserer subjektiven Wirklichkeit erzeugt und den Außendingen quasi zugewiesen, ihnen aufprojiziert.

Kommunikation als wechselseitige Anregung zu Bedeutungserzeugung

Ähnliche Phänomene gibt es auch in der Sprache: Das Wörtchen »Bank« kann eine Fluss-Untiefe, eine Sitzgelegenheit oder ein Geldinstitut meinen. Weder Bilder noch Worte tragen oder übertragen also Bedeutung. Doch warum kommunizieren wir dann miteinander? Wie ist Verstehen eigentlich möglich? Ja, gibt es das überhaupt?

Bei Kommunikation passiert Folgendes: Wir regen uns wechselseitig zur Erzeugung von Bedeutung an. Verstehen ist, wenn diese Bedeutungserzeugungen einander ausreichend ähnlich sind. Und wann ist dies nun wieder gegeben? Wenn die Gesprächspartner ähnliche Begriffskartierungen ihrer Wirklichkeit haben, wenn sie also über ähnlich aufgebaute Begriffspyramiden verfügen und in den Begriffsschubladen in etwa das Gleiche drin ist. Und – letzte Frage – wie kommen Menschen zu solchen ähnlichen Begriffskarten? Nun, indem sie ähnlich leben und intensiv zusammenarbeiten. Durch die wechselseitigen Korrekturen beim Zusammenwirken in der gleichen Umgebung kommt es zu Angleichungen der Begriffskarten: Bring mir mal die Flachzange!, befiehlt der Meister dem Lehrling. Du Depp, das Ding heißt Kombizange.

Was bei solchen konkreten Begriffen noch einfach ist und gut gelingt, wird beim Aufstieg in die Höhen immer abstrakterer Begriffe zunehmend schwierig. Entsprechend häufen sich hier auch die Missverständnisse. Sie müssen nur einmal beobachten, wie viel aneinander vorbeigeredet wird, wenn bei Fernsehdiskussionen wildfremde Menschen aus ganz unterschiedlichen Gesellschaftsbereichen aufeinandertreffen und über globale Themen diskutieren.

Abb. 3: Junge Frau oder alte Frau?

Je ähnlicher sich Menschen sind und je länger und intensiver sie zusammengearbeitet haben, desto besser sind die Voraussetzungen für eine gelingende Kommunikation. Übereinstimmungen in Geschlecht, Alter, Kultur, sozialer Schicht und Beruf sind dem gegenseitigen Verstehen förderlich.

1.10.4 Wissenschaft und Religion

Wie die Instrumentenflug-Metapher deutlich macht, haben wir keinen direkten Zugang zur Realität, nicht mit unseren Sinnen und auch nicht mit den Mitteln der Wissenschaft. Entsprechend stellte der Physik-Nobelpreisträger Eugen Wigner fest, dass sich die Physik nicht mit der Realität befasse, sondern mit Regelmäßigkeiten zwischen Ereignissen. Die Wissenschaft beschäftigt sich also ausschließlich mit dem, was innerhalb unseres Wirklichkeits-

Was Wissenschaft leistet

Cockpits stattfindet. Sie versucht, Gesetzmäßigkeiten im Verhalten der unterschiedlichen Instrumentenanzeigen herauszufinden, Modelle dafür zu entwickeln und diese nach Möglichkeit mathematisch zu formulieren.

Letzterklärungen über das, was sich außerhalb des Cockpits zuträgt, oder in irgendeinem Sinne absolute Wahrheiten kann die Wissenschaft nicht liefern. Und das gilt prinzipiell.

Grenzen von Wissenschaft

Die Gesetze der klassischen Mechanik schienen absolut wahr, bis die Relativitätstheorie zeigte, dass sie nur unter bestimmten Bedingungen gelten. Und auch die Relativitätstheorie wird sich nach Vereinigung mit der Quantenmechanik als eine nur relative Wahrheit entpuppen. Kein Physiker kann wirklich sagen, was Materie ist und wo sie herkommt. Die Urknalltheorie ist ein mathematisches Modell und einem intuitiven Verstehen nicht zugänglich. Nehmen Sie einmal zwei Magneten in die Hände und spüren Sie bewusst die Kräfte, die da ohne materielle Vermittlung wirksam werden. Ist das nicht verrückt? Wird uns dieses Mysterium durch mathematische Gleichungen verständlicher? Warum gibt es überhaupt etwas und nicht einfach nichts? Wir werden es nie erfahren.

Wenn wir aber zu Letzterklärungen und absoluten Wahrheiten keinen Zugang haben, dann bleibt nur eine Erkenntnis: Wahr ist, was hilft.

Auch die Vernunft führt zum Glauben

Ein solches pragmatistisches Wahrheitskriterium aber lässt sich durchaus über den engeren Cockpit-Bereich ausdehnen. Wahr wären danach jene Annahmen über den Urgrund der Welt, die uns am besten beim Leben helfen. Für die meisten Menschen auf dieser Welt ist dies ganz eindeutig ein religiöses Weltbild. Die wissenschaftlichen Studien zeigen übereinstimmend, dass Menschen, die einem positiven religiösen Glauben anhängen, glücklicher, erfolgreicher und gesünder sind als Menschen, für die dies nicht gilt.

Wenn wir also prinzipiell nichts wissen über den Urgrund der Welt – warum sollten wir dann glauben, dass wir allein sind in einem kalten und toten Universum, dass mit dem Tode alles verloren und zu Ende ist und dass dies alles ganz schrecklich und furchtbar wäre? Dies ist ein irrationaler Glaube wie jeder andere auch. Warum nicht davon ausgehen, dass der Urgrund der Welt positiv ist, dass auch unser Leiden einen für uns verborgenen Sinn hat und dass es nach dem Verschwinden unseres Körpers für unseren Geist irgendeine Form von Fortbestand gibt? Warum den positiven Urgrund des Seins nicht Gott nennen?

Wir müssen uns immer wieder eines vor Augen halten: Wir wissen nichts, gar nichts. Wir wissen nicht, ob das Leben nur eine Art Traum ist, ob über uns selbst hinaus überhaupt noch jemand existiert (philosophisch: Solipsismus) oder ob der Film *Matrix* recht hat, in dem die von den Menschen erlebte Wirklichkeit nur eine Computersimulation ist. Wir wissen es wirklich nicht. Wenn Ihnen all das oder die Weltbilder der Religionen vielleicht unwahrscheinlich vorkommen, liegt das nur daran, dass Sie sich an die Sichtweise des westlichen atheistischen Positivismus gewöhnt haben. (Der Positivismus meint, es existiere nur das, was man anfassen kann.) Es ist Gewöhnung, sonst nichts. Wenn Sie sich von dieser Gewöhnung durch Verstehen wieder befreien, wird Ihnen klar: Die Wahrnehmung magnetischer Kräfte oder die Flug-Kapriolen, die eine Stubenfliege vor Ihrer Nase ausführt, all dies ist genau besehen nicht weniger wundersam als der Gedanke, dass Ihre Seele nach dem Tode fortexistiert.

Das Staunen wieder lernen

Wir sollten das Staunen wieder lernen: Pater Anthony de Mello hat es folgendermaßen formuliert: »Zu Beginn unseres Lebens betrachten wir die Wirklichkeit als Wunder, aber nicht mit dem intelligenten Staunen der Mystiker, sondern mit dem gestaltlosen Staunen des Kindes. Danach vergeht das Wunder und macht der Langeweile Platz, weil wir die Sprache entwickeln mit ihren Wörtern und Begriffen. Danach, hoffentlich, können wir, wenn wir Glück haben, wieder zum Wunder zurückkehren.« (de Mello 2004, S. 151)

Wissenschaft und Religion ergänzen sich

Man könnte also sagen: Religiosität ist zwar nicht wissenschaftlich, wohl aber vernünftig. Wissenschaft und Religion schließen sich nicht aus, sie ergänzen sich. Wissenschaft befasst sich mit den Vorgängen im Cockpit unserer Wirklichkeit; die Religion mit den Vorgängen außerhalb dieses Cockpits. Wichtig ist nur: Die Wissenschaft muss ihre Grenzen erkennen und die Religionen müssen aufhören, Dogmen in Bezug auf das Cockpit-Innere zu formulieren.

Hören wir zum Abschluss noch Albert Einstein, der eine ähnliche Auffassung von Religiosität vertrat: »Zu empfinden, dass hinter dem Erlebbaren ein für unseren Geist Unerreichbares verborgen sei, dessen Schönheit und Erhabenheit uns nur mittelbar und in schwachem Widerschein erreicht, das ist Religiosität. In diesem Sinne bin ich religiös.« (zit. n. Jammer 1995, S. 53)

Innere Befreiung

Vor diesem Hintergrund heißt innere Befreiung:

- die Relativität unserer Sichtweisen zu erkennen,
- die gewohnheitsmäßige Bindung an sie zu lösen,
- Alternativen aufzubauen
- und zu lernen, mit hoher Flexibilität die jeweils förderlichste Sichtweise zu etablieren (die förderlichste Geisteshaltung einzunehmen).

Religiöse Vorstellungen können außerordentlich förderliche Geisteshaltungen sein – nicht umsonst gab und gibt es sie in allen Kulturen und zu allen Zeiten.

1.11 Facetten des Leids

Kindheit im Flow

Bei Tieren und kleineren Kindern ist das *Selbst* noch weitestgehend unreflektiert in den Strom des Seins eingebunden. Ein solches *Selbst* kennt Schmerz und negative Gefühle nur dann, wenn im Hier und Jetzt reale Auslöser dafür vorliegen. Das kann beispielsweise eine Wunde sein, Hunger, Kälte oder ein gefährliches

Raubtier. Ansonsten genügen sich Tiere und Kinder oft selbst oder befinden sich im Flow. All dies ändert sich, sobald ein begrifflich reflektierendes *Ich*-Bewusstsein ins Spiel kommt.

Das *Ich*-Bewusstsein bewertet und intendiert. Es erzeugt Soll-Vorstellungen in Bezug auf die Umwelt und das eigene Verhalten, bewertet das Ist und übt Druck aus in Richtung Soll.

Die Inhalte dieser Soll-Vorstellungen speisen sich aus den unterschiedlichsten Quellen. Da sind die Maßgaben unserer Gene in Form der ererbten Bedürfnisse, die wir dann oft gedanklich zu schwer erfüllbaren Wunschbildern übersteigern. Da sind außerdem von bestimmten Interessengruppen geprägte soziale Normen, die wir verinnerlichen und die uns dann antreiben. Doch all diese Quellen und Instanzen haben nicht in erster Linie zum Ziel, uns ein glückliches und sinnerfülltes Leben zu bescheren. So werden wir oft von ihren Soll-Vorgaben versklavt – in Richtung von Zielen, die unserem eigentlichen *Selbst* fremd sind. Diese falschen Soll-Vorstellungen amalgamieren sich dann noch mit falschen Ist-Vorstellungen, die aus falschem Wissen resultieren, zu einer begrifflichen Scheinwirklichkeit. Aus den Diskrepanzen zwischen der Realität und dieser Scheinwirklichkeit ergeben sich dann vielfältige Spannungen und negative Überraschungen, die Leid erzeugen.

Quellen falscher Soll-Vorstellungen

Leid ist, Illusionen zu haben.

Das sich aufblähende *Ich* baut nun Druck auf, um der widerspenstigen Realität diese Illusionen abzutrotzen. Unter Beteiligung von Teufelskreisen kommen nun vielfältige Prozesse in Gang und geraten außer Kontrolle, die aus negativen Gefühlen Leid machen – wir hatten dies schon am Beispiel meines Skiurlaubs besprochen.

Teufelskreise

Lassen Sie uns die wichtigsten dieser Prozesse nunmehr im Einzelnen diskutieren:

1.11.1 Unsere irrlichternde Aufmerksamkeit und die evolutionäre Prägung auf das Negative

Evolutionärer Negativismus

Wie geht es Ihnen – machen auch Sie immer wieder die Erfahrung, dass Sorgen eine sehr hilfreiche und Schutz spendende Sache sind? Immer, wenn Sie sich Sorgen über mögliche Katastrophen machen, treten diese nicht ein. Aber vielleicht liegt das einfach daran, dass wir uns viel zu viele Sorgen machen, dass wir regelrecht auf der Suche sind nach möglichen Bedrohungen. Für unsere Vorfahren hatte das sicher Überlebensvorteile. Deshalb hat der Aufmerksamkeitsfokus vieler Menschen eine Tendenz, nach dem Negativen zu suchen und alles von der schwärzesten Seite zu betrachten. Dem Räderwerk der Evolution geht es um unseren Schutz und die Ausbreitung unserer Gene, nicht um unser Glück. Aus dieser Sicht ist es besser, sich wegen hundert nichtexistenter Gefahren die Seele zu zermartern, als eine einzige reale Gefahr zu übersehen. Es ist besser, sich selbst hundertmal zu unterschätzen und übervorsichtig zu sein, als sich ein einziges Mal zu überschätzen und das Leben zu verlieren.

Diese Einstellung hört sich dann beispielsweise so an: »Das wird nicht klappen. Das werde ich nicht schaffen. Dieses Angebot ist zu gut, es muss irgendwo einen Haken haben. Diese und jene Katastrophe – sie werden gewiss schon bald eintreten.« Und so weiter. Da kann einer übers Wasser gehen, aber wir sagen: Er kann nicht schwimmen.

Sorgen aus der Zeitmaschine

Hinzu kommt, dass die meisten Menschen eine schlechte Kontrolle über den Fokus ihrer Aufmerksamkeit haben. Da können wir uns hundertmal vornehmen, an diesen oder jenen wunden Punkt nicht mehr zu denken – schon bald beginnt die Grübelei von Neuem. Die Imaginationskraft des menschlichen Denkens ermöglicht es unserem Bewusstsein zudem mühelos, die Zeitbarriere zu überspringen. Was hat man uns in der Vergangenheit nicht alles angetan. Immer wieder findet unser irrlichternder Aufmerksamkeitsfokus alte Verletzungen, über die wir uns dann erneut aufregen oder gar in Hass hineinsteigern. Immer wieder gelingt es unserer Fantasie, schreckliche Zukunftsszenarios zu konstruieren. Oder, wie jemand einmal treffend bemerkte: Neurotiker machen sich über Dinge Sorgen, die in der Vergangenheit nicht geschehen sind, während wir normalen Menschen uns über etwas ängstigen, was in der Zukunft nicht geschehen wird.

Auf all diese imaginierten Gefahren springt unser Stressmechanismus an, als wären es reale Bedrohungen im Hier und Jetzt. Nicht wenige Menschen organisieren sich so ein chronisches Dysstress-Syndrom, das ihre Gesundheit schädigt.

1.11.2 Vergleiche

Wenn es die Kraft der Vorstellung und Fantasie vermag, die Barrieren von Raum und Zeit zu überspringen, so ermöglicht dies noch einen weiteren Mechanismus, der Leid erzeugt: das Vergleichen. Immer können wir das Erleben des Hier und Jetzt negativ einfärben, indem wir eigene bessere Tage oder die (vermeintlich) besseren Situationen anderer vergleichend dagegenstellen.

Es ist überall besser, wo wir nicht sind

1.11.3 Katastrophisieren: die wechselseitige Steigerung von negativen Gefühlen und negativen Gedanken

Die ursprünglichen von unseren Erbantrieben erzeugten negativen Gefühle ließen sich wohl in den meisten Fällen einigermaßen aushalten. Was sie zu oft schwer erträglichem Leid steigert, ist ihre wechselseitige Verstärkung mit negativen Gedanken. Stellen Sie sich vor, eine Frau habe einen Fehler gemacht. Dies erzeugt zunächst in moderater Form Ärger über sich selbst und Scham. Ihre Fixierung auf das Negative lässt sie in den folgenden Stunden aber immer wieder zu diesem Fehler zurückkehren, was die negativen Gefühle immer wieder wachruft und zusätzlich negative Gedanken erzeugt. Diese Gedanken sind selbstabwertend und verallgemeinern allzu sehr, das heißt, sie verzerren die Realität weit ins Negative: »So ein furchtbarer Fehler! Was daraus hätte alles entstehen können. Gar nicht auszudenken! Und allein ich bin wieder einmal schuld, wie immer. Ich bin ein totaler Versager.

Fatale Wechselwirkung

Ich kann doch überhaupt nichts. Eine wie ich wird es nie lernen. Es wird wohl ein schlimmes Ende nehmen.«

Depressive Erkrankungen drohen

Es ist klar, dass diese innere Selbstanklage die negativen Gefühle verstärkt und neue erzeugt: Angst, Niedergeschlagenheit, Hoffnungslosigkeit etc. Der Stressmechanismus führt zum Tunnelblick, sodass sich die Teufelsspirale nun immer weiter an der gleichen Stelle dreht bis hin zu regelrechten Panik- und Verzweiflungszuständen. Wissenschaftliche Untersuchungen haben ergeben, dass ein negativistisches Denken dieser Art wesentlich zur Entstehung von depressiven Erkrankungen beiträgt (Seligman 1991).

1.11.4 Die gedankliche Übersteigerung unserer Erbbedürfnisse

Wir brauchen weniger, als wir denken

Das, was wir als Erwachsene wirklich von außen bekommen müssen, um überleben zu können, ist recht wenig. Ähnlich den ursprünglichen negativen Emotionen fühlen sich auch viele unserer ererbten Bedürfnisse in ihrer ursprünglichen Form gar nicht so stark und imperativ an. Wieder ist es ein falsches Denken, das in moderater Form adäquate Wünsche zu unerfüllbaren Maximalforderungen übersteigert, die uns leiden lassen. Dafür gibt es zahlreiche Beispiele.

Einige Beispiele: genug Schlaf?

Natürlich ist es schön, ausgeschlafen zu sein, und recht lästig, wenn man unausgeschlafen ist. Aber wenn man nicht weiter darauf achtet und sich auf das konzentriert, was zu tun ist, fällt es oft nicht weiter ins Gewicht. Wer jedoch den Anspruch auf ein allzeit perfektes Befinden hat oder glaubt, acht Stunden Schlaf seien eine unbedingte Voraussetzung der Gesundheit, der wird sich vermehrt selbst bespiegeln, die unangenehmen Empfindungen umso intensiver wahrnehmen und zusätzliche negative Gefühle in Form von Ärger oder Angst entfachen. Diese Person wird sich schon am Mittag um die nächste Nacht zu sorgen beginnen und abends dann mit Gewalt einschlafen wollen, mit dem Ergebnis, dass sie sich allmählich in eine Schlafstörung hineinsteigert. Der Schlaf ist wie ein Vogel – wenn man ihn fangen will, fliegt er davon. Und so ähnlich läuft es auch mit unseren anderen Erbbedürfnissen.

Sie leiden unter Einsamkeit, weil Sie derzeit keine Beziehung haben und nach einem Umzug vielleicht nur wenige Freunde? Nun, wenn man es akzeptiert und produktiv zu nutzen weiß, kann das Alleinsein sehr schön und richtig sein. Ohne Beziehung zu sein, das ist weit weniger tragisch, als, sagen wir, gerade von einer Dampfwalze überfahren zu werden. Die wirklichen Probleme entstehen erst, wenn das Alleinsein als ein schlimmes persönliches Defizit definiert wird und man glaubt, allein nicht glücklich sein zu können, wenn man das Beziehungsglück der anderen überhöht und sich so in Traurigkeit hineinsteigert. Wer in dieser Situation nicht ständig an das Alleinsein denkt und sich stattdessen einer sinnvollen Beschäftigung widmen würde, könnte glücklich sein und würde das Fehlen einer Beziehung gar nicht bemerken.

... zu einsam?

Ja, es ist schön, von den Mitmenschen respektiert und geliebt zu werden. Für unsere Vorfahren war die Integration in die Gruppe überlebensnotwendig – für die Menschen in modernen Gesellschaften ist es das aber nicht. Sozial abgelehnt zu werden ist beileibe nicht schön, aber wir müssen es nicht zur absoluten Katastrophe übersteigern. Man kann auch als Eigenbrötler glücklich werden.

... ausgegrenzt?

Widerfährt uns eine Ungerechtigkeit und es gelingt uns, schnell darüber hinwegzugehen, weil die Sache zu unwichtig ist, dann gibt es nur diesen kleinen Stich in der Magengegend. Sollten wir aber dabei gedanklich verharren, uns die erlittene Ungeheuerlichkeit so richtig deutlich vor Augen führen und unseren Anspruch auf Gerechtigkeit und Fairness verabsolutieren, dann können wir uns schnell in Wut und Hass hineinsteigern.

Unwichtiges verdrängen

> **Erinnern Sie sich: Fehlenden äußeren Lohn bei mangelnder Möglichkeit zur Befriedigung ererbter Bedürfnisse können wir Menschen durch inneren Lohn aus Flow-Antrieben kompensieren.**

1.11.5 Falsches Wissen

Info-Müll, aber kein Wissen Sehr viel Leid auf der Welt entsteht aus Wissensstrukturen, die nichts mit der Realität zu tun haben. Es heißt, alle vier Jahre verdopple sich das Wissen der Menschheit. Das ist natürlich Unsinn. Allenfalls verdoppelt sich die Informationsmenge, und das bewirkt oft das Gegenteil von Wissen, nämlich Verwirrung. In vielen komplexen Lebensbereichen wie Pädagogik, Wirtschaftswissenschaften, Behandlung vieler Krankheiten (Krebs, Herz-Kreislauf-Leiden, psychische Störungen etc.) mag sich in den letzten 50 Jahren die Informationsmenge verhundertfacht haben. Leistung und Erfolg unseres Handelns in diesen Bereichen haben sich aber allenfalls in kleinen Schritten verbessert. Unser Gehirn ist eben dazu gemacht, Kokosnüsse aufzuschlagen, und nicht dazu, beispielsweise das hyperkomplexe Immunsystem des eigenen Körpers zu begreifen.

Wie Überdiagnostik Angst macht Ein Beispiel: Mit großer Sorge und Deprimiertheit in der Stimme rief mich ein 25-jähriger junger Mann aus der Verwandtschaft an. Im Rahmen einer Einstellungsuntersuchung waren bei ihm mit einem Routinetest Spuren von Blut im Stuhl festgestellt worden. Der Kollege hatte ihm nun etwas gesagt wie: Keine Panik. Sie sind ja noch jung. Es wird wohl etwas anderes als Darmkrebs dahinterstecken. Aber eine Darmspiegelung sollten wir zur Sicherheit schon machen. Der Termin ist in zwei Wochen. Nein, früher geht es leider nicht.

Da es in der Familie schon einmal einen Darmkrebsfall gegeben hatte, geriet unser nicht unsensibler junger Freund nun natürlich doch in Panik. Er steigerte sich in eine Hölle der Angst hinein. Hatte es nicht bei – nennen wir ihn Onkel Willibald – genau so angefangen? Bestimmt habe ich Krebs. Was soll es denn sonst sein? Und Sie? Würde es Ihnen anders gehen?

Verwirrte Experten Welcher Arzt, der mit Informationen zugeschüttet wird, wird sich ganz genau mit der Aussagekraft jedes der vielen Diagnostikverfahren vor dem Hintergrund der je altersspezifischen Auftretenswahrscheinlichkeit der entsprechenden Erkrankungen auskennennen? Die korrekte Reaktion hätte in diesem Fall lauten müssen: Sie brauchen sich absolut keine Sorgen zu machen. In Ihrem Alter ist Darmkrebs so selten, dass dieser positive Test allein bei der gegebenen Genauigkeit dieses Verfahrens Ihr Risiko praktisch nicht erhöht. Gemessen an dieser mikroskopischen Risikosteigerung ist Ihre Heimfahrt mit dem Auto ein wahrer Kamikazeeinsatz. Aber Sie werden schon durchkommen. Viel Glück. Rufen Sie kurz bei der Schwester an, wenn Sie daheim sind – wir könnten sonst nämlich den Koloskopie-Termin anderweitig vergeben ☺. Als ich meinem Verwandten dies am Telefon so sagte, musste er dann doch lachen und für die restliche Wartezeit hielt sich seine Sorge in Grenzen.

Situationen dieser Art gibt es im Alltag in Hülle und Fülle. Man kann sicher sein, dass gerade jene Wissenschaften, die sich mit komplexen Problemen in Biologie, Psychologie und Gesellschaft befassen, noch viele unerkannte Irrtümer und Halbwahrheiten bergen. Und je weiter die sogenannte Wissensverdoppelung voranschreitet, desto häufiger werden Experten den Überblick verlieren und selbst das, was die Wissenschaft weiß, gar nicht oder fehlerhaft weitervermitteln. Wenn wir alle Warnungen aus wissenschaftlichen, halbwissenschaftlich-journalistischen und esoterischen Quellen todernst nehmen würden, hätten wir Grund, ständig in Angst zu leben. Irgendein genmanipulierter Pollen oder ein Mobilfunkmast lauert immer in der Nähe.

Info-Müll verschüttet das Richtige und Wichtige

Um nicht missverstanden zu werden: Ich bin ein großer Freund und Anhänger der Wissenschaft. Wir sollten die Wissenschaft nicht verteufeln oder gar abschaffen. Aber wir müssen verstehen, dass die Wissenschaft vom Komplexen keine absoluten Wahrheiten liefert und dass sie als alleiniges Fundament für unsere Existenz nicht ausreicht. Wissenschaftliche Aussagen sind Hypothesen oder relative Wahrheiten, die wir in den Gesamtkontext unseres Lebens abwägend einzuordnen haben. Dieser Kontext wird wesentlich bestimmt von Momenten wie: gesunder Menschenverstand, ein prinzipielles (religiöses) Urvertrauen, emotionale Grundwerte wie Mitgefühl, Güte und Liebe.

Wissenschaftliche Aussagen richtig einordnen

1.11.6 Mechanistische Denkmuster

Das Thema »falsches Wissen« hat sehr viele Ebenen. Einer der wichtigsten dieser Ebenen könnte man den Namen »Schlüsselmetaphern« geben.

Schlüsselmetaphern: grundlegende Analogien, mit deren Hilfe wir komplexe Vorgänge in der Welt zu deuten versuchen.

Maschinen-Metaphern

Eine in unserem Kulturkreis sehr verbreitete Metapher ist die Maschine: Die Leber ist eine Entgiftungsmaschine, das Herz eine Pumpmaschine, das Gehirn eine Rechenmaschine, die Gesellschaft wird von Verwaltungsapparaten gesteuert und so weiter. Von Maschinen sind wir es gewohnt, dass sie perfekt funktionieren und immer eine hundertprozentige Leistung bringen. Ist dies einmal nicht der Fall, besteht die Gefahr, dass die Maschine nach dem Alles-oder-nichts-Prinzip bald ganz ihren Geist aufgibt.

Funktionsunregelmäßigkeiten sind normal

Wenn wir diese mechanistischen Schwarz-Weiß-Denkmuster und perfektionistischen Erwartungen nun bewusst oder unbewusst auf viele oder alle Bereiche des Seins ausdehnen, sind schwere Enttäuschungen und Leid vorprogrammiert.

Natürliche Systeme funktionieren nach fundamental anderen Prinzipien als Maschinen. Leben ist Schwingung. Alle Funktions- und Leistungsparameter natürlicher Systeme zeigen mehr oder weniger starke Schwankungen. Kleinere Funktionsstörungen sind die Regel und nicht die Ausnahme. Allerdings werden diese Fehler durch die hochelastischen Selbstregulationsmechanismen natürlicher Systeme schnell wieder eingefangen. Studien haben gezeigt, dass gesunde Erwachsene an etwa 80 Tagen im Jahr irgendwelche Funktionsstörungen an sich wahrnehmen: zum Beispiel Herzstolpern, Kopfschmerzen, Durchfall, Rückenschmerzen. Wenn man diese Misslichkeiten nicht als Problem definiert und sich nicht in Angst hineinsteigert, sind sie harmlos und verschwinden von allein wieder.

Ähnliches gilt für die gesellschaftliche Ebene. Auch hier wird der, der stets Perfektes erwartet, zu leiden haben. So hat der »Machbarkeitswahn«, dass alle Menschheitsprobleme mit den Mitteln des wissenschaftlich-technischen Fortschritts lösbar sein müssten, eine Hauptwurzel im Maschinendenken der vergangenen Jahrhunderte. Wir wissen heute, dass sich komplexe Entwicklungsprozesse im biopsychosozialen Bereich aus prinzipiellen Gründen weder langfristig vorausberechnen noch vollständig kontrollieren und steuern lassen. Immer wird man im Krankenhaus mal zwei Stunden warten müssen, es werden Laborwerte vertauscht werden und viele Krankheiten werden unheilbar bleiben. Immer wird es staatliche Fehlplanungen geben, bei denen Millionen in den Sand gesetzt werden. Auf ein perfekt funktionierendes Wirtschaftssystem zu hoffen, in dem es nicht auch zu Firmenpleiten kommt, ist illusorisch.

Wider den Machbarkeitswahn

In bestimmten Grenzen müssen wir mit Schwierigkeiten dieser Art rechnen und sie als normal akzeptieren. In Bezug auf viele komplexe Probleme unserer Zeit wird die Antwort wohl mit S. B. Kopp lauten: Die Lösung ist, es gibt keine Lösung.

1.11.7 Willkürliche kulturelle Normen

Kennen Sie jene Frau, die sich nach langem Hin und Her doch dazu durchgerungen hat, eine Putzfrau einzustellen? Doch zwei Stunden vor deren Eintreffen fängt diese Frau nun an, mit dem Lappen durch die Wohnung zu wuseln. Auf die verwunderte Frage ihres Mannes, was sie da tue, antwortet sie: Na, ich mache sauber. Was soll denn die Frau von uns denken.

Das verweist uns auf eine dritte Ebene falschen Wissens, auf die Ebene der gesellschaftlichen Normen: Bei einer guten Hausfrau muss man immer vom Fußboden essen können. Nur wer gearbeitet hat, darf auch essen. Eine anständige Frau geht nicht allein ins Kino. Ein richtiger Mann zeigt keine Schwäche. Alle meine Freunde müssen den Eindruck haben, dass mich nichts erschüttern kann. Ein Mann, der auf sich hält, ist in der Lage, seiner Fa-

Soll- und Muss-Sätze

milie aus eigener Kraft einen hohen materiellen Lebensstandard zu sichern. Der Wert eines Menschen hängt von seinem Äußeren, seiner Leistung und seiner sozialen Position ab. Es ist von zentraler Bedeutung, dass wir nach außen den Eindruck einer völlig harmonischen und glücklichen Familie machen – und so weiter.

Jeder von uns hat eine Fülle solcher Soll- und Muss-Sätze im Kopf. Damit sind wir aufgewachsen. Wir haben sie von den Eltern, aus der Clique oder sonstigen Quellen des Zeitgeistes übernommen. Viele Menschen sind sich gar nicht bewusst, wie sehr solche tief verinnerlichten Normen ihre Gefühle und ihr Verhalten prägen. Und viele nehmen solche Normen als gegeben hin. So war es, ist es, und so wird es immer sein.

Kulturelle Normen sind keine absoluten Wahrheiten

Doch Normen dieser Art sind kulturell relativ, sie sind von Kultur zu Kultur verschieden und haben nichts mit absoluten Wahrheiten zu tun. Oft haben sie eine in der Geschichte sinnvolle Funktion längst eingebüßt oder sie spiegeln gar die egoistischen Interessen einer ehemals herrschenden sozialen Gruppe. Viele dieser Soll-Vorstellungen erzeugen deshalb unnötigen Stress und unnötiges Leid.

1.11.8 Falsche selbstbezogene Glaubenssätze / Personalisierung

Negativ-Erziehung

Aber natürlich kann auch falsches Wissen über das eigene *Selbst* zur Quelle des Leids werden. Einige Menschen hatten das Pech, dass sie – aus welchen Gründen auch immer – in ihrer Kindheit sehr oft negative Dinge hören mussten: »Du taugst ja wirklich zu gar nichts! Halt den Mund – du redest sowieso nur dummes Zeug! Womit haben wir das verdient?! Lass das, ich mach das selbst – du hast doch zwei linke Hände und alles Daumen! Wie kann man nur so ungeschickt sein! Hör auf zu weinen – du hast gar keinen Grund! Memme! Jetzt freu dich doch – jedes normale Kind freut sich über so etwas! Aber du bist ja nicht normal!«

Negative *Selbst*wahrnehmung

Wenn die gesamte »Erziehung« einen solchen abwertenden Grundtenor trägt, dann kann sich das tief eingraben, das »Wissen« und Nachdenken über das eigene *Selbst* völlig ins Negative verzerren und viel Leid erzeugen. So führt das hieraus zumeist resultierende niedrige Selbstwertgefühl zu einer Tendenz, viele neutrale Geschehnisse als Angriff auf die eigene Person zu deuten (»Personalisierung«): Der Gesprächspartner braucht nur einmal versteckt zu gähnen und schon hält man sich wieder für eine Schlaftablette – auf die Idee, dass der andere die Nacht mit seiner neuen Geliebten durchgemacht hat und vielleicht bei jedem anderen längst eingeschlafen wäre, kommt man nicht.

Die Wirkung falscher selbstbezogener Glaubenssätze wird sehr schön von der folgenden Geschichte illustriert: Irrtümlich gerät ein Adlerei auf einen Hühnerhof. Der kleine Adler wächst dann als »Huhn« unter anderen Hühnern auf. Er denkt wie ein Huhn, fühlt sich wie ein Huhn und verhält sich wie ein Huhn. Eines Tages zieht hoch über dem Hühnerhof ein Adler seine Bahn. Unser kleiner Hühner-Adler blickt ehrfürchtig auf und denkt: So hoch müsste man fliegen können! Aber ich bin ja nur ein Huhn. Und Hühner können nun mal nicht gut fliegen.

Der Adler auf dem Hühnerhof

1.11.9 Gewöhnung, Erstarrungen und Verabsolutierung

Viele Menschen haben nie gelernt, über Natur, Funktion und Grenzen von Erkenntnis und Erkenntniswerkzeugen nachzudenken. In unserer Landkarten-Metapher: Sie besitzen und verwenden nur eine einzige Landkarte und halten diese auch noch für das Land, das sie beschreibt. Sie wissen gar nicht, dass man Landschaft und Karte unterscheiden muss und dass es sinnvoll ist, für unterschiedliche Zwecke verschiedene Karten zu verwenden.

Die Folge ist: Diese Menschen gewöhnen sich an einmal etablierte Sichtweisen und begriffliche Kategorisierungen der Wirklichkeit. Diese erstarren dann zu Vorurteilen, Dogmen und vermeintlich absoluten Wahrheiten. Begriffliche Konzepte werden regelrecht verdinglicht. So verbergen sich hinter dem Begriff »Depression« eine Vielzahl sehr unterschiedlich zu bewertender funktioneller Störungen. Viele Patienten glauben nun aber, eine Depression zu

Die Landkarte ist nicht das Land

»haben«, wie andere einen Gallenstein in sich tragen. Durch diese Verdinglichung wird dieses Diktum im wahrsten Sinne sehr viel schwerwiegender, als es in Wirklichkeit vielleicht ist. Einen Gallenstein muss man herausoperieren, um geheilt zu sein – eine Depression aber kann man nicht herausoperieren. Die implizite Logik ist: Dann hat man sie wohl ewig.

Gesundheit ist Flexibilität

Psychische Gesundheit ist sehr eng mit Flexibilität verbunden, und das ist das genaue Gegenteil von den Erstarrungen und Verfestigungen, von denen hier die Rede ist.

Leid ist also realer, erinnerter oder vorweggenommener körperlicher oder seelischer Schmerz, der durch falsches Denken übersteigert wird.

Und immer wieder Teufelskreise

Durch die beschriebenen Mechanismen kommt es bei vielen Menschen immer wieder zu Diskrepanzen, Widersprüchen und Spannungen in der Psyche. Dies erzeugt wiederum neues Denken, das eigentlich die Spannungen lösen will, sich aber teufelskreisartig in sich selbst verfängt und so zu Leid erzeugender Grübelei gerät. Das *Ich* bläht sich im Stress auf und erdrückt das *Selbst*. Dies bringt gleichzeitig die Quellen des inneren Lohns, die Quellen von Glück und Zufriedenheit zum Versiegen. Wir sollten lernen, diese Prozesse zu verstehen und unter Kontrolle zu bringen.

2 Das Buddha-Prinzip: Der Weg zu innerer Freiheit

2.1 Das Ziel: Die Spontaneität des Kindes wiederfinden

Innere Freiheit – was verbirgt sich nun genau hinter diesem schönen Begriff? Innerlich frei zu sein heißt, nur aus sich selbst heraus glücklich sein zu können. Der innerlich befreite Mensch ist in nichts mehr von der Außenwelt abhängig, wenn es um das Erlangen der inneren Zufriedenheit geht. Wir brauchen für Glück und Zufriedenheit ein ausreichendes Quantum an positiver Gefühlsenergie. Und diese muss natürlich zur Not weitgehend aus den Quellen des inneren Lohns zu gewinnen sein, wenn wir wahre Freiheit und Unabhängigkeit erreichen wollen. Hierzu trägt zweierlei bei:

Das Glück aus inneren Quellen

1. Wir entwickeln reiche Quellen inneren Lohns, und das hauptsächlich in Form von Flow-Antrieben. Dies geschieht im inneren Wachstum und wird ab Seite 130 besprochen.
2. Wir reduzieren den Energieverbrauch, vor allem den inneren Energieverbrauch, der sich aus emotionalen Spannungen, Stress, unproduktiven, negativistischen Grübeleien und Leid ergibt. Dies ist die innere Befreiung im engeren Sinne und steht im Zentrum dieses Abschnitts. Wir müssen lernen, die besprochenen leiderzeugenden Mechanismen zu durchschauen und sie auszuschalten.

Innere Befreiung in diesem Sinne heißt, die Relativität unserer Sichtweisen zu erkennen, die gewohnheitsmäßige Bindung an sie zu lösen, Alternativen aufzubauen und

zu lernen, mit hoher Flexibilität die jeweils förderlichste Geisteshaltung einzunehmen, die der psychischen Energie den harmonischsten Fluss ermöglicht.

Insbesondere zielen wir bei diesem Prozess auf den Abbau jener Soll- und Muss-Vorstellungen, die emotionale Spannungen erzeugen und den Flow der psychischen und körperlichen Prozesse behindern.

Denken hilft Es geht dabei nicht um ein Abschaffen oder Ausschalten des begrifflichen Denkens. Das Denken hat seinen Wert und seine Funktion, sonst wäre es nicht entstanden. Und es kann viel Freude machen. Der harmonische Tanz von Gedankenfiguren lässt sich ebenso genießen wie die Darbietung eines Balletts. Wir leben in einer kulturell hochdifferenzierten Welt, in der wir uns ohne das begriffliche Denken nicht zurechtfinden würden. Wir können uns nicht gänzlich und dauerhaft in den Zustand eines Kindes oder eines Tieres zurückverwandeln. Und selbst wenn es ginge – es wäre weder gut noch sinnvoll. Wir würden uns auf diese Weise nur selbst vieler Quellen der Freude und des Genusses berauben.

Blockierendes Denken durch produktives ersetzen Vielmehr geht es darum, sich des Baus und der Funktion unserer »Denkwerkzeuge« bewusster zu werden und sie meisterlich einsetzen zu lernen. Es gilt, ein blockierendes und unproduktives Denken durch ein befeiendes und produktives Denken zu ersetzen.

Gleichwohl sollten wir aber lernen, wenigstens für kürzere Zeitspannen das begriffliche Denken weitgehend auszuschalten und so die Spontaneität eines Kindes zurückzugewinnen. Speziell wird diese Fähigkeit durch Achtsamkeitsübungen und durch eine Meditationspraxis gefördert (s. z.B. Hansch 2006, S. 165 f., oder ausführlich Bodian 2000).

Innere Befreiung führt zu »Entblähung« und zum weitgehenden Rückzug des *Ich*, sodass sich dem *Selbst* ein maximaler Raum zur Entfaltung seiner Wahrnehmungs- und Handlungspotenziale eröffnet.

Zahl und Variation der Soll- und Muss-Vorstellungen, mit denen sich Menschen unter Druck setzen, sind in ihrer konkreten Ausformulierung sicher unerschöpflich (s. dazu auch Hansch 2006, S. 108 f.). Im Folgenden werden sechs Grundprinzipien formuliert, die Antithesen zu den häufigsten und typischen Muss-Vorstellungen bilden. Ich selbst habe das Erkennen und Formulieren dieser Prinzipien jeweils wie den Gewinn existenzieller Einsichten erlebt, die sich mit so etwas wie einem »inneren Ruck« verbanden. Darüber hinaus vermag ich sie in ihrer idealisierten Prägnanz in einem gewissen Sinne als schön zu empfinden.

2.2 Die sechs Grundprinzipien der inneren Freiheit

2.2.1 Die vom Gehirn erzeugte Wirklichkeit ist eine Hypothese: Verwechseln Sie niemals die Landkarte mit dem Land

Dies ist die wichtigste und zugleich schwierigste der Einsichten, die für die innere Befreiung grundlegend sind. Denken Sie stets an die Leitgedanken unserer drei Gleichnisse. Hier sind sie noch einmal zusammengefasst:

- Instrumentenflug-Gleichnis: Unsere Sinneswirklichkeit ist nur das Cockpit-Display, die »Benutzeroberfläche« unseres Gehirns. Die dahinter verborgene reale Welt ist viel facettenreicher und komplexer. Zu den letzten Fragen des Seins haben wir aus prinzipiellen Gründen keinen Zugang.
- Landkarten-Gleichnis: All unsere begrifflichen Konzepte sind nur Orientierungshilfen für bestimmte Zwecke. Es gibt keine absoluten Wahrheiten. Es gilt, mit hoher Flexibilität im jeweiligen Kontext die förderlichsten Sichtweisen und Konzepte auszuwählen.

Aus beiden Punkten ergibt sich: Wenn ich über den Urgrund des Seins aus prinzipiellen Gründen nichts wissen kann, ist die förderlichste Sichtweise diejenige, mit der es sich am besten lebt, mit der ich mich am wohlsten fühle. In diesem Sinne können positive religiöse Deutungen des Weltengrundes sinnvoll und vernünftig sein.

- Kippfigur-Gleichnis: Ein und derselbe Außenreiz kann mehrere Bedeutungen tragen. Die Bedeutung entsteht also im Kopf eines jeden Betrachters/Hörers, und dies in jeweils ganz individueller Schattierung.

Ähnlichkeit fördert Verstehen

Andere Menschen können deshalb niemals direkt und vollständig verstehen, was wir meinen. Sie können sich dies nur ungefähr aus ihrer eigenen Lern- und Erfahrungsgeschichte rekonstruieren. Je ähnlicher sich Menschen sind und je mehr sie miteinander zu tun hatten, desto besser gelingt dies. Wir sehen andere Menschen und Dinge nicht, wie sie sind, sondern wie wir sind, so hat es ein Weiser einmal treffend formuliert. Zugleich wird deutlich, dass wir selbst auch versuchen können, für die gleiche Außensituation unterschiedliche Deutungen zu finden.

> **Sein und Werden sind unendlich viel reicher als Theorie und Denken. Wir müssen dem Sein das Primat vor dem Denken einräumen. Wichtig ist das Land, nicht die Landkarte.**

Wenn Sie in den Urlaub fahren, nehmen Sie auch mehrere Karten mit, zum Beispiel eine Autokarte und eine Radwanderkarte. Es ist Ihnen wichtig, Ihre persönlichen Ziele in der realen Landschaft zu erreichen und sich dabei gut zu fühlen. Es käme Ihnen jedoch sicherlich nicht in den Sinn, die Allgültigkeit irgendeiner der mitgeführten Karten beweisen zu wollen. Sie würden nie auf die Idee kommen, Ihren Autoatlas auf einen Altar zu stellen und ihn als eine ewige Wahrheit anzubeten, die von irgendeiner Instanz offenbart wurde (sei es von der Wissenschaft oder einem anderen Gott).

Grundwerte leben

Mit Ihren Begriffskarten von der Welt sollten Sie das ebenso wenig tun. Es geht nicht um tote, rationale Prinzipien. Es geht darum, lebendige, fühlbare Werte auf eine flexible Weise zu leben, die dem konkreten Kontext angemessen und für alle Beteiligten

förderlich ist. Gemeint sind Grundwerte wie: Liebe und Mitgefühl, Gerechtigkeit und Fairness, Aufrichtigkeit und Wahrhaftigkeit und last but not least auch Schönheit.

Grenzen von
Relativierung und
Toleranz

Wenn die Wirklichkeit eine Hypothese ist, dann sind auch alle Bewertungen und Vergleiche nur Hypothesen, also relativ. Wir werden deshalb viel weniger und vorsichtiger urteilen, werten und
vergleichen, als wir es vorher getan haben. Um nicht missverstanden zu werden: Nicht alles ist relativ. Natürlich gibt es Situationen, in denen die Grundwerte eindeutig missachtet werden, etwa
wenn man Menschen physisch verletzt oder rechtswidrig ihrer
Freiheit beraubt. Selbstverständlich gilt es dann, nach Kraft und
Möglichkeit dagegen einzuschreiten. Aber auch hier sollte man
mit einer Bewertung der Täter viel zurückhaltender sein und sich
nicht vorschnell in Wut oder Hass hineinsteigern.

**Die Begrenztheit unseres Erkennens und die Hypothesen-
haftigkeit unserer subjektiven Wirklichkeit tief zu verstehen und sich dessen in seiner ganzen Tragweite bewusst
zu bleiben – das ist wohl die schwierigste Aufgabe bezogen
auf das Ziel der innerer Freiheit.**

Vielleicht kann man hier zwei Teilschritte gehen:

Die förderlichste
Sichtweise
auswählen

In einem ersten Schritt, den sicher alle Leser mitvollziehen können, gilt es zu akzeptieren, dass im Sinne unserer Kippbilder alle
komplexen Sachverhalte mehrdeutig sind, mit oft großen Spiel-
räumen der Interpretation. Beim Ausfüllen dieser Spielräume
sollten wir nicht versuchen, bis auf die letzte Kommastelle die
objektivste Deutung im Sinne einer absoluten Wahrheit herauszufinden und wir sollten uns kreativ von traditionellen Sehge-
wohnheiten lösen. Im Rahmen des realistisch Vertretbaren gilt
es auch immer zu fragen: Was nutzt mir persönlich und den anderen Beteiligten am meisten? Mit welcher Sichtweise fühle ich
mich wohler und sicherer? Welche Sichtweise eröffnet die meisten Optionen für die Zukunft? Welche Sichtweise fördert meine
Entwicklung am meisten? Kurz: Was ist in einem ganzheitlichen
Sinne die förderlichste Geisteshaltung?

Auch die schlimmsten Vorstellungen sind letztlich nur Konstrukte

In einem zweiten Schritt könnten wir versuchen zu akzeptieren, dass keine unserer Deutungen absolut gültig ist, dass das Land grundverschieden von jeder möglichen Landkarte ist und sein muss. Das betrifft eben auch die schlimmsten der Vorstellungen, die uns leiden lassen. Auch hier sind wir im Prinzip bis in die letzte Konsequenz frei und die Definitionsmacht liegt bei uns. Weder wissen wir, was mit unserem Geist nach dem Tod geschieht, noch wissen wir, ob der Abschied von verstorbenen Angehörigen auf immer gilt. Wir wissen es wirklich nicht. Die beängstigende Vorstellung vom ewigen »horror vacui« (lat. Abscheu vor der Leere) ist in nichts wahrscheinlicher oder plausibler als religiöse Deutungen des Todes.

Einsteins Sicht der Dinge

Diese sind durchaus mit einer richtig verstandenen Naturwissenschaft vereinbar. Das zeigen die folgenden Worte von Albert Einstein, die sich in einem Beileidsbrief an die Familie eines verstorbenen Freundes finden: »Nun ist er mir auch mit dem Abschied von dieser sonderbaren Welt ein wenig vorausgegangen. Dies bedeutet nichts. Für uns gläubige Physiker hat die Scheidung zwischen Vergangenheit, Gegenwart und Zukunft nur die Bedeutung einer wenn auch hartnäckigen Illusion.« (Jammer 1995, S. 71) Es gibt Kulturen, in denen im Todesfall ein Fest gefeiert wird. Trauer gilt hier als egoistisch – sie zeige, dass man dem Verstorbenen den Übergang in eine bessere Welt nicht gönne.

Umgang mit dem Tod

Natürlich möchte ich damit niemandem die Angst vor dem Sterben »wegreden« oder die Trauer um geliebte Menschen. Aber eine Relativierung dieses und anderen Leids im beschriebenen Sinne kann helfen, ihn einzugrenzen, produktiv damit umzugehen und ins Leben zurückzufinden.

Das Tier, so hatten wir gesagt, kennt den Schmerz, nicht das Leid. Die Philosophen lehren uns, dass dem Menschen das Leid entstehe, weil er das einzige Tier sei, das sich der Endlichkeit der eigenen Existenz bewusst würde. Nun müssen wir hinzufügen: Das gilt nur für den erkenntnistheoretisch naiven Menschen. Der innerlich befreite Mensch kann dieses Leid wieder transzendieren, weil er erkennt: Alles Ängstigende, was sich mit dem Konzept

»Tod« verbindet, ist ein unbewiesenes Konstrukt. Unser Wissen bezüglich der letzten Fragen ist so vage und gering, dass wir ihm alles gestatten sollten, nur eines nicht – uns an einem glücklichen Leben vor dem Tod zu hindern.

2.2.2 Unbedingtes Glück

Unsere gesamte westliche Kultur lebt vom bedingten Glück und konditioniert die Menschen extrem in dieser Richtung. In einem bekannten Werbespot versucht ein Mann seinen Freund dadurch zu beeindrucken, dass er ihm die Fotos folgender Gegenstände wie Trumpfkarten auf den Tisch knallt: mein Haus, mein Boot, mein Auto, mein Pferd ... Auf diese und ähnliche Weise wird immer wieder diese Botschaft vermittelt: Glück erwächst aus dem Besitz materieller Dinge und dem oft damit einhergehenden sozialen Status.

Glück durch Geld und Ruhm?

Unser Glück scheint also von bestimmten objektiven Bedingungen abhängig zu sein: Besitz, Anerkennung und Wertschätzung durch unsere Mitmenschen, gutes Aussehen, Gesundheit, Fitness und Leistung. Sind diese Bedingungen nicht in ausreichendem Maße gegeben, dann kann ich nicht zu Glück und Lebenszufriedenheit finden.

Doch die Realität sieht anders aus. In vielen westlichen Ländern hat sich in den letzten Jahrzehnten der materielle Lebensstandard erheblich gesteigert. Das bei Befragungen ermittelte »Glücksniveau« aber ist nicht entsprechend angestiegen. Im Gegenteil, psychische Erkrankungen wie Burn-out, Depressionen oder Angststörungen sind sogar auf dem Vormarsch. Es gibt arme Länder, in denen die subjektive Lebenszufriedenheit höher ist als in reicheren Ländern.

Depressionen trotz Luxus!

In der Glücksforschung wurde der Begriff »Wohlbefindensparadox« geprägt. Wissenschaftliche Untersuchungen haben gezeigt: Wenn existenzielle Mindestanforderungen gegeben sind, dann wirken sich die objektiven Lebensumstände unerwartet gering-

Wohlbefindensparadox

fügig auf das Wohlbefinden aus. Gewinnt ein Griesgram im Lotto, dann ist er nach einer kurzen Phase der Euphorie bald wieder griesgrämig. Wenn eine echte Frohnatur einen Unfall hat, dann ist sie einige Monate nach dem Unfall auch wieder froh, selbst wenn die Konsequenz Rollstuhl heißt.

Die Lust-Frust-Spirale infolge Gewöhnung

Offenbar spielt hier das Phänomen der Gewöhnung eine zentrale Rolle. An jede dauerhafte Veränderung unserer Lebensumstände gewöhnen wir uns. Egal, ob das Befinden sich in die positive oder die negative Richtung entwickelt: Die Gewöhnung bewirkt, dass die Befindenskurve nach einiger Zeit in die Nähe des Ausgangspunktes zurückkehrt. Menschen, die gelernt haben, ihr Befinden überwiegend durch äußeren Lohn zu regulieren, müssen deshalb in eine Lust-Frust-Spirale geraten. Egal, was es ist, ein neuer Sportwagen, eine neue Gehalts- oder Karrierestufe oder ein neuer Rekord im Marathon – all das bringt nach einer gewissen Zeit nicht mehr den »Kick«. Dann muss eben ein noch stärkerer Wagen, ein noch höheres Gehalt her. Es ist klar, dass man auf diesem Weg irgendwann einen Endpunkt erreicht. Danach gibt es noch zwei Möglichkeiten. Entweder man treibt es bis zum totalen gesundheitlichen Ruin, oder man akzeptiert irgendwann den Dauerfrust. Beides hat mit Glück nichts zu tun.

Gemeinschaft ist wichtig

Lediglich den sozialen Faktoren kommt unter den Außenbedingungen eine positive Bedeutung zu. Aber auch diese ist begrenzt. In einer wohlhabenden Demokratie zu leben, glücklich verheiratet und in ein Netzwerk guter Freunde eingebunden zu sein – das hat eine nachhaltig positive Wirkung auf unser Wohlbefinden. Doch auch unter Berücksichtigung dieser Gemeinschaftsaspekte tragen die Außenbedingungen insgesamt nur zu 8 bis 15 Prozent zu unserem Wohlbefinden bei. Das wurde in Studien ermittelt (Seligman 2002). Woher kommt dann aber der Rest? Lassen wir die Antwort den amerikanischen Autor und Geistlichen Charles Swindoll geben, dessen intuitive Schätzung sehr gut mit den wissenschaftlichen Ergebnissen übereinstimmt:

»Je länger ich lebe, desto mehr begreife ich die Wirkung, die unsere persönliche Einstellung auf das Leben hat. Persönliche Einstellung ist für mich wichtiger als Tatsachen. Sie ist wichtiger als die Vergangenheit, als Erziehung, als Umstände, als Geld, als Erfolge, als das, was andere Menschen sagen oder tun. Sie ist wichtiger als Aussehen, Begabung oder Können. Ich bin davon überzeugt, dass mein Leben zu 10 % aus dem besteht, was mit mir geschieht, und zu 90 % aus dem, wie ich darauf reagiere. Das gilt auch für dich … wir können unsere persönliche Einstellung kontrollieren.« (zit. n. Knoblauch u. a. 2003, S. 44)

Die eigentlichen Quellen des Glücks liegen also in unserem Inneren. Durch Veränderung unserer Sichtweisen und Einstellungen hin zu förderlichen Geisteshaltungen können wir den von äußeren Stressfaktoren bewirkten Energieverbrauch reduzieren und gleichzeitig durch inneres Wachstum die Quellen inneren Lohns ausbauen und aktivieren. Dieser Lohn erwächst aus innerer Ordnung und Harmonie, die wir durch Meditations- und Achtsamkeitsübungen oder durch Flow-Aktivitäten erzeugen können.

Glück aus inneren Quellen

Ich kann lernen, allein aus mir selbst heraus ausreichend glücklich zu sein, und zwar unter fast allen Umständen. Es gibt äußere Bedingungen, die das Glücklichsein erleichtern – insbesondere gute menschliche Beziehungen –, aber sie sind keine unbedingte Voraussetzung.

Wenn wir dies tief verstehen und verinnerlichen, dann gibt es kein Vergleichen mehr. Mögen doch andere schöner oder reicher sein – sollten sie dann auch noch glücklicher sein als wir, so hätte das nichts mit ihrer Schönheit oder ihrem Reichtum zu tun. Wir müssen nichts mehr von anderen erwarten oder bekommen, weil wir alles wirklich Wichtige schon in uns tragen. Geben ist wichtiger als nehmen, lieben ist wichtiger, als geliebt zu werden. Jenes Feuer wärmt am besten, das im eigenen Herzen brennt. Wir müssen uns von nichts und von niemandem mehr abhängig fühlen. Wann immer Muss-Vorstellungen auftauchen, die uns suggerieren, wir müssten dieses oder jenes bekommen oder dieses oder jenes müsste so sein – dann machen wir uns das Prinzip »unbedingtes Glück« bewusst und lassen die Muss-Vorstellung los. Wir müssen nichts. Alles ist gut.

Unbedingtes Glück

Bei alledem ist es gar nicht entscheidend, wie weitgehend jeder Einzelne von uns dieses Prinzip in die Realität umsetzen kann. Kaum einer wird je in die Situation kommen, in sozialer Isolation allein von Brot, Wasser und innerem Lohn leben zu müssen. Wichtig ist: Wenn wir allein den Glauben an die prinzipielle Möglichkeit des unbedingten Glücks in uns stärken, wird uns das innerlich frei machen und die Potenziale unseres *Selbst* werden sich optimal entfalten.

So werden wir bei der Erfüllung unserer Wünsche und Träume am weitesten kommen und das Maximum an Lebenszufriedenheit erlangen, das uns unter dieser Sonne möglich ist. Was man gewinnen will, muss man loslassen.

Es gibt immer einen Weg

Sollten wir einmal in sehr schwierige oder äußerlich auswegose Situationen kommen, gibt es nun immer einen inneren Weg, eine innere Aufgabe. Allein dies bewahrt schon vor Verzweiflung und Demoralisierung. Es verhindert, dass wir uns in Teufelskreise hineinsteigern. Es ist im Grunde wie beim ballistischen Schießen: Wer ein Ziel in der Ebene treffen will, muss hoch in den Himmel zielen. In idealisierter Prägnanz entfalten die Prinzipien der inneren Freiheit ihre stärkste Wirkung als förderliche Geisteshaltungen.

Der Geschäftsmann und der Beduine

Zum Abschluss noch eine Geschichte, die das Prinzip vom unbedingten Glück sehr schön verdeutlicht:

Man erzählt sich …, dass sich vor langer, langer Zeit ein Beduine und ein Geschäftsmann in der Wüste trafen. Der trockene, kühle Abendwind wehte seit dem späten Nachmittag durch das Zelt des Beduinen. »An deiner Stelle hätte ich deine Ziegen- und Schafherde längst verdoppelt«, sagte der Geschäftsmann herausfordernd dem Beduinen, »damit du mehr Geld verdienen kannst.« Daraufhin antwortete ihm der Beduine, dass es ihm an nichts fehle. »Aber wenn man mehr Geld verdient, kann man sich ein großes Haus kaufen, neue Autos fahren und Ferien machen«, erklärte der Städter dem Wüstenmenschen. »Aber mir genügt das Zelt, und Kamele habe ich auch«, erwiderte der Beduine stolz.

Der Geschäftsmann meinte schließlich mit folgenden Worten den Beduinen zu überzeugen: »Wenn du alles hast, auch Diener, dann bist du reich und brauchst nichts mehr zu tun. Dann kannst du dich endlich das ganze Jahr über ausruhen.« »Aber das ist es, was ich bereits jetzt mache«, erklärte ihm der Beduine, schlürfte gemächlich seinen Tee und genoss den Abendwind auf seiner Matratze. (nach Lorenz 2004 S. 15)

Geben Sie es zu: Fast immer ist der Augenblick gut zu uns, wir haben weder Hunger noch Schmerzen. Die meisten von uns sind fast nie existenziellen Bedrohungen ausgesetzt und was wir zum Glücklichsein brauchen, tragen wir unverlierbar in uns (oder können es zumindest langfristig in uns entwickeln). Wir können die Quellen inneren Lohns aktivieren und Katastrophengedanken beiseiteschieben und sei es »nur« durch die achtsame Konzentration auf das Hier und Jetzt. Deshalb gibt der Weise auf die Frage, warum er glücklich sei, einfach nur zurück: Ja warum denn nicht?

Die Antwort des Weisen

2.2.3 Unbedingte Selbstverantwortung

Das, was man tut, kann man nur selbst tun. Folglich trägt ein jeder für sein unmittelbares Handeln die volle Verantwortung. Was für das Tun wohl von den meisten Menschen akzeptiert wird, ist für das Treffen von Entscheidungen oder für das Wohlbefinden schon weniger klar. Nicht wenige Menschen orientieren sich auch in ihren ganz persönlichen Entscheidungen an anderen. Sie schielen danach, wie sich Freunde entscheiden, oder sie fragen irgendwelche Experten danach, was sie tun sollen. Gleichermaßen machen sie gerne die äußeren Umstände oder andere Menschen für ihr Wohlbefinden verantwortlich. Beispiele gibt es viele: Wenn ich doch nur reich wäre, dann könnte ich glücklich sein, meine Eltern sind daran schuld, dass ich heute so unglücklich bin …

Selbstverant-wortung auch für Entscheidungen und Wohlbefinden

Vor dem Hintergrund des bisher Erarbeiteten können wir sagen: Auch für unsere Entscheidungen und unser Glück müssen wir die volle Selbstverantwortung übernehmen. Jeder Mensch ist ein einzigartiges Individuum, das sich von anderen Menschen unterscheidet. Unsere individuellen Landkarten von der Welt sind in unseren Köpfen sicherer verschlossen als in Fort Knox. Deshalb kann jeder nur aus sich selbst heraus wissen, was gut und richtig für ihn ist.

Wenn wir alles, was wir zum Glücklichsein brauchen, in unserem Inneren entwickeln können, wenn Leid aus falschen Denkmustern erwächst, über die wir selbst die Kontrolle haben, dann können und müssen wir auch für unser Befinden die volle Selbstverantwortung übernehmen.

Das ist nicht mein Problem Nicht weniger wichtig ist der Umkehrschluss: Auch die anderen sind vollständig für sich selbst verantwortlich. Diese Erkenntnis hat auch für Sie Konsequenzen. Lassen Sie die Probleme der anderen bei den anderen; ziehen Sie keine fremde Verantwortung an sich und lassen Sie die Probleme anderer nicht an sich delegieren. Nicht Sie sind für das Glück der anderen verantwortlich, sondern die anderen selbst. »Geht mich das eigentlich etwas an?«, ist also eine für das Selbstmanagement sehr zentrale Frage.

Wünsche äußern und keine Erwartungen haben Selbstverantwortung heißt, authentisch zu sein und über seine Wünsche freimütig zu sprechen. Wünsche zu haben ist weder unverschämt noch verboten. Sie können zu all Ihren Wünschen stehen und haben jedes Recht, sie zu äußern. Sie müssen sich nicht den Kopf der anderen zerbrechen: Fühlt er sich jetzt unter Druck gesetzt? Verletzt sie das jetzt? Denkt sie jetzt, ich bin unverschämt? All das liegt in der Selbstverantwortung des anderen und dort sollten Sie es auch lassen. Da Sie alles, was Sie für Ihr Glück brauchen, in sich tragen, sind Sie auf die Erfüllung Ihrer Wünsche nicht angewiesen und Sie können Ihre Erwartungen auf niedrigem Niveau halten.

Wird Ihrem Wunsch aber entsprochen, dann greifen Sie beherzt zu. Auch jetzt zerbrechen Sie sich nicht den Kopf des anderen: Kann ich das wirklich annehmen? Will er das wirklich? Hat sie nur aus Höflichkeit Ja gesagt oder hat sie mit dem Nein-Sagen Schwierigkeiten? All das geht Sie nichts an – das ist Sache des anderen. Ihre einzige Aufgabe besteht jetzt darin, sich unbekümmert über das zu freuen, was Sie bekommen haben.

Sie können nun folgerichtig die Wünsche oder Erwartungen anderer auch zurückweisen. Sie müssen Ihrem Onkel nicht für das Wochenende Quartier in Ihrer Wohnung geben, Ihre Freundin nicht ins Kino begleiten und Ihrem Nachbarn nicht Ihren Hammer borgen. Tun Sie all dies nur dann, wenn Sie bei sich selbst ein eigenes Bedürfnis spüren, das zu tun, worum Sie gebeten werden. Tun Sie all dies nur dann, wenn es auch Ihnen Freude macht. Handeln Sie nicht gegen Ihre Bedürfnisse aus einem falschen Gefühl der Verpflichtung heraus (zumindest nicht längerfristig). Auch die anderen müssen und können lernen, aus sich selbst heraus glücklich zu werden. Sie sind nicht auf der Welt, um nach den Erwartungen anderer zu leben. Jeder ist für sein Glück selbst verantwortlich.

Abgrenzen üben

Aber, wird sich mancher Leser an dieser Stelle fragen: Klingt das alles nicht sehr egoistisch?

Das ist ein Problem des Begriffsverständnisses. Ganz grundsätzlich betrachtet, ist jedes Verhalten egoistisch: In letzter Konsequenz kann sich jeder Mensch nur so verhalten, dass es ihm nach seinen Handlungen besser geht als vorher. Das gilt selbst für jene, die sich ihren eigenen Aussagen nach für andere »aufopfern« – sie tun dies, um Dank zu erheischen, um mit einem inadäquaten Selbstbild »ins Reine« zu kommen, oder um ein schlechtes Gewissen zu vermeiden. Auch diese Menschen würden sich schlechter fühlen, wenn sie sich nicht »aufopferten«. Lassen Sie also alle Illusionen fahren: Alle Menschen sind Egoisten. Gehen Sie davon aus. Rechnen Sie damit. Und nehmen Sie sich selbst die Freiheit zu einem gesunden Egoismus. Nur wenn Sie lebenslang genügend positive Gefühlsenergie durch Ihr Handeln gewinnen, werden Sie gesund und leistungsfähig bleiben. Nur dann können Sie auch Ihre Mitmenschen unterstützen, wenn sie wirklich in Not sind.

Gesunder Egoismus

Ein gesunder Egoismus steht ja der Hilfe für andere nicht entgegen. Wer sich als Persönlichkeit entwickelt und reift, wird immer öfter in die Situation kommen, in der Geben und Nehmen in eins fallen, in der das Ausleben eigener »fortgeschrittener« Flow-Bedürfnisse gleichzeitig für andere von Nutzen ist. Dies ist die Art von selbstbestimmter Hilfe, die beiden Seiten guttut. Das Prinzip Selbstaufopferung hingegen schadet beiden Seiten. Den Helfenden lässt es ausbrennen und der, dem geholfen wird, fühlt sich auch nicht gut – wer nimmt schon gern Hilfe an, die nicht von Herzen kommt? Sollte die Selbstaufopferung jedoch von Herzen kommen, wie dies zum Beispiel bei symbiotisch überidentifizierten Eltern oder Partnern der Fall ist, sind die Konsequenzen oft geradezu verheerend. Es entsteht eine Abhängigkeit, die beide Seiten daran hindert, selbstständig lebensfähig und glücklich zu werden.

Es gibt zum Prinzip Selbstverantwortung und seinem gesunden Egoismus keine wirkliche Alternative.

2.2.4 Unbedingter Selbstwert

Quellen der Konditionierung Viele Menschen sind es gewohnt, ihren Selbstwert von äußeren Bedingungen abhängig zu machen: von ihrem Aussehen, ihrer Leistung oder von der Wertschätzung, die sie von anderen erfahren. Diese oft sehr starke Konditionierung hat viele Quellen, zum Beispiel:

- die bedingte Elternliebe in der Kindheit (»Wir mögen dich nur, wenn du schön brav bist!«)
- den Zeitgeistkult um Leistung und Schönheit
- die grundlegende Erfahrung aus Natur und Technik, dass Dinge nur dann wertvoll sind, wenn sie eine bestimmte Funktion perfekt erfüllen (totes Gewebe citert aus; wenn ein Maschinenteil kaputt ist, landet es auf dem Müll)

Es ist von zentraler Bedeutung, dass Sie erkennen und verinnerlichen, wie falsch diese Sichtweise ist. Wie ist der Weg dorthin?

Das Leben ist Selbstzweck Tatsächlich ergibt sich der Wert vieler Dinge aus ihrer Funktion in Bezug auf einen bestimmten Zweck. Doch wenn man diese

Denkfigur auf den Menschen überträgt und zu Ende führt, dann muss man schließlich die Frage beantworten, welchem Zweck das Leben der Menschheit als Ganze dient. Die Antwort kann nur lauten: Es gibt einen solchen übergeordneten Zweck nicht (zumindest keinen im Diesseits für uns erkennbaren – oder sollen wir die Milchstraße fegen und schwarze Löcher zuschütten?). Konzepte wie Sinn, Funktion oder Zweck kommen erst mit dem Menschen in die Welt und laufen immer auf ihn selbst als letzten Zweck, als Selbstzweck zu. Unser Leben ist Selbstzweck. Der Sinn unseres Lebens liegt im Selbstgenuss des Bewusstseins – wobei hier natürlich nicht nur und nicht in erster Linie die einfachen Sinnesgenüsse gemeint sind, sondern die »höheren« Flow-Genüsse.

Der Sinn unseres Lebens liegt darin, unser Bewusstsein zu einem immer intensiveren und differenzierten Selbstgenuss zu befähigen.

Diesen Selbstgenuss des Bewusstseins kann man nicht messen und nicht vergleichen, er ist bei dem einen Menschen nicht wertvoller als bei dem anderen. Das Bemühen eines Behinderten um Glück zählt genauso viel wie der Selbstgenuss eines Starpianisten. Jedes genussfähige Bewusstsein ist sich selbst in Bezug auf seinen letzten Zweck unendlich wertvoll. Jeder Mensch ist deshalb ein unendlich wertvolles Wunderwerk aus eigenem und unbedingtem Recht. Und: Wenn alle Menschen gleich wertvoll sind, dann haben sie natürlich auch die gleichen Grundrechte.

Unvergleichlicher Selbstgenuss

Machen Sie sich diese Gedanken immer wieder klar, schärfen Sie sich diese Gedanken ein, verinnerlichen Sie sie. Lernen Sie, sich selbst und andere Menschen als unendlich wertvolle Wesen zu sehen und zu erleben, unabhängig davon, wie schön, mächtig, reich oder sozial anerkannt sie sein mögen. Wir sind aus uns selbst heraus, kraft unseres bloßen Seins, vollständig gerechtfertigt. Wir müssen weder uns noch anderen irgendetwas beweisen: Wir leisten, um immer mehr Zeit zum Selbstgenuss unseres Seins zu haben. In der Hektik unserer Leistungsgesellschaft hat sich diese vernünftige und gesunde Zweck-Mittel-Relation leider in ihr Ge-

Neue Lebensmaximen verinnerlichen

genteil verkehrt: Ihr Lebensgefühl sagt Ihnen: Wir sind, um zu leisten. Entsprechend kommen Spannung und schlechtes Gewissen auf, wenn Sie einmal nichts zu tun haben. Ändern Sie dies! Lernen Sie das Genießen, nehmen Sie sich Zeit für »Muße« – dazu sind Sie auf der Welt!

Energieverlust durch _Ich_-Probleme

Wenn Sie dies so sehen und erleben lernen, wird das Leben viel einfacher. Menschen mit einem niedrigen Selbstwertgefühl – oder besser _Ich_-Wert-Gefühl – verwenden viel Energie auf die Kontrolle und Steigerung ihres _Ich_-Wertes. Welche Figur mache ich jetzt? Was denkt er jetzt über mich? Bin ich besser? Solche Fragen stehen ständig im Mittelpunkt. Diese Menschen geben der Beziehungsebene den Vorrang vor der Sachebene in der Kommunikation. Auch hinter neutralen Sachinformationen wittern sie einen Angriff auf ihren _Ich_-Wert. Entsprechend oft fühlen sie sich verletzt. Die Energie, die sie für die Bewältigung ihrer _Ich_-Probleme benötigen, fehlt ihnen natürlich für die Lösung der eigentlichen Sachprobleme bis hin zu totalen Verhaltensblockierungen im selbstgemachten Stress.

Wenn es Ihnen gelingt, die Denkfigur »unbedingter Selbstwert« zu verinnerlichen, dann verliert all dies an Bedeutung. Sie konzentrieren sich auf die Sachaufgaben und gehen ganz darin auf. Wichtig ist, dass die Sache vorankommt, die Ihnen wichtig ist. Welche Figur Sie dabei machen, spielt keine Rolle. Und was die anderen über Sie denken oder sagen, ist deren Sache – Ihre Sache ist es, sich nicht verletzt zu fühlen.

Selbstakzeptanz als erster Schritt zur Veränderung

Die Verinnerlichung der Denkfigur »unbedingter Selbstwert« hilft auch dabei, das eigene _Selbst_ so zu akzeptieren, wie es nun einmal ist. Welche Eigenheiten Sie auch immer von anderen unterscheiden – all dies muss Sie nicht daran hindern, glücklich zu werden und den Sinn Ihres Lebens zu erfüllen. (Wir sprechen hier bewusst nicht von Schwächen: In einem absoluten Sinne gibt es nur Eigenheiten, die in Abhängigkeit vom Kontext zu »Stärken« oder »Schwächen« werden.) Nehmen Sie Ihr _Selbst_ in Liebe an, so wie es ist. Diese Haltung der Akzeptanz ist der erste und wichtigste Schritt zur Veränderung. Nur so können Sie entspannt und offen in das Sein einkoppeln und teilhaben am ständigen Wandel des Universums. Wenn Sie sich dagegen unter Druck setzen, wenn Sie sich verbergen und verschließen, dann blockieren Sie sich auch für die Selbstveränderung.

2.2.5 Unbedingtes Selbstvertrauen

Wer sich in seinen Entscheidungen und in seinem Verhalten über- wiegend an den Ratschlägen und Erwartungen anderer orientiert, der wird sich selbst verfehlen.

Eigene Urteile bilden

Wir können unser *Selbst* mit unserem Wissen, unserer Intuition und unseren Werten nur dann festigen oder korrigieren, es wei- terentwickeln und wachsen lassen, wenn wir all dies dem Wirk- lichkeitstest im eigenen selbstbestimmten Handeln unterziehen. Stehen Sie zu Ihrer Sichtweise der Dinge, werden Sie sensibel für Ihre innere Stimme und trauen Sie sich, dieser Stimme zu folgen: Handeln Sie entsprechend und lernen Sie aus den Konsequen- zen.

Nehmen Sie die Meinungen und Einschätzungen, die Empfehlun- gen und Ratschläge anderer Menschen ernst, aber übernehmen Sie sie niemals einfach unkritisch. Setzen Sie sich gründlich damit auseinander, messen Sie sie an Ihren eigenen Auffassungen und bilden Sie sich dann ein eigenes Urteil. Urteilen und entscheiden Sie selbst.

Doch was, wenn ich unsicher bin? Wenn es mir an Wissen und Erfahrung fehlt, wenn es aufgrund der verfügbaren Informatio- nen nicht möglich ist, mit größter Wahrscheinlichkeit die einzig richtige Entscheidung zu treffen?

Die Geschichte von Akbar und Birbal

Hierzu vielleicht die Geschichte vom orientalischen Herrscher Akbar und seinem listigen Wesir Birbal: Bei einer Ungeschicklich- keit auf der Jagd bricht sich Akbar einen Finger. Um ihn zu trös- ten, spricht Birbal zu seinem schimpfenden Herrscher: »Hoheit, ärgert Euch doch nicht so sehr. Das macht es nur noch schlimmer.

Akzeptiert, was Tatsache ist. Und letztlich wissen wir Menschen niemals, was uns im Letzten zum Glück oder Unglück gereicht.« »Verschone mich mit deinen platten philosophischen Sprüchen«, ruft Akbar wutentbrannt, wirft seinen Wesir in einen vertrockneten Wüstenbrunnen und reitet allein weiter.

Dabei gerät er in die Hände eines wilden Wüstenstammes, der gerade ein Menschenopfer vorbereitet. In letzter Sekunde entdeckt der Medizinmann des Stammes den gebrochenen Finger des Kalifen und weist ihn als Opfer zurück. Entsprechend altem Brauch seien dem Gott nur vollkommene Menschen als Opfer zumutbar. Nach seiner Freilassung holt Akbar den alten Wesir wieder aus dem Brunnen und entschuldigt sich bei ihm für das Leid, das er ihm angetan habe. Doch Birbal antwortet listig: »Ihr braucht Euch nicht zu entschuldigen, Hoheit. Ihr habt mir kein Leid angetan. Im Gegenteil, Ihr habt mir das Leben gerettet. Hättet Ihr mich nicht in den Brunnen geworfen, wäre wohl ich geopfert worden. Wer weiß schon, was uns im Letzten zum Glück oder Unglück gereicht.« (verändert nach Vallés 2001)

Aus der Situation heraus entscheiden

Was lehrt uns diese Geschichte? Nun – es ist unser Schicksal als Menschen, aus einer begrenzten Perspektive heraus handeln zu müssen – in eine Welt hinein, die hochkomplex und unberechenbar chaotisch ist. Wir können nur nach bestem Wissen und Gewissen, nach Lage der Dinge im Hier und Jetzt entscheiden. Nur selten produziert das Leben unveränderliche Tatsachen, deren Bedeutung in jeder Hinsicht klar ist. Zumeist entstehen Zwischenergebnisse in Prozessen, die im Wandel bleiben und viele unscharfe Bedeutungsfacetten tragen. Was zunächst als Fehler erscheint, hat bei näherem Hinsehen auch positive Seiten oder die Entwicklung der Dinge wendet das Ganze zum Guten.

Keine Angst vor Fehlern

Verlieren Sie also Ihre Angst vor Fehlern, es gibt keine Fehler, es gibt nur Lernchancen. Wer aus Angst vor Fehlern erstarrt, hört auf zu lernen und zu wachsen. Und das wäre die schlimmste aller Katastrophen, schlimmer als der schlimmste Fehler, den Sie machen könnten. Wer nicht selbstbestimmt handelt, ruiniert sein

Leben mit Sicherheit. Demgegenüber ist die Gefahr, bei selbstbestimmtem Handeln unkorrigierbar ruinöse Fehler zu machen, sehr gering.

Die Devise lautet also: Nicht in endgültigen Entscheidungen, sondern in offenen Prozessen denken, in unbedingtem Selbstvertrauen entscheiden, probieren und korrigieren, lernen und wachsen.

2.2.6 Unbedingter Optimismus, unbedingtes Vertrauen

Im Zusammenhang mit den natürlichen Potenzialen unseres *Selbst* hatten wir von den Kräften der Selbstorganisation gesprochen, die in unserem Gehirn das Neue erzeugen. Diese Kräfte sind in allen Bereichen unseres Universums wirksam: von der Physik und Chemie über Biologie und Psychologie bis hin zu gesellschaftlichen, wirtschaftlichen und kulturellen Prozessen. Überall können aus dem freien Spiel der Kräfte in komplexen Systemen plötzlich und unerwartet neue Strukturen und Eigenschaften in die Welt treten (in der Wissenschaft spricht man hier von Ordnungssprüngen und Emergenz).

Das Sein ist spontan kreativ

Vielleicht haben Sie ja die Geschichte von den beiden Fröschen schon einmal gehört, die in einen Milchtopf gefallen sind. Der eine Frosch ist ein Pessimist. Als er nach fünf Minuten merkt, dass die Hälfte seiner Kräfte verbraucht ist, fragt er sich, warum er sich wohl noch weitere fünf Minuten quälen soll. Er hört auf zu strampeln und versinkt im schmatzenden Schlund. Der andere Frosch weiß um die möglichen Wunder der Emergenz. Er ist deshalb ein Optimist aus Prinzip. Auch im letzten Moment kann an ganz unvorhersagbarer Stelle die Situation ins Positive umschlagen. Er strampelt also weiter – und siehe da, in der neunten Minute bildete sich unter seinen Füßen ein großer Klumpen Butter, auf dem er dem Topfe entsteigen konnte.

Frosch im Glück

Viele Menschen haben die Neigung, negative Entwicklungen einfach stetig in die Zukunft fortzudenken. Und wenn man das tut,

**Positive
Überraschungen
sind möglich**

dann sieht diese Zukunft wohl tatsächlich düster aus. Verstärkt wird dieser Trend dann noch durch die Tendenz der Medien, vor allem Negativnachrichten und Katastrophen zu verbreiten. Aber dies sind wieder falsche Denkmuster, die unnötiges Leid erzeugen. Wir sollten uns stets bewusst machen, dass zu jedem Zeitpunkt auch positive Überraschungen möglich sind. Um das Jahr 1900 soll in einer Berliner Tageszeitung ein Bericht gestanden haben, in dem Folgendes prognostiziert wurde: Wenn die Anzahl der Pferdefuhrwerke weiter so rasant steige, dann würde Berlin um das Jahr 1950 unter einer dicken Schicht Pferdemist verborgen liegen. Wie wir wissen, haben Entwicklungssprünge der Technik dies verhindert. Und: Welcher DDR-Bürger hätte wohl im Jahre 1988 ernsthaft damit gerechnet, dass er wenige Jahre später problemlos würde reisen können?

**Der positive
Urgrund des Seins**

Im Sinne unserer Instrumentenflug-Metapher beziehen sich all diese Überlegungen auf Deutungen der Vorgänge innerhalb unseres Wirklichkeits-Cockpits. Wir können noch einen Schritt weitergehen. Wir können uns klarmachen, dass auch unsere leidvollsten Vorstellungen nur konstruierte Hypothesen sind, denen kein objektiver Wahrheitswert zukommt. Niemand weiß, was der Tod wirklich ist und was beim Sterben geschieht. Niemand weiß, ob unserem diesseitigen Leid nicht doch irgendein jenseitiger Sinn entspricht. (Eine Analogie dazu: Auch kleine Kinder müssen beim Arzt oft für sie unverständliche Schmerzen erleiden, und doch ist es zu ihrem Besten.) Es ist förderlich und deshalb vernünftig, im Sinne religiöser Weltbilder von einem positiven Urgrund des Seins auszugehen.

**Förderliche
Grundhaltungen**

All dies kann uns helfen, folgende förderliche Grundhaltungen einzunehmen:

- In Bezug auf die Vergangenheit: akzeptieren, anerkennen, dankbar sein, nach Möglichkeit das verzeihen, was an Negativem geschehen ist.
- In Bezug auf das Hier und Jetzt: unbekümmert trotz des beschränkten Wissenshorizontes im Sinne der eigenen Werte und der inneren Stimme handeln.

- In Bezug auf die Zukunft: unbedingter Optimismus – jederzeit kann eine negative Wirklichkeit durch das »Wunder der Emergenz« ins Positive umschlagen.

Durch Änderung meiner Sichtweisen und Einstellungen kann ich immer auch unabänderlich negativen Situationen Positives abgewinnen; und letztlich kann eine negativ erscheinende Wirklichkeit in der jenseitigen Realität positiv aufgehoben sein. Ich will eine grundlegende Bereitschaft entwickeln, die unveränderlichen Aspekte meines Schicksals in Liebe anzunehmen. Jedes Streben nach äußerer Sicherheit durch Kontrolle muss letztlich scheitern. Allein die innere Sicherheit durch Vertrauen und Glaube ist erreichbar.

Amor fati – die Liebe zum Schicksal

2.3 Die Praxis der inneren Befreiung

2.3.1 Die tiefenstrukturellen Voraussetzungen innerer Freiheit schaffen

Für die meisten von uns gilt (bezogen auf den Großteil unserer Lebenszeit): Wirkliche Auslöser für negative Gefühle liegen im Hier und Jetzt nicht vor. Häufig ist unser Leid selbstgemacht und resultiert aus Soll- und Muss-Vorstellungen, mit denen das aufgeblasene *Ich* unser *Selbst* unter Druck setzt. Oft sind diese Mussvorstellungen tief verwurzelt und uns nicht bewusst, zumindest nicht vollständig.

Dieses System von Vorstellungen darüber, wie die Welt, wir selbst und die anderen Menschen sein müssten, damit wir zufrieden sein können, ist Teil des Kernantriebs unserer Persönlichkeit. Von hier aus werden unsere spontanen Gefühls- und Verhaltensreaktionen wie durch ein Tiefenmagnetfeld in eine entsprechende Richtung gedrängt. Dies gilt auch für unseren inneren Dialog, in dem wir versuchen, durch Ausräumen von Widersprüchen unsere Handlungen, Sichtweisen und Grundpositionen zu festigen – Teil dessen sind eben auch falsche, leiderzeugende Sichtweisen.

Muss-Vorstellungen steuern aus der Tiefe

Deshalb gilt es, diesen Prozess unter Kontrolle zu bringen und in bewusster innerer Arbeit positiv auszurichten.

Teilschritte Es ist sinnvoll, die folgenden Bereiche zu unterscheiden:

- Transformation allgemeiner Soll- und Muss-Vorstellungen in förderliche Lebensmaximen (s. unten)
- Transformation selbstbeschränkender Glaubenssätze und Entwicklung eines positiv-realistischen Selbstbildes (s. S. 96)
- Erarbeitung von Gegengedanken für starke negative Erbgefühle (s. S. 100)
- Erarbeitung von Worst-Case-Szenarios (s. S. 109)

Schauen wir uns diese vier Bereiche jeweils ausführlich an.

2.3.2 Transformation allgemeiner Soll- und Muss-Vorstellungen in förderliche Lebensmaximen

Muss-Vorstellungen identifizieren Sie müssen zunächst Ihre speziellen Muss-Vorstellungen finden und sich diese bewusst machen. Dies gelingt, wenn Sie sich für einige Zeit dahingehend beobachten, in welchen Lebenssituationen ängstliche oder ärgerliche Spannungszustände bei Ihnen auftreten. Vielleicht machen Sie sich für einige Wochen in einem Tagebuch darüber Notizen.

Im nächsten Schritt versuchen Sie nun zu verstehen, welche Muss-Vorstellungen es konkret sind, die hinter Ihren Spannungszuständen stecken. So wäre es möglich, dass Sie sich unwohl fühlen, wenn Sie mit anderen Menschen zusammen sind. Dahinter könnten sich verschiedene Muss-Vorstellungen verbergen, zum Beispiel: Wenn ich mit anderen zusammen bin, muss ich brillieren und der dominante Alleinunterhalter der Runde sein. Wenn mein Bereichsleiter zugegen ist, muss ich ihn unbedingt positiv beeindrucken. Oder: Wenn ich mit anderen zusammen bin, muss ich von allen gemocht und geachtet werden – ich darf deshalb nichts Falsches sagen und muss die Erwartungen der anderen erfüllen. Oder: Ich habe eigentlich keine Zeit für diese oberflächliche Gesellichkeit – ich muss diese oder jene Arbeit weiterführen. Oder, oder, oder.

Manchmal ist es gar nicht so einfach, die richtige Muss-Vorstellung zu identifizieren, und natürlich kann es auch eine Kombination aus mehreren Vorstellungen sein. Hilfreich ist hier der Vergleich verschiedener Situationen – deshalb das Tagebuch. Sollten Sie mit dieser Aufgabe allzu große Schwierigkeiten haben, verweist dies vielleicht auf eine weitere Muss-Vorstellung: Ich muss alle meine Aufgaben mit höchster Perfektion und Präzision lösen. Üben Sie sich im Mut zur Lücke. Denken Sie in Prozessen der Annäherung an eine relative Wahrheit über eine Folge unfertiger Hypothesen. Versuchen Sie dann, soweit möglich, ähnliche Muss-Vorstellungen zu einigen zentralen Muss-Vorstellungen zusammenzufassen.

Ein Tagebuch kann helfen

Nun sollten Sie jede dieser Muss-Vorstellungen detailliert durchgehen: Wie sinnvoll, richtig und förderlich ist dieser Glaubenssatz? Was steckt dahinter? Falsches Wissen, überlebte soziale Normen oder übersteigerte Wünsche? Wie kann ich dies widerlegen, zum Beispiel unter Nutzung der sechs Prinzipien der inneren Freiheit? Kann ich dieser Muss-Vorstellung eine positive, förderliche Lebensmaxime gegenüberstellen?

Transformation in förderliche Lebensmaximen

In Bezug auf die genannten Muss-Vorstellungen könnte man beispielsweise sagen, dass die Meinung der anderen für Ihren Selbstwert und für Ihr Glück objektiv von nur geringer Bedeutung ist. Natürlich wäre es schön, anerkannt und integriert zu sein, aber es ist kein »Muss«. Sie können prinzipiell die Fähigkeit erwerben, allein aus sich heraus glücklich zu sein. Und förderlich wäre eine solche Orientierung am Zuspruch anderer schon gar nicht: Sowohl das Angeben als auch das Anbiedern wird auf längere Sicht auf Ablehnung stoßen.

Vor allem aber: Die Deformierung entsprechend den Wünschen der anderen verhindert das Wachstum eines authentischen eigenen Wesenskerns. Nichts könnte für das Glück und die soziale Integration auf Dauer verderblicher sein. Die Devise kann also

Der eigene Wesenskern muss wachsen

nur lauten: Ich will mir eigene Überzeugungen, Werte und Kompetenzen erarbeiten. Und ich will diesbezüglich offen sein und möglichst authentisch auftreten. Wenn ich damit einmal in einer »Runde« nicht ankomme, ist das gar nicht schlimm. Ich kann auch als stiller Beobachter dabeisitzen und mich wohl fühlen. Auf lange Sicht wird mich dieser Weg stärken und mir mehr soziale Anerkennung einbringen, als jedes andere Vorgehen.

Am Ende dieses Buches habe ich Lebensmaximen im Sinne förderlicher Geisteshaltungen zusammengetragen (s. außerdem Hansch 2006).

2.3.3 Transformation selbstbeschränkender Glaubenssätze und Entwicklung eines positiv-realistischen Selbstbildes

Kleiner Selbstcheck Im ersten Schritt geht es wieder darum festzustellen, von welchen Glaubenssätzen Ihr Selbstbild geprägt ist.

Sie könnten sich eine Tabelle anlegen mit den Spalten »Stärken«, »Schwächen«, »Eigenheiten« (besondere Eigenschaften, die man nicht auf den ersten Blick unter die ersten beiden Spalten einsortieren kann). Denken Sie beim Ausfüllen der Tabelle nicht allzu lange nach. Es geht hier (noch) nicht darum herauszufinden, wie und wer Sie »wirklich« sind, sondern um die Frage, wie und wer Sie in letzter Zeit gemeint und geglaubt haben zu sein. Was denken Sie spontan über sich? An welche Meinungen und Selbsteinschätzungen aus den zurückliegenden Wochen und Monaten können Sie sich erinnern?

Wenn Sie damit fertig sind, versuchen Sie, vor diesem Hintergrund eine vorläufige Antwort auf die folgenden beiden Fragen zu formulieren: Wer bin ich? Und: Was ist mir bestimmt? Nun gilt es, aus all dem ein positiv-realistisches Selbstbild zu entwickeln. Für diesen Punkt sollten Sie Zeit einplanen, vielleicht sogar mal über ein Wochenende an einem besonderen Ort in Klausur gehen.

Das erste Teilproblem lautet nun: Wie realistisch ist Ihr bisheriges Selbstbild? Gibt es reale Belege für Ihre Einschätzungen? Beruht es auf eigenen Erfahrungen oder auf Aussagen anderer (Eltern, Lehrer, Mitschüler, Kollegen, Freunde, Lebenspartner)? Wenn Sie sich an Ihr bisheriges Leben erinnern, daran, wie Sie mit sich selbst und den vielfältigen Anforderungen des Lebens umgegangen sind – gibt es da Erfahrungen, die Sie noch nicht in Ihr Selbstbild integriert haben? Dabei sollten Sie insbesondere nach Talenten und Stärken fahnden. Hilfreich sind folgende Fragen:

Realitätsprüfung und Suche nach Stärken

- Was fiel Ihnen besonders leicht?
- Was konnten Sie schon immer besser als die anderen?
- Was lernten Sie besonders schnell?
- Was interessiert Sie?
- Was haben Sie immer schon gern und aus eigenem Antrieb getan?
- Bei welchen Betätigungen fühlten Sie sich authentisch und eins mit sich selbst?
- Welche Aktivitäten ließen Sie die Zeit und sich selbst vergessen, wecken Begeisterung bei Ihnen?

Fragen, die weiterhelfen

Es kann auch hilfreich sein, die Tabelle in Verbindung mit Fragen dieser Art an Freunde oder Verwandte weiterzugeben und die Antworten dann in einem offenen Gespräch mit ihnen zu diskutieren. Außerdem sollten Sie im Alltag bewusster als bisher darauf achten, wo und wie sich Stärken, Schwächen beziehungsweise Eigenheiten in verschiedenen Kontexten offenbaren (vgl. auch den Abschnitt 3.4 ab S. 139).

Wenn Sie dann in erster Annäherung über ein einigermaßen fundiertes und realistisches Selbstkonzept verfügen, geht es in einem zweiten Teilschritt darum, es in einer möglichst förderlichen Weise zu formulieren.

Sie wissen inzwischen, dass es eigentlich kaum Schwächen beziehungsweise Stärken in einem absoluten Sinne gibt. Unser *Selbst* zeigt Eigenheiten, die sich in einem Kontext als Stärken auswirken, in einem anderen vielleicht als Schwächen. So mag

»Schwächen« haben immer auch eine positive Seite

eine leicht cholerische Reaktionsweise von manchen Menschen als störend empfunden werden. In vielen Situationen mag sie aber auch die Selbstbehauptung und das Durchsetzen berechtigter eigener Interessen erleichtern. Eine Neigung zur Pedanterie und pessimistischem Perfektionismus mag für die Ehefrau eines Buchhalters lästig sein, für seinen Chef ist sie dagegen eine unbezahlbare Ressource. Ein stiller, in sich gekehrter Mensch mag dem einen wie eine Schlaftablette vorkommen, für die andere aber ist er der sensibelste Zuhörer, der ihr je begegnet ist.

> **Sich ein positiv-realistisches Selbstbild zu erarbeiten heißt nun, den innerhalb des Realistischen vertretbaren Deutungsspielraum hin zum Positiven auszuschöpfen.**

Selbsterfüllende Prophezeiungen beachten

Das ist wichtig, weil unserem Selbstbild immer auch etwas von einer selbsterfüllenden Prophezeiung anhaftet: Wir verhalten uns, wie wir glauben zu sein, und entwickeln uns dann auch in dieser Richtung. Auch andere nehmen uns so wahr und behandeln uns entsprechend. So haben Studien gezeigt, dass es für den persönlichen Erfolg viel wichtiger ist, von der eigenen Attraktivität überzeugt zu sein, als objektiven Schönheitsparametern zu entsprechen. Andere Studien wiesen nach, dass es förderlich und gesund ist, (in gewissen Grenzen) positive Illusionen zu haben.

Das Positive sehen

Deshalb: Deuten Sie Ihre »Schwächen« und »Fehler« wenn nicht in Stärken, dann zumindest in wertneutrale Eigenheiten um. Wer von anderen als dröger Langweiler etikettiert wird, könnte sich zum Beispiel selbst als einen beständigen, verlässlichen Menschen sehen, im Sinne des sprichwörtlichen »Fels in der Brandung«. Negative globale Glaubenssätze aus der Vergangenheit über Ihre Person und deren Bestimmung sollten Sie widerlegen und von sich weisen. Kein Mensch ist grundsätzlich ein Versager, ein Nichtsnutz oder etwas Ähnliches. Für den Fall, dass Ihnen eine positive globale Selbstdefinition noch schwerfällt, trösten Sie sich: Wenn Sie den Weg des inneren Wachstums beschreiten, sind Ihre Chancen groß, zu Ihrem wahren *Selbst* und Ihrer Berufung zu finden (selbst wenn dies einige Jahre dauern sollte).

Sollten Sie das Pech haben, in dem einen oder anderen Bereich »objektiv« von den Genen besonders benachteiligt worden zu sein, geht es im letzten Schritt darum, sich eine Haltung der Akzeptanz gegenüber diesen »Defiziten« zu erarbeiten. Grundsätzlich gilt das Prinzip »unbedingter Selbstwert« auch in Bezug auf alle Ihre Eigenheiten.

Handicaps akzeptieren

> **Wodurch immer Sie sich in Ihrem Äußeren, Ihren Begabungen oder Charakterzügen vom sogenannten Durchschnitt negativ unterscheiden – an Ihrem unermesslichen Wert als menschliches Individuum ändert das überhaupt nichts.**

Ferner hilft es zu wissen, dass sich aus Handicaps zumeist auch Chancen ergeben können. Wer etwa mit irgendeiner sichtbaren Behinderung geschlagen ist, hat es vielleicht schwerer, einen Partner zu finden. Wenn sich aber eine Beziehung ergibt, dann wird sie eher auf inneren Werten gründen und wohl länger halten. Oder denken Sie an den bekannten amerikanischen Anwalt David Boies, der zum Beispiel die Regierung im Anti-Trust-Prozess gegen Microsoft vertrat. Er leidet unter der Lesestörung Dyslexie und als Schüler hätte ihm wohl kaum jemand dazu geraten, ausgerechnet einen so »aktenbeladenen« Beruf wie Anwalt zu ergreifen. In der Praxis allerdings schlug ihm seine »Schwäche« dann zunehmend positiv aus: Seine Furcht vor langen komplizierten Worten führte dazu, dass er eine besonders einfache und klare Sprache entwickelte, die in besonderem Maße geeignet war, die Menschen zu berühren und zu überzeugen. In vielerlei Hinsicht gilt: Kratzer an der Oberfläche helfen dabei, schneller an Tiefe zu gewinnen.

Handicaps als Chance

Ferner gilt auch in Bezug auf Ihre Eigenheiten das Prinzip »unbedingtes Glück«. Der Sinn unseres Lebens liegt doch nicht darin, ein in irgendeinem Sinne perfekter Mensch zu werden. Unser Ziel ist das persönliche Glück. Für das Erreichen dieses Ziels spielen die »Schwächen«, wegen derer viele Menschen leiden, überhaupt keine Rolle: Segelohren oder rote Haare, Stottern oder Schüchternheit, die Tatsache, dass man Shakespeare nicht aus dem Gedächtnis zitieren kann oder kein Abitur gemacht hat – all dies und

Nobody is perfect

vieles andere mehr muss und darf einen Menschen nicht davon abhalten, glücklich zu werden.

Deshalb gilt es auch, das eigene *Ich* mit seinen Eigenschaften in seiner Bedeutung etwas herabzustufen. Hierbei kann es helfen, den Fokus mehr auf Dinge zu legen, die über das eigene *Ich* hinausweisen: auf die Menschen oder die Arbeit, die man liebt. Der große englische Philosoph Bertrand Russell sagte hierzu: »Ich lernte allmählich, gleichgültig gegenüber mir selbst und meinen Mängeln zu werden. Ich konzentrierte meine Aufmerksamkeit immer mehr auf äußere Objekte: den Zustand der Welt, die verschiedenen Wissenszweige, Individuen, denen gegenüber ich Zuneigung empfand.« (zit. n. Csikszentmihalyi 1993, S. 130)

Entwaffnende Offenheit — Das Problem sind also nicht unsere »Schwächen«. Das Problem entsteht erst, wenn wir unsouverän mit ihnen umgehen. Das Wichtigste hierbei: Wir müssen zu unseren Eigenheiten stehen. Eigenheiten, mit denen wir offen umgehen, weil wir sie vor uns selbst nicht als Schwäche definieren, werden auch von den anderen nicht als Schwäche wahrgenommen.

2.3.4 Erarbeitung von Gegengedanken für starke negative Erbgefühle

Hinderliche Erbgefühle — Unsere stärksten negativen Emotionen erwachsen aus unseren ererbten Antrieben, deren inhaltliche Ausrichtung unter den Bedingungen unserer steinzeitlichen Vorfahren entstanden ist. Doch infolge der kulturellen Entwicklung haben sich unsere Lebensbedingungen derart verändert, dass diese starken negativen Erbgefühle mittlerweile fast immer ohne Sinn und Funktion sind und sich für alle Seiten zerstörerisch auswirken können. Insbesondere schädigen sie natürlich die psychische und auch körperliche Gesundheit desjenigen, der sie in den Teufelskreisen eines negativen inneren Dialogs aufsteigert. Fast immer ist der gegenteilige Umgang mit diesen Gefühlen förderlich: Das Ziel besteht darin, sie durch kognitive Modulation so weit wie möglich abzuschwächen.

Fragen, beobachten und erinnern Sie sich: Von welchen starken Negativgefühlen wurden und werden Sie am meisten geplagt? Erarbeiten Sie sich dann Gegengedanken zur kognitiven Dämpfung und halten Sie diese schriftlich fest. Für die wichtigsten Erbgefühle mache ich Ihnen nun Vorschläge, die Sie aber kritisch reflektieren und entsprechend Ihrer persönlichen Sichtweise umformulieren sollten.

Wut

Evolutionspsychologisch gesehen sollte die Wut unsere Vorfahren dazu antreiben, mit körperlicher Gewalt Hindernisse auszuräumen und Widerstände zu brechen. Entsprechend eng ist die Wut mit dem Stressgeschehen verbunden, das den Körper auf muskuläre Anstrengungen vorbereitet (vgl. Abschn. 1.4.2 auf S. 27). Leider sind uns diese urtümlichen Mechanismen bei der Lösung unserer heutigen Probleme keine Hilfe. Sie stehen uns regelrecht im Wege: Gewaltausbrüche eskalieren Konflikte und führen uns hinter Gitter. Die mobilisierte, aber muskulär nicht abgebaute Energie ruiniert unsere Blutgefäße; der Tunnelblick-Effekt lässt uns den Überblick verlieren; die negativen Gefühle verderben uns den Tag und vergiften uns das Herz. Wut ist eine Säure, die das Gefäß, in dem sie steht, mehr schädigt als alles, worüber man sie schütten könnte, hat Gandhi einmal gesagt.

Wut schadet allen

Wut ist also sinnlos und zerstörerisch – wir sollten sie soweit es geht durch kognitive Modulation abschwächen. Die folgenden Denkfiguren können dabei helfen:

Die Mechanismen der Wut bringen uns dazu, dem Gegenüber böse Absichten zu unterstellen. Nirgendwo wird dieser Unsinn deutlicher, als in Situationen, in denen wir etwa unseren »abgestürzten« Computer beschimpfen oder gar auf ihn einprügeln. Auch bezogen auf Menschen ist die Annahme, jemand hege bewusst böse Absichten, zumeist falsch. Fast immer resultieren Konflikte aus Missverständnissen oder unterschiedlichen Sichtweisen, von denen jede eine gewisse Berechtigung hat.

»Böses« infolge von Missverständnissen

Die Gründe liegen in den großen Unterschieden der subjektiven Wirklichkeiten der Menschen, über die wir im Zusammenhang mit dem Konstruktivismus gesprochen hatten. Hinzu kommen die Unterschiede in Perspektive und Informationsstand, die sich zwangsläufig ergeben, wenn Menschen in sozialen Organisationen unterschiedliche Plätze innehaben. Dies widerspricht unserer Intuition, die uns suggeriert: Die anderen sind wie wir und sie sehen die Welt genauso wie wir auch. Immer wieder müssen wir uns aktiv bewusst machen, dass dies eben nicht so ist.

Niemand ist durch und durch »schlecht«

Es kann hinzukommen, dass Menschen, die aus unserer Sicht negativ handeln, selbst unter Druck stehen und »außer sich« sind. Sie sind keine durch und durch schlechten Menschen. Sie verfügen auch über viele positive Seiten und haben sicher schon manch Positives in dieser Welt bewirkt. Nur sehr selten tun Menschen wirklich bewusst Böses. Zumeist machen sie genau das, so gut sie es eben können, was sie aus ihrer Perspektive im gegebenen Moment für richtig halten – genau wie wir auch. (Wenn Sie über das Verhalten eines anderen wütend sind, sollten Sie sich auch immer einmal fragen, ob Sie Ähnliches nicht auch schon getan haben.)

»Täter« sind meist auch Opfer

Und selbst wenn Sie einmal einem kranken Menschen begegnen, dem es Freude macht, anderen zu schaden – selbst dann sollten Sie innehalten und das Folgende bedenken: Auch diese Menschen sind das Produkt von Umständen, über die sie keine Kontrolle hatten – weder können sie für ihre Gene noch für ihre Erziehung etwas. Im Grunde sind auch sie Opfer, weil sie von negativen Gefühlen und nicht von Liebe und Glück erfüllt sind. Auch sie haben Gründe für ihr Verhalten, die ihnen selbst subjektiv überzeugend, richtig oder gar zwingend erscheinen. Auch sie tun im Rahmen ihrer Möglichkeiten, was sie für richtig halten oder wozu sie von unkontrollierbaren Affekten getrieben werden, genau wie wir alle.

Zum Umgang mit Übeltätern

Sie verfügen wohl nicht über Freiheiten und Verhaltensalternativen, die wir von uns selbst kennen und in sie hineinprojizieren. Das ändert freilich nichts daran, dass wir diese Menschen aufhalten und die Gesellschaft vor ihnen schützen müssen, und sei es zur Not mit Gewalt. Aber all dies muss nicht mit Wut und Hass im Herzen geschehen. Wenn Sie Ihre Katze davon abhalten, ein armes, angstbebendes Mäuschen zu jagen, hassen Sie Ihre Katze doch auch nicht. Versuchen Sie, eine ähnliche Sichtweise einzunehmen, wenn Sie es mit menschlichen Übeltätern zu tun haben.

Wenn wir unsere Grenzen und Werte mit der ruhigen Entschlossenheit einer Persönlichkeit verteidigen, die authentisch aus »ihrer Mitte« heraus handelt, dann wirkt das überwältigender, als wenn wir die Contenance verlieren und uns von negativen Affekten beherrschen lassen.

Nichts wirkt stärker als Authentizität

> **Machen Sie sich immer wieder klar, wie sinnlos und zerstörerisch Wut ist. Nichts, was Sie mit Wut im Bauch tun, könnten Sie ohne Wut nicht besser erledigen.**

Wie können Sie der Wut den Boden entziehen?

- Entwickeln Sie einen starken inneren Ehrgeiz, sich nicht mehr zum Spielball dieser urtümlichen Mechanismen machen zu lassen.
- Entwickeln Sie einen starken Ehrgeiz, anderen nicht mehr die Macht einzuräumen, diese Mechanismen wie Knöpfe bei Ihnen zu betätigen.
- Denken Sie immer daran: Die negativen Gefühle entstehen in Ihnen und sind damit potenziell unter Ihrer Kontrolle.

Wenn wir uns Gedanken wie diese bewusst machen und immer im Hinterkopf behalten, kann uns das helfen, mit Gelassenheit und Güte auch auf Menschen zuzugehen, die sich auf den ersten Blick negativ gegen uns verhalten.

Um realistisch zu sein, sollten wir vielleicht noch etwas hinzufügen: Nicht immer wird es uns auf diese Weise gelingen, aggressive Gefühle zu verhindern. Haben Ärger oder gar Wut einmal eine bestimmte Stärke erreicht, dann ist es sehr schwer, sie per kogniti-

Wenn doch einmal der Ärger durchbricht

ver Modulation schnell und restlos wieder zum Verschwinden zu bringen. Das trifft insbesondere dann zu, wenn ein Ärgernis nicht aus der Welt zu schaffen ist und dauerhaft Präsenz gewinnt. Auch in dieser Situation sollte man sich weiter darum bemühen, die Affekte zumindest einzugrenzen und unter Kontrolle zu halten. Sodann kann es ratsam sein, sie moderat zum Ausdruck zu bringen und »kontrolliert abzureagieren«. Wenn sich nun die Körperhaltung strafft und die Stimme energischer wird – sei es drum, in einer solchen Dosierung muss das Umfeld lernen damit umzugehen. Aus gesundheitlicher Sicht wäre es gut, sobald als möglich körperlich aktiv zu werden (z.B. Treppensteigen oder Sport).

Stolz

Das Ego Stolz wird durch Erfolge aller Art erzeugt. Er ist das konstituierende Gefühl des *Ich* in einer seiner unguten Formen, die wir hier kurz als Ego bezeichnen wollen. Stolz ist mit Dominanzgebaren bis hin zur Einschüchterung verbunden und macht uns glauben, uns stünden Vorrechte und Privilegien zu. In der Mangelgesellschaft unserer Steinzeitvorfahren hat das die Ausbreitung ihrer Gene gefördert.

Doch unter den Bedingungen unserer Wohlstandskultur hat der Stolz diese ursprüngliche biologische Funktion verloren: Heute steigert das Verhalten, das er auslöst, weder die Anzahl noch die Überlebenschancen unserer Kinder. Und zu unserem Glück trägt Stolz auch nicht bei. Im Gegenteil – ausgeprägter Stolz ist kontraproduktiv und unsinnig. So ist Erfolg nicht Leistung unseres Ego, sondern Produkt unseres *Selbst*. Die Potenziale des *Selbst* wie auch die glücklichen Umstände seiner Wechselwirkung mit der Welt entstammen Quellen, die nichts mit eigenem Verdienst zu tun haben (Begabung, Erziehung, kulturelle Vorleistungen anderer etc.). Stolz ist also schlicht und einfach dumm. Leistungsfähigkeit und Erfolg sind Gnade und Verantwortung, sie bieten keine Grundlage für eine verletzende Selbstüberhebung des Ego.

In den Abgrund Ego und Stolz richten in sozialen Gemeinschaften und in Or-
stolzieren ganisationen großen Schaden an. Sie erzeugen Dominanz- und

Angsthierarchien, die sich mit den sachbezogenen Erfordernissen funktionaler Hierarchien einfach nicht decken. Wo die Einschüchterung regiert, sterben Kreativität, offene Kommunikation und sachadäquate, flexible Kooperation. In der Wissensgesellschaft sind dies die entscheidenden Faktoren der unternehmerischen Wertschöpfung. Jim Collins hat in seiner bekannten Studie gezeigt: Von stolzen Charismatikern geführte Unternehmen gehen nach Abgang des Egomanen oft in den Keller. Jene Unternehmen, die von Managern geführt werden, welche sich durch persönliche Bescheidenheit auszeichnen, prosperieren hingegen weiter (Collins 2003).

Machen Sie sich immer wieder klar, wie unsinnig und zerstörerisch Stolz ist. Seien Sie dankbar für Leistung und Erfolg, versetzen Sie sich in die Lage der weniger Begabten und unterstützen Sie sie. Freuen Sie sich über gute Ergebnisse um der Sache willen, aber nicht deshalb, weil Sie selbst es waren, der sie ermöglicht hat.

Stolz ist unsinnig

> **Glück erwächst aus Sinn, und Sinn entsteht aus dem Dienst an einer Sache, die größer ist als man selbst. Stellen Sie Ihr Ego hinter die Sache.**

Neid

Auch Neid ist ein urtümlicher, ererbter Gefühlsmechanismus, der heute Sinn und Funktion verloren hat. Unsere Vorfahren sollte der Anblick des Reichtums anderer dazu anspornen, die eigenen Ressourcen zu mehren, um ihren Nachkommen bessere Überlebenschancen zu eröffnen. Doch heute sind die materiellen Voraussetzungen für das Überleben unserer Kinder gesichert (soweit etwas in unserer Welt sicher sein kann). Außerdem trägt materieller Reichtum nicht zu unserem Glück bei. Der Neid auf den größeren Wohlstand oder den höheren sozialen Status anderer ist also nur noch kontraproduktiv, weil er unserem Glücklichsein im Wege steht. Neid vergiftet uns das Herz und schafft uns Gegner, wenn er von anderen bemerkt wird.

Neid bringt nichts und macht unglücklich

Prinzip der Fülle Welche Gedankenfiguren können helfen, den Neid kognitiv abzudämpfen? Nun, da gibt es zunächst das Prinzip der Fülle: Was macht uns glücklich? In erster Linie sind das gelingende menschliche Beziehungen, förderliche Geisteshaltungen und der innere Lohn, der aus Flow-Antrieben erwächst (aber auch aus Achtsamkeits- und Meditationsübungen). An diesen wahren Glücksgütern ist unsere Welt unendlich reich. Das, was wirklich wichtig ist, reicht für alle.

Wir sollten uns über den Erfolg anderer nicht nur sichtlich freuen, sondern ihn sogar fördern, denn indirekt wirkt das auch positiv auf uns selbst zurück. Je mehr Menschen glücklich und erfolgreich sind, desto mehr floriert die ganze Gesellschaft, in der wir leben. Das vergrößert dann auch wieder unsere eigenen Erfolgschancen. Wenn die anderen sehen, dass wir es gut mit ihnen meinen, werden die meisten von ihnen auch uns unterstützen.

> **Öffnet man sich wirklich für den anderen, dann erwärmt diese Freude auch das eigene Herz.**

So kann man nur gewinnen Vermutlich werden Sie mit einer solchen Haltung auch materiell mehr gewinnen als aus einem missgünstigen Mangelbewusstsein heraus. Und selbst wenn es den einen oder anderen materiellen Verlust geben sollte – der Gewinn an Lebenszufriedenheit, innerer Ruhe und Gesundheit wird diesen mehr als aufwiegen.

Scham

Bei Verstoß gegen Normen Scham entsteht, wenn uns andere deutlich machen oder wir selbst glauben, gegen irgendwelche sozialen Normen zu verstoßen. Er erzeugt den Drang, sich zurückzuziehen und zu verbergen. Gegebenenfalls werden Gesten der Unterwerfung und Demut gezeigt. Ersichtlich diente dies bei unseren Vorfahren dem Schutz vor »Normierungsaktionen« durch Artgenossen.

Veraltete Normen sind nicht förderlich Auch hier gilt wieder: In vielen Fällen, in denen Menschen heute durch Schamgefühle beeinträchtigt werden, ist dies ohne Sinn und Funktion. Dafür gibt es dreierlei Gründe:

- Viele der noch etablierten Normen haben sich überlebt: Warum sollte sich eine Frau schämen, wenn sie allein ins Kino oder in ein Café geht?
- Viele Normen sind Scheinkonstrukte der Medienwelt, die nichts mit der Realität zu tun haben. Keine Frau muss sich schämen, wenn ihr Po größer ist als der von Kate Moss. Kein Mann muss sich schämen, wenn sein Kinn nicht wenigstens ab und an mit der Stoßstange eines Autos verwechselt wird.
- Durch Teufelskreise im Zusammenhang mit schlechten Denkgewohnheiten entstehen bei vielen Menschen übersteigerte Schamgefühle in Situationen, in denen sie völlig unsinnig sind – so projizieren sie negative Gedanken in die Köpfe anderer oder werten die eigene Person übermäßig ab.

Generell gilt: Unsere modernen Gesellschaften vertragen auch viel mehr normensprengende Individualität als die Gesellschaften unserer Vorfahren, die oft um ihr Überleben kämpften und deswegen keine »Abweichler« dulden konnten. (Gleichwohl muss man feststellen, dass das Pendel dabei ist, zu weit in die andere Richtung zu schwingen. Man kann den Eindruck gewinnen, dass die nachwachsenden Generationen zu wenig an durchaus berechtigten und sinnvollen Normen orientiert sind.)

Toleranz geboten

Welche Denkfiguren können uns nun gegen inadäquate Schamgefühle immunisieren?

Was zum Thema Selbstakzeptanz gesagt wurde, hat auch hier seine Berechtigung: Es gibt nichts an und in Ihrer Natur, dessen Sie sich schämen müssten. All Ihre natürlichen Eigenheiten haben Ursachen, für die Sie nicht verantwortlich sind. All das, was Sie für Schwächen, Fehler oder peinliche Neigungen halten, all das ist natürlich, all das findet sich auch bei anderen, zum Teil sicher in noch stärkerer Ausprägung. Glauben Sie nicht den Fassaden und Masken, die andere vor sich hertragen.

Vieles ist natürlich

Darüber hinaus gilt: Solange Sie mit sich selbst im Reinen sind und sich für positive Werte einsetzen, gibt es nichts, dessen Sie

Offenheit hilft

sich schämen müssten. Gefühle oder Schwäche zeigen, aus Unwissenheit oder Ungeschicklichkeit Fehler machen und offen damit umgehen, all dies ist kein Grund, sich zu schämen. Wenn Sie in solchen Situationen Scham empfinden, dann machen Sie sich klar, dass diese Scham Lug und Trug ist. Erkennen Sie dahinter Ihre egoistischen Gene, die Sie wie eine Marionette zu den alten Ritterspielen unserer Vorfahren bewegen wollen. Spielen Sie diese Spielchen nicht länger mit und klappen Sie mutig das Visier nach oben. Entscheiden Sie sich ganz bewusst für entwaffnende Offenheit.

Angst

Ein überwältigendes Gefühl

Zweifellos hat die Angst auch heute noch in manchen Lebenssituationen eine sinnvolle Funktion. Aber sie ist auch das Gefühl, das am häufigsten übersteigert wird, sich unkontrolliert ausbreitet und sich bis hin zu hartnäckigen Angsterkrankungen entwickeln kann. Es scheint, dass die Angst durch kognitive Modulation weniger gut beeinflussbar ist als andere Erbgefühle. In vielen Situationen wissen wir, dass rational überhaupt kein Grund für Angst vorliegt oder dass die Furcht völlig übertrieben ist. Auch wenn uns dieses Wissen die Angst nicht oder nicht vollständig nimmt, sollten wir uns das trotzdem immer wieder bewusst machen, um dieses Gefühl zumindest einzugrenzen.

Gegenmaßnahmen

Wir müssen unbedingt lernen, die teufelskreisartige Aufsteigerung der Angst zu unterbinden. Dies gelingt durch Strategien der Ablenkung und Achtsamkeit, durch Akzeptanz und Techniken wie die paradoxe Intention (ausführlich dargestellt ab S. 124). Die wichtigste Maßnahme, den »Sumpf der Ängste« gründlich von der gedanklichen Seite her »trockenzulegen«, ist vielleicht die Arbeit mit Worst-Case-Szenarios, die im Folgenden besprochen wird.

2.3.5 Erarbeitung von Worst-Case-Szenarios

Viele Menschen werden von vielfältigen Ängsten geplagt: Hoffentlich verpatze ich die nächste Projektpräsentation nicht. Hoffentlich nimmt mir dieses oder jenes meine Frau / der Chef oder sonst wer nicht übel. Hoffentlich steckt hinter meinen Kopfschmerzen kein Hirntumor – es gibt unzählige Beispiele. Diese »Oberflächenängste« speisen sich aus tiefer liegenden Grundängsten: den Job und damit die materielle Existenzgrundlage einzubüßen, verachtet aus der Gesellschaft ausgestoßen zu werden, die Familie oder gar das Leben zu verlieren. Solange wir diese Grundängste mit absoluten Katastrophen assoziieren und ihnen panisch ausweichen, können die Oberflächenängste ungehindert wuchern.

Oberflächen- und Grundängste

Wenn wir uns unseren Grundängsten aber stellen, uns mit ihnen auseinandersetzen und die mit ihnen verbundenen vermeintlich schrecklichen Vorstellungen positiv anzunehmen versuchen, dann entziehen wir den Oberflächenängsten den Nährboden. Wir erkennen, dass diese Vorstellungen in Wirklichkeit gar nicht so absolut unannehmbar sind, sondern nur durch unser aufsteigernd-katastrophisierendes Denken ihre überwältigende Schrecklichkeit gewannen. Wenn wir uns diesen Situationen innerlich wiederholt aussetzen, sie realistisch betrachten oder sogar versuchen, ihnen auch eine positive Seite abzugewinnen, setzt ein Prozess der Gewöhnung ein, der am Ende zu einer akzeptierend-gelassenen Haltung führen kann.

Den Grundängsten ins Auge schauen

Denken Sie einmal an Menschen im Kloster oder an Einsiedler in der Wildnis und fragen Sie sich, was man zum Leben wirklich braucht. Wissenschaftliche Studien zeigen, dass Glück und Lebenszufriedenheit in erstaunlichem Maße unabhängig von den objektiven äußeren Lebensumständen sind. Sie werden viel mehr von inneren Sichtweisen und Einstellungen bestimmt.

> **Das, was man zum Leben und Glücklichsein an Materiellem benötigt, ist in den westlichen Wohlstandsgesellschaften immer und für jeden gegeben. Alles, was man für den Weg zu innerem Glück in einem einfachen**

**Leben sonst noch braucht, trägt jeder in sich –
auch Sie.**

Keine Identifikation mit Besitz

Wenn Sie nicht zu Sklaven von Besitz und Status werden wollen, lassen Sie diese Dinge innerlich los. Sollten Sie sie haben können, ohne das Wesentliche im Leben aufgeben zu müssen, umso besser – freuen Sie sich daran. Aber hüten Sie sich davor, in eine überstarke Identifikation mit Besitz oder Status zu geraten. Seien Sie stets dazu bereit, all das jederzeit und leichten Herzens wieder aufzugeben. Besprechen Sie das gegebenenfalls auch immer wieder mit Ihrer Familie. Es ist nur gesund, wenn Ihre Angehörigen in dem Bewusstsein leben beziehungsweise aufwachsen, dass sie sich notfalls auch selbst versorgen müssen. Ganz grundsätzlich betrachtet, ist jeder Mensch für sich selbst verantwortlich, und nur für sich selbst.

Sich dem Schlimmsten stellen

Vor diesem Hintergrund schlage ich Ihnen die folgende Übung vor: Fragen Sie sich, wovor Sie sich fürchten, und denken Sie an die schlimmste Situation, die es für Sie geben könnte. Stellen Sie sich vor, dieser Fall sei eingetreten. Malen Sie sich diese Situation so konkret und plastisch wie möglich aus, mit allen Folgewirkungen in den verschiedenen Lebensbereichen.

Entlastende Fragen

Fragen Sie sich nun:

- Ist jetzt wirklich alles ausweglos und schrecklich?
- Wie könnten Sie sich verhalten?
- Welche Lebens- und Entwicklungsmöglichkeiten verbleiben oder eröffnen sich neu?
- Haben Sie vielleicht noch andere Bedürfnisse, Stärken und Talente, die Sie in der Vergangenheit nicht leben konnten, für die sich aber jetzt vielleicht Entwicklungsmöglichkeiten schaffen ließen?
- Wenn Ihnen auf Anhieb nichts einfällt – wie ließen sich neue Seiten Ihrer Persönlichkeit entdecken oder entwickeln? Was interessiert Sie, bewegt Sie, fordert Sie heraus, erscheint Ihnen sinngebend – oder hat all dies in der Vergangenheit einmal getan?

- Denken Sie auch unkonventionell jenseits der vorgegebenen Rollenklischees der Gesellschaft – es gibt unendlich viel zu tun unter dieser Sonne! Fast immer bergen Krisen auch große Chancen. Auch hier gilt: Probleme sind Lernchancen.

Lebende Beispiele

Rufen Sie sich leuchtende Beispiele in Erinnerung – etwa die ehemalige Lehrerin Heidemarie Schwermer, die 1996 allen Besitz weggab und ein Leben ohne Geld allein auf der Basis von Tauschbeziehungen führt (Schwermer 2001). Oder denken Sie an Lilo Friedrich, die sieben Jahre für die SPD im Deutschen Bundestag saß und nach ihrem Ausscheiden keinen Job mehr fand. Nach längerer Arbeitslosigkeit ging sie schließlich beherzt »putzen« und betreibt heute eine eigene Reinigungsfirma.

Ich rate Ihnen, die beschriebene Übung regelmäßig zu wiederholen. Dies wird Sie freier, entspannter, spontaner, selbstsicherer und furchtloser machen. Sie beginnen dann, Ihr Leben langfristig so zu gestalten, dass Sie immer Entwicklungsalternativen haben, wenn sich ein Weg einmal als Sackgasse erweist. Sie werden die dafür nötigen Kompetenzen langfristig entwickeln und sich die nötigen Kontakte »warmhalten«.

Sterben und Tod

Wer kann, sollte dann noch einen Schritt weiter gehen und sich mit den Themen Sterben und Tod auseinandersetzen. Auch die damit zusammenhängenden Ängste sind weitgehend das Resultat kulturell geprägter Meinungen, die nicht beweisbar sind und die man deshalb auch verändern kann. Dass nach dem Tod alles zu Ende ist, ist ein ebenso unbewiesener Glaube wie die Annahme, dass wir in eine andere Welt übergehen und dort auf jene Menschen treffen, die uns vorangegangen sind. In dieser Situation wäre es eigentlich klug und gesund, sich für den Glauben zu entscheiden, mit dem es sich am besten lebt.

Der kleine Bruder des Todes

In jedem Falle gewinnt der Tod dadurch etwas von einem Abenteuer, auf das man ein wenig gespannt sein darf. Auch das Sterben wird von Menschen mit Nahtoderfahrungen als ein angenehmer und positiv verändernder Prozess beschrieben. Und sterben wir mit dem Einschlafen nicht jeden Tag einen »kleinen Tod«? Sind Schlaf und Traum nicht ähnlich geheimnisvolle Phänomene? Selbst wenn im traumlosen Schlaf unser Bewusstsein einfach »abgeschaltet« sein sollte (es sich also nicht in einer »anderen Welt« befindet), so ist dies ja offenbar alles andere als schrecklich. Zudem gibt es in diesem jeden Abend aufs Neue herbeigesehnten Zustand keine Zeit – ob er also sechs Stunden anhält oder unendlich lange, macht überhaupt keinen Unterschied.

Sie sehen also, auch in Bezug auf den Tod gibt es entlastende Denkfiguren. Das ist durchaus keine oberflächliche Schönfärberei. Man kann diese und weitergehende Argumentationen sehr tiefgehend erkenntnistheoretisch begründen (vgl. hierzu ausführlicher: Hansch 2004). Entsprechend haben auch große Gelehrte bis hin zu Albert Einstein in ähnlicher Weise argumentiert. Ein gelassenes Verhältnis zum Tod ist eine starke Waffe gegen aufkeimende Ängste jeder Art. »Übe dich täglich darin, mit Gleichmut das Leben verlassen zu können«, heißt es bei dem römischen Philosophen Seneca.

Verinnerlichen und Üben Damit sind sie nun besprochen, die vier Hauptebenen der inneren Umstrukturierung: Transformation allgemeiner Soll- und Muss-Vorstellungen in förderliche Lebensmaximen; Erarbeitung eines positiven Selbstbildes als Voraussetzung einer reifen Selbstliebe; Formulierung von Gegengedanken für starke Negativgefühle; Erarbeitung von Worst-Case-Szenarios.

Wenn Sie diese Prozesse weit genug voranbringen, dann schaffen Sie die tiefenstrukturellen Voraussetzungen für wahre innere Freiheit.

Sich selbst überzeugen Hierfür genügt es in aller Regel nicht, diese Dinge im Sinne der Übungen ein einziges Mal gedanklich nachzuvollziehen und aufzuschreiben. Im ersten Schritt müssen Sie sich wirklich von diesen neuen Sichtweisen überzeugen. Spielen Sie den Advocatus Diaboli für sich selbst: Welche Argumente gegen Ihre neuen Sichtweisen sind vorstellbar? Versuchen Sie, alle Gegenargumente, die Ihnen einfallen, zu widerlegen. Wenn ich Sie nachts um

3.30 Uhr wecke und Sie frage, warum Ihr Wert als Mensch von Ihrer Leistung und Ihrem Aussehen unabhängig ist, dann müssen Sie imstande sein, auf der Stelle ein halbstündiges, überzeugendes Referat zu diesem Thema zu halten. Lachen Sie nicht, ich meine das ernst. Nur wenn Sie dazu in der Lage sind, haben Sie wirklich verstanden.

Verstehen ist nicht alles, aber ohne Verstehen ist alles nichts.

Der nächste Schritt heißt Verinnerlichung. Verinnerlichung ist die »Aufladung« Ihrer neuen gedanklichen Strukturen mit Emotionen. Nur wenn dies gelingt, haben diese Erkenntnisse auch Einfluss auf Ihre Stimmung und Ihr Verhalten.

Um Ihr neues Wissen mit Synergiegefühlen aufzuladen, müssen Sie es stimmig mit Ihrem übrigen Wissen vernetzen. Stellen Sie sich vor, Ihr *Selbst* sei eine Art inneres Klavier mit Abertausenden von Saiten. Jede Ihrer vielen Erkenntnisse ist eine dieser Saiten, die mehr oder weniger gut aufeinander abgestimmt sind. Wie die meisten anderen Menschen auch, führen wahrscheinlich auch Sie permanent einen inneren Dialog mit sich selbst. Ihr *Ich* fungiert dabei quasi als Klavierstimmer, der »kognitive Dissonanzen«, also Widersprüche und Ungereimtheiten auszuräumen versucht, um den Kern Ihrer Persönlichkeit mit Ihren Werten und Überzeugungen immer mehr zu festigen.

Die Klaviermetapher

Die neuen Einsichten, die Sie sich erarbeitet haben, bilden nun gewissermaßen neue Leitsaiten, die zwar an zentraler Stelle sitzen, aber wegen ihrer relativ geringen Zahl noch nicht den Grundton Ihres inneren Klaviers verändern. Hierzu müssen Sie die Vielzahl Ihrer alten Wissenssaiten auf den Grundton Ihrer neuen Leiterkenntnisse umstimmen. Das nun ist eine längerfristige innere Arbeit, die eine gewisse Systematik, Konsequenz und Disziplin erfordert. Sie müssen die fundamentale Bedeutung erkennen, die Ihr innerer Dialog für Ihre Persönlichkeitsbildung hat, und lernen, ihn bewusst im Sinne Ihrer Ziele zu gestalten.

Neue Erkenntnissaiten

Innere Umstimmungs-arbeit Werden Sie sich immer öfter bewusst, wenn Sie im inneren Dialog in Ihre alten Denkmuster verfallen. Widerlegen Sie unermüdlich Ihre vom alten Denken geprägten Sichtweisen und strukturieren Sie sie im Sinne Ihres neuen Wissens um. Wenn Sie dies immer wieder aus ganz verschiedenen »Argumentationsrichtungen« kommend tun, dann stimmen Sie allmählich Ihr inneres Klavier auf Ihre neuen Lebensmaximen um. Hilfreich wäre es auch, wenn Sie immer einmal wieder »Weisheitsliteratur« lesen würden. So bleibt der Prozess Ihrer inneren Umstimmung in Bewegung. Sie werden dazu angehalten, sich immer wieder mit Ihren Werten und Einstellungen auseinanderzusetzen, Ihre eigenen Sichtweisen immer deutlicher herauszuarbeiten und zu festigen.

Verinnerlichung durch Erfahrung Parallel hierzu sollten Sie die Verinnerlichung Ihrer neuen Sichtweisen durch Aufladung mit positiven Erbgefühlen voranbringen. Dies ist nichts anderes, als im authentischen Handeln positive Erfahrungen zu machen. Gehen Sie möglichst offen mit Ihren neuen Sichtweisen um und versuchen Sie, diesen neuen Werten und Lebensmaximen entsprechend zu handeln. Wenn Sie damit Erfolg haben, dann werden sich die dabei entstehenden positiven Erbgefühle im Sinne des Konditionierens mit Ihren neuen Erkenntnisstrukturen verknüpfen und so zu ihrer Festigung und Verhaltenswirksamkeit beitragen: Es wird Ihnen immer leichter fallen, sich entsprechend zu verhalten. Haben Sie sich einmal dazu durchgerungen, mit Bestimmtheit Nein zu sagen, und erlebt, wie Ihr Chef vor Ihnen in die Knie gegangen ist, dann wird sich Ihr Nein schon bei nächster Gelegenheit mit großer Lust wie von allein ereignen.

> **Das Motto lautet also: Eine tiefe Einsicht ist die Saat für eine Überzeugung, eine Überzeugung ist die Saat für eine Handlung, eine Handlung ist die Saat für eine Gewohnheit, eine Gewohnheit ist die Saat für einen Charakter und ein Charakter ist die Saat für ein unverwechselbares Lebenswerk.**

2.3.6 Innere Befreiung im Hier und Jetzt

Wenn Sie die eben beschriebenen Wege gehen, dann schaffen Sie in Ihrer psychischen Tiefenstruktur die Voraussetzungen für innere Freiheit. Eine derart verinnerlichte innere Freiheit prägt Ihr Erleben und Verhalten spontan: Zumeist ist sie einfach da. Sind Sie auch auf dem Weg des inneren Wachstums ausreichend weit vorangekommen, fühlen Sie sich meistens wohl und reagieren auch auf stärkere Stressfaktoren mit einer natürlichen Gelassenheit.

Ein Maximum an innerer Freiheit ermöglichen

Auf dem mehr oder weniger langen Weg dorthin werden Sie allerdings einige bewusst einzusetzende »Akuttechniken« zur Lösung von Stressspannungen benötigen. Auch für das innere Verhalten im Hier und Jetzt gibt es einige wichtige Grundprinzipien, die man einüben kann. Diese Techniken und Prinzipien helfen dabei, den tiefenstrukturell möglichen Grad an innerer Freiheit zu manifestieren und die Lebensenergie so harmonisch wie gerade möglich fließen zu lassen.

Unbedingte Proaktivität

Viele Menschen lassen sich für lange Phasen ihres Lebens in eine reaktive Grundhaltung drängen: Sie wollen »ihre Ruhe haben« und befördern alles, was sich nur irgendwie wegschieben lässt, einfach ins Off. Probleme sind etwas Negatives. Wenn Probleme auftreten, ist das ein Grund, sich in unbändigen Ärger hineinzusteigern. Werden die Probleme dann größer und drohen, sie zu überrollen, dann resignieren diese Menschen und verfallen in Apathie.

Die schlechte reaktive Grundhaltung

> **Machen Sie sich in solchen Situationen eines klar: Vor relevanten Problemen davonzulaufen, bringt am Ende meist immer deutlich mehr Leid, als sich ihnen beherzt zu stellen.**

Man sollte bestrebt sein, sich die folgende Grundhaltung anzutrainieren: Es gibt keine Probleme im negativen Sinne. Alle Schwierigkeiten, die sich uns in den Weg stellen, sind Chancen zum Lernen und Wachsen. Alle, ausnahmslos. Es gibt keine Situation im Leben, zu der sich nicht eine förderliche Haltung finden ließe, die deutlich weniger leidvoll ist als resignierende Verzweiflung. Im Alltag könnte man sich durchaus vorstellen, dass das Leben eine Art Mensch-ärgere-dich-nicht-Spiel wäre: Wer bei auftretenden »Problemen« sofort in eine förderliche Haltung geht, ohne sich zu ärgern, bekommt einen Wachstumspunkt. »Probleme« sind Spielzüge des Schöpfers, die uns beim Wachsen helfen sollen. Dem, der die größten Schwierigkeiten bekommt, dem traut er offenbar am meisten zu.

Ein Extrembeispiel

Das bemerkenswerteste Beispiel, von dem ich je gehört oder gelesen habe, wird vom Dalai Lama berichtet. Als tibetische Mönche nach Jahren der Tortur in chinesischen Gefängnissen gefragt wurden, was ihr schlimmstes Erlebnis gewesen sei, sollen einige geantwortet haben: Jene Momente waren die schlimmsten, in denen ich mich in Gefahr fühlte, die Liebe für meine Peiniger zu verlieren. Dies mag für uns Westler im ersten Moment arg überzogen, ja abstrus erscheinen. Aber das ist es nicht. Wenn es auch sicher sehr schwer und nicht für alle erreichbar sein mag: Es handelt sich dabei tatsächlich um die förderlichste Geisteshaltung, die man in so einer Situation einnehmen kann. Sind alle Fluchtmöglichkeiten ausgeschlossen, kann man an der äußeren Situation nichts ändern. Aber über sein Inneres hat jeder Mensch potenzielle Kontrolle. Steigert er sich in Wut und Hass hinein oder lässt sich in Resignation oder Apathie fallen, schädigt er sich nur selbst; nirgendwo entsteht der geringste Nutzen.

**Die Kontrolle
behalten**

Fasst er die Situation aber als eine Wachstumschance auf, in der er lernen kann, auch unter unmenschlichen Bedingungen Mensch zu bleiben und sich in Mitgefühl und Liebe zu üben, dann entsteht auf vielen Ebenen Nutzen: Der Betroffene selbst eröffnet sich und nutzt (innere) Handlungsmöglichkeiten und behält so die letztendliche Kontrolle über die Situation. Es entsteht Sinn: Wenn man unter diesen Umständen lernt, seine Gefühle positiv zu kontrollieren, dann ist man gefeit für alle Zeit. All dies verbessert die Gefühlslage, beugt der Demoralisierung vor und verbessert damit die Überlebenschancen. Und damit nicht genug: Vielleicht bewirkt man sogar indirekt etwas nach außen, vielleicht bringt das Vorbild an menschlicher Größe den einen oder anderen der Schergen zum Nach- oder gar Umdenken. Dabei würden übrigens genau die Denkfiguren hilfreich sein, die wir als Gegengedanken gegen die Wut erarbeitet hatten.

Hoffen wir, dass wir nie in eine solche Extremsituation kommen. Aber gerade ein solches Extrembeispiel lässt das Wesen des Prinzips »unbedingte Proaktivität« deutlich erkennbar werden. »Wähle immer, was du tust, dann tust du immer, was du gewählt hast«, sagt Reinhard Sprenger. Und nichts ist für die psychische Gesundheit auf Dauer wichtiger als eben dieses Gefühl, etwas zu tun, was man gewählt hat (in der Fachsprache heißt das »Selbstwirksamkeit«).

Selbstwirksamkeit ist wichtig

> **Eine begünstigende Vorbedingung für Proaktivität und innere Klarheit ist es, immer möglichst genau zu wissen, was man will: Nehmen Sie sich zwischendurch immer wieder die Zeit, um Ihre Ziele und Zwischenziele zu klären und zu aktualisieren.**

Innere Klarheit

Ein Zen-Mönch wurde von einem Europäer gefragt: »Wie kommt es, dass du immer so ruhig, gesammelt und entschlossen wirkst?« Dieser antwortete: »Es ist ganz einfach. Wenn ich sitze, dann sitze ich; wenn ich aufstehe, dann stehe ich auf; wenn ich laufe, dann laufe ich.« »Aber das tun wir doch auch«, erwiderte der Europäer. »Nein, das tut ihr nicht«, entgegnete der Zen-Mönch. »Wenn ihr sitzt, dann steht ihr schon auf; wenn ihr aufsteht, dann lauft ihr schon; und wenn ihr lauft, dann seid ihr schon am Ziel.«

Diese kleine Geschichte macht einen weiteren wichtigen Aspekt deutlich: Bei vielen Menschen herrscht innere Unklarheit, wenn nicht inneres Chaos. Erst wird nicht richtig überlegt. Dann beginnt man damit, halbherzig zu handeln. Während des Handelns entstehen Zweifel, man handelt unkonzentriert und scheitert schließ-

Inneres Chaos

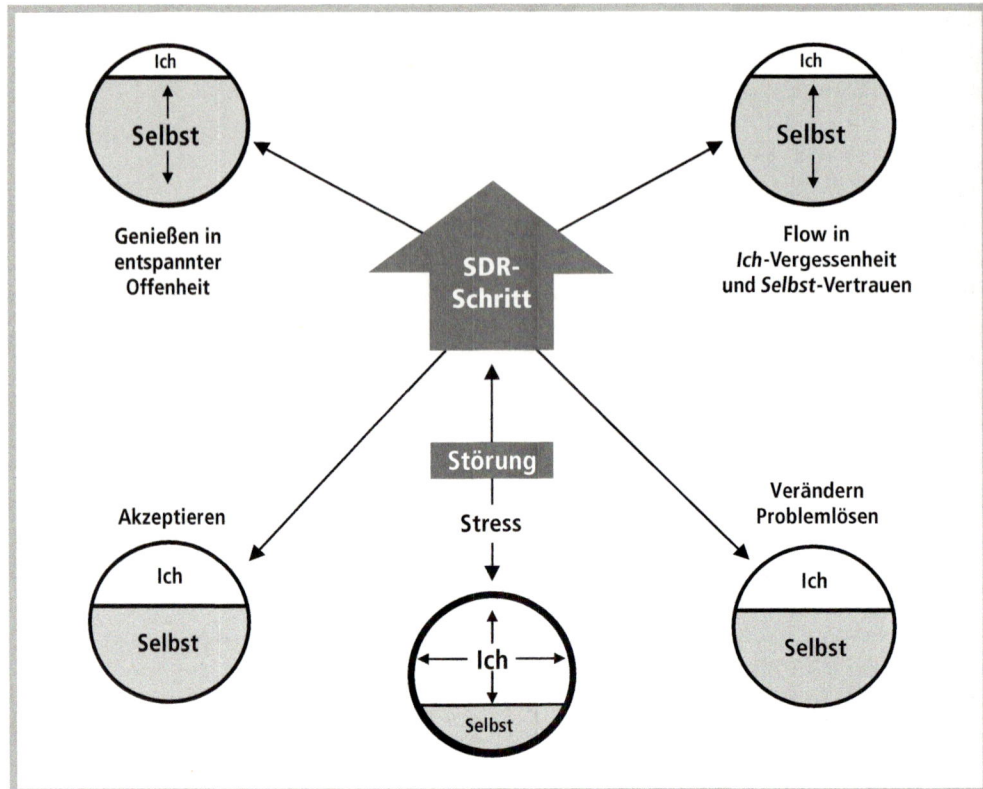

Abb. 4: Die fünf Funktionsmodi der Psyche

lich. In Stresssituationen kommt es oft zu einem verzweifelten Hin- und Herspringen zwischen halbherzigem Veränderwollen und ebenso halbherzigen Versuchen, etwas zu akzeptieren. Man steht schon vor der Tür des Chefs, um den neuen Zusatzauftrag zurückzuweisen, und kehrt dann doch mutlos an seinen Schreibtisch zurück. Dort packt einen dann wieder die Verzweiflung wegen der unerträglichen Arbeitslast und man schnellt erneut wutentbrannt empor in Richtung Chefzimmer – und so weiter.

Um ein solches inneres Chaos zu vermeiden, hilft es, um die fünf grundlegenden Funktionsmodi unserer Psyche zu wissen, wie sie Abbildung 4 oben zeigt.

1. Verändern

In diesem Modus sind wir darauf aus, die Außenwelt gemäß unseren Soll-Vorstellungen zu verändern. Unter Nutzung all unserer intellektuellen oder auch motorischen Möglichkeiten versuchen wir, durch Nachdenken und Ausprobieren äußere Probleme zu lösen. Unser Ziel besteht darin, die Umwelt so zu gestalten, dass sie unseren Wünschen entspricht. Was kann ich tun, um mehr Geld zum Kauf eines neuen Hauses zu verdienen, um einen Partner zu finden, um meinen Computer wieder zum Laufen zu bringen? – Fragen dieser Art beschäftigen uns im Modus der Veränderung. Es ist klar, dass in diesem Modus das *Ich* als Bewertungs- und Veränderungsinstanz in hohem Maße benötigt wird.

Das Ist verändern

2. Akzeptieren

Zeigt sich dabei, dass Probleme nicht lösbar sind, erweisen sich belastende Lebensumstände als unveränderlich oder wäre der Preis für ihre Veränderung zu hoch, dann muss man in eine andere Richtung denken. Der Veränderungsehrgeiz richtet sich nun nach innen, auf die eigenen Reaktionen. Erweist sich das Ist als unveränderlich, dann kann man das Soll verstellen, um Harmonie zu erzeugen. Es gilt, sich eine Haltung der Akzeptanz zu erarbeiten und auch dies positiv als einen Prozess des Wachstums und der Entwicklung zu begreifen. Hinzu kommt, dass eine proaktive Akzeptanz in Liebe und Würde oft indirekt eine Veränderungswirkung in der Außenwelt haben kann. Sobald sich wieder Handlungsspielräume nach außen eröffnen, geht man wieder in die Veränderungshaltung. Das *Ich* wird hier in ähnlichem Maße benötigt wie im Modus »Verändern«.

Das Soll anpassen

3. Flow

Wie schon besprochen: Bei der Veränderungsaktivität genügen die Fähigkeiten den Anforderungen so weitgehend, dass sich das *Ich* als Kontrollinstanz zurückziehen kann. In *Ich*vergessenheit und *Selbst*vertrauen gehen wir auf im Fluss des gelingenden Tuns, wir entfalten unser volles Potenzial und werden durchströmt von Harmoniegefühlen.

Ganzheit im Fluss

4. Genießen/entspannte Offenheit

In diesem Zustand sind wir offen, entspannt und überwiegend passiv. Entweder ruhen wir, etwa in einem Whirlpool oder am Strand, oder aber wir gehen ganz einfachen Aktivitäten nach, die unsere Sinne befriedigen: ein Waldspaziergang oder das Essen in einem Sterne-Restaurant. Wir öffnen uns möglichst weitgehend den sinnlichen Wahrnehmungen, wodurch das *ich*hafte Reflektieren aus dem Bewusstsein gedrängt wird. So sind wir sensibel und empfänglich auch für schwächste Signale.

Auch bei Achtsamkeits- und Meditationsübungen befinden wir uns in diesem Funktionsmodus einer vom *Selbst* bestimmten, überwiegend *ich*vergessenen »Ganzheit in der Ruhe«.

5. Stress

Auch den Stresszustand müssen wir als einen eigenständigen Funktionsmodus unserer Psyche definieren, freilich als einen suboptimalen: Aus dem Eindruck heraus, die anstehenden Probleme nicht lösen zu können, bläht sich das *Ich* als Veränderungsinstanz auf und versucht, alles unter die bewusste Kontrolle zu bringen. Es resultieren übermäßige Selbstbespiegelung (Hyperreflexion) und der Versuch, die Veränderung mit Druck zu erzwingen (Hyperintention). Dabei kommt es in der Folge oft zum Tausendfuß-Syndrom: Immer mehr Potenziale des *Selbst* blockieren. Entsprechend gilt es, diesen Funktionsmodus zu vermeiden.

Wir müssen lernen, immer wieder innerlich aus der Situation herauszutreten und auf Abstand zu gehen, quasi aus der »Nahkampfperspektive« auf den »inneren Feldherrenhügel« zu wechseln. Lassen Sie uns diesen inneren Schritt zurück als SDR-Schritt bezeichnen: Stopp, Distanz, Rezentrierung. Wir müssen lernen, die laufenden Automatismen zu unterbrechen, auf Distanz zu gehen, klare innere Entscheidungen zu treffen und uns wieder auf das zu konzentrieren, wofür wir uns in bewusster Abwägung des gesamten Kontextes entschieden haben. Wir müssen uns klar für einen der vier produktiven psychischen Funktionsmodi entscheiden, statt chaotisch hin und her zu springen oder in Stress zu geraten. Wie das im Hier und Jetzt funktionieren kann, wird im nächsten Abschnitt ausführlich erläutert.

Praktische Umsetzung mit System

Beenden Sie Abschweifungen auf Nebensächliches, Dringliches und Verführerisches. Fragen Sie sich: Ist das, was ich hier tue, wirklich richtig und wichtig? Habe ich heute schon genug getan, um meinen wichtigen Lebenszielen näher zu kommen? Sind Ihre Ziele wirklich attraktiv für Sie, im Sinne eines leidenschaftlich angestrebten inneren Anliegens, dann wird es reichen, sich diese Dinge bewusst zu machen, um Ihre Motivation im gewünschten Sinne neu auszurichten. Ist dies nicht der Fall, sollten Sie darüber nachdenken, wie Sie zu attraktiven Lebenszielen finden.

Konzentration auf die wichtigen Ziele

Lösen Sie im Sinne der inneren Befreiung negative Anspannungen, um Ihre Potenziale vollständig zu entfalten. Die Grundlagen dafür hatten wir in den Vorkapiteln gelegt – hier folgt nun ein Schema zur inneren Befreiung im Hier und Jetzt. Dieses Schema stellt eine Vielzahl von Möglichkeiten vor und bringt sie in eine einigermaßen logische Schrittfolge. Je nach konkreter Situation ist es allerdings möglich beziehungsweise erforderlich, diese Schritte auch in anderer Reihenfolge zu gehen:

1. SDR-Schritt: Stopp, Distanz, Rezentrierung
Wann immer Sie sich unter Druck gesetzt oder eine gewisse Anspannung fühlen, sollten Sie den erläuterten SDR-Schritt ausführen. Üben Sie das! Sie müssen sich eine Art inneren Reflex antrainieren: Die wahrgenommene Anspannung muss zum Auslöser für den SDR-Schritt werden. Wann immer Sie Anspannung spüren – treten Sie innerlich einen Schritt zurück. Sie verhindern damit, dass Sie von ererbten Mechanismen oder gelernten Konditionierungen fortgerissen werden, Sie geben sich die Möglichkeit einer bewussten und adäquaten Reaktion. Sie drücken die Lücke zwischen Reiz und Reaktion immer weiter auf – jene Lücke, in der Freiheit, Interpretation, Verantwortung und Entscheidung wohnen.

Innerlich auf Abstand gehen

2. Was setzt mich unter Druck? Was ängstigt mich? Worüber bin ich ärgerlich?

Analyse In recht komplexen Situationen ist es ratsam, die Dinge ein wenig »auseinanderzudividieren«. Ich fühle mich in einer Arbeitsbesprechung unwohl. Warum ist das so? Liegt es am Sachthema – wird gerade Unsinn geredet? Oder hat es Beziehungsgründe – gelingt es einem meiner Rivalen, sich in allzu gutes Licht zu rücken?

3. Wie relevant ist das Problem? Wie real ist das Problem? Wie wahrscheinlich sind die befürchteten Konsequenzen? Geht es mich überhaupt etwas an? Kann ich es nicht einfach ignorieren?

Nichtigkeiten ignorieren Viele Menschen ärgern sich täglich über Nichtigkeiten: eine unfreundliche Kassiererin, einen Teenager mit allzu avantgardistischem Outfit, der altgewohnte Parkplatz ist besetzt und so weiter. Manches, was uns ängstigt, ist irreal: Sie denken, Sie hätten einen Fehler gemacht, weil der Chef Sie heute Morgen nicht gegrüßt hat? Nun, es gibt natürlich 1000 andere mögliche Gründe. Wie wahrscheinlich ist es, dass das etwas mit Ihnen zu tun hat? Und: Was geht Sie die Laune der Kassiererin an, solange sie korrekt addiert? Oder gar der Geschmack des Teenagers? All dies sind Dinge, über die man ganz schnell hinweggehen kann, sobald man sich ihre Nichtigkeit bewusst gemacht hat. Konzentrieren Sie sich stattdessen einfach auf etwas Wichtigeres.

Die negativen Gefühle entstehen in Ihnen. Sie sind potenziell unter Ihrer Kontrolle. Es gibt keinen zwangsläufigen Automatismus, der von äußeren Ereignissen zu Ärger in Ihrem Inneren führt. Sie können lernen, diese Mechanismen zu unterbrechen.

Wer hat die Macht? Anthony de Mello (2004) berichtet, wie er einmal einen Mann beobachtete, der regelmäßig an einem bestimmten Kiosk seine Zeitung kaufte. Der Besitzer war ein alter Kauz, der seine Kunden oft beschimpfte und beleidigte. De Mello fragte den Mann: »Warum kaufen Sie eigentlich Ihre Zeitung immer bei diesem Zausel, der Sie so oft verletzt und beleidigt, und nicht eine Querstraße weiter, wo die Verkäuferin viel freundlicher ist?« Die Antwort lautete:

»Warum soll denn der Mann, von dem Sie meinen, dass er mich verletzt, darüber bestimmen, wo ich meine Zeitung kaufe?«

4. Verändern oder akzeptieren?

Was ist der Preis?

Manchmal kommen Sie dagegen zu dem Schluss, dass das, was Sie unter Spannung setzt, ein relevantes Problem ist. Fragen Sie sich nun, ob Sie es im Modus »Verändern« lösen können. Und wenn ja, ob Sie es möchten: Wollen und können Sie den Preis zahlen, der dafür unter Umständen fällig wird? Lohnt die Anstrengung? Was werden sich für Konsequenzen ergeben? Bürgert es sich ein, dass der Chef unangenehme Aufträge immer bei Ihnen ablädt? Dann sollten Sie von »Akzeptieren« auf »Verändern« umschalten und einmal klar Nein sagen. Langfristig wird es sich lohnen, die Missstimmung auszuhalten, die dann einige Tage vorherrschen wird. Entscheiden Sie klar und handeln Sie dann konsequent.

Erweist sich das Problem jedoch als unabänderliche Tatsache oder wollen Sie den Preis für die Veränderung nicht zahlen, dann müssen Sie in Ihrer Herangehensweise etwas ändern

5. Eine Haltung der Akzeptanz für die Situation erarbeiten

Schalten Sie nun konsequent in den Modus »Akzeptieren« um: Wenn das Ist feststeht, muss man das Soll verändern, um die Spannung abzubauen. Sie müssen innere Umstrukturierungsarbeit leisten, in deren Ergebnis Sie das Ist in Liebe annehmen können: Sichtweisen, Bewertungen und Interpretationen verändern, Muss-Vorstellungen loslassen und anderes mehr.

Was genau können Sie im Einzelnen tun?

Innere Verhaltens-möglichkeiten

- Probleme grundsätzlich positiv als Wachstumschance deuten (das Leben als Mensch-ärgere-dich-nicht-Spiel)
- Relativierung durch Distanzierung: Was werde ich wohl in zwei Jahren von diesem Ärgernis halten? Wie schwerwiegend ist es gemessen an den Problemen, die andere haben? Würde ich mir in den letzten fünf Minuten meines Lebens nicht sehnlichst wünschen, diese Probleme noch viele Jahre weiter haben zu dürfen? Eine der einfachsten und

universellsten Glücksregeln ist: Mach kein Problem aus
Kleinigkeiten. Und: Mit genügend Abstand wird alles zur
Kleinigkeit.

- Nicht persönlich nehmen: Geben Sie die starre Identifikation mit Ihrem *Ich* und seinen egoistischen Wünschen auf.
Wenn Sie sich als Teil eines größeren Ganzen sehen und
sich damit identifizieren, dann verliert Ihr *Ich* mit seinem
Wunsch nach Wertschätzung relativ an Bedeutung. Die
Distanzierung hilft, das verrückte Treiben unter dieser Sonne nicht immer so furchtbar wichtig zu nehmen. Außerdem: Wie uns der Konstruktivismus lehrt, kennt der andere uns ja gar nicht richtig und nicht vollständig. Er trägt
vielmehr ein Konstrukt, eine Illusion von uns im Kopf.
Wenn Sie ein anderer Mensch beleidigt, meint er also nicht
Sie, sondern die Illusion, die er von Ihnen hat.

- Bewusster Einsatz der sechs Prinzipien der inneren Freiheit
zum Loslassen von Muss-Vorstellungen, Aktivierung der
Gegengedanken gegen starke Negativgefühle, Bewusstma-
chen der Worst-Case-Szenarios: Was könnte schlimmstenfalls passieren? Wie wahrscheinlich ist das? Wie schlimm
wäre es wirklich? Blieben nicht auch dann positive Handlungsspielräume?

Diese Dinge haben Sie in gründlicher innerer Arbeit gut vorbereitet. Nun gilt es, diese Tools in Spannungssituationen gekonnt zum
Einsatz zu bringen.

6. Die Technik der paradoxen Intention

Symptome nicht bekämpfen Eine Steigerung des Akzeptanz- und Worst-Case-Prinzips ist die
Technik der paradoxen Intention. Sie hilft insbesondere dann,
wenn uns Dinge ängstigen, die in unserem Inneren entstehen,
wie zum Beispiel die Symptome der Angst selbst: Anspannung,
Zittern, Kloßgefühl, Schwitzen, Herzklopfen. Wenn wir gegen
diese Symptome kämpfen, verstärken wir sie nur im Sinne des
Teufelskreises »Angst vor der Angst«. Druck erzeugt hier nur
Gegendruck. Am besten kommt man aus diesen Teufelskreisen
heraus, indem man sich das, was man eigentlich zu vermeiden
trachtet, mit ein wenig Humor herbeiwünscht.

Stellen Sie sich vor, ein Abteilungsleiter leidet unter einer starken Schweißneigung. Schon Stunden vor dem nächsten Meeting überlegt er ängstlich, was die anderen wohl wieder denken mögen wegen der dicken Schweißperlen auf seiner Stirn und der dunklen Ringe unter seinen Achseln. Er braucht nur daran zu denken, und schon beginnt er, vermehrt zu schwitzen. Ein erfahrener Coach könnte ihm in dieser Situation Folgendes raten: Und deswegen machen Sie sich Sorgen? Das ist doch toll! Da sieht wenigstens jeder, wie angestrengt Sie arbeiten! Machen Sie einen Witz daraus. Sagen Sie im Meeting so etwas wie: Ja, wenn ich uns so anschaue, dann bin ich wohl der Einzige, der hier arbeitet! Nehmen Sie sich vor, beim nächsten Meeting einen Rekord aufzustellen und wenigstens fünf Liter zu schwitzen! Etwas in dieser Art wäre sicher der sinnvollste Umgang mit dem Problem, der sowohl das subjektive Leiden als auch das objektive Schwitzen am meisten reduziert.

Humor entspannt

7. Entspannungstechniken
Bringen Sie Entspannungsverfahren wie Autogenes Training, Jacobson-Entspannung oder Meditationstechniken zum Einsatz. Wenn Sie keine dieser Techniken beherrschen, sollten Sie ein solches Verfahren lernen (siehe dazu: Bodian 2000, Lindemann 1996, Schäfer 2005).

Entspannung kann man trainieren

8. Die Restanspannung akzeptieren und den Fokus auf das verlagern, was zu tun ist
Wenn nach Anwendung all dieser Mittel doch ein Rest von ängstlicher oder ärgerlicher Anspannung verbleibt, dann sollte man versuchen, diese Empfindungen zu akzeptieren, und einfach weiterhandeln. Letztlich kann man alles, was man tut, auch mit innerer Anspannung tun. Entscheidend ist, dass das Richtige und Wichtige getan wird, welche Figur der Einzelne dabei macht, spielt keine Rolle, und wenn ihm die Knie schlottern oder die Stimme zittert. Denken Sie an Biathlon-Sportler, die es gelernt haben, mit Puls 180 präzise zu schießen. Sehen Sie es in diesem Sinne als eine Trainingsaufgabe – obwohl wir natürlich nicht hoffen wollen, dass Sie in Ihrem Urlaubsflieger einmal mit ruhiger Hand eine Bombe entschärfen müssen, während Sie innerlich vor Angst beben.

Auch mit Angst kann man handeln

Wenn Sie gegen die Anspannung kämpfen, wird sie nur aufrechterhalten oder sogar schlimmer. Nehmen Sie deshalb die Empfindungen der Anspannung positiv an und verlagern Sie den Fokus Ihrer Aufmerksamkeit konsequent auf andere, möglichst positive Dinge: auf Ihr äußeres Tun oder auch auf Ihre Wahrnehmungen im Sinne einer Achtsamkeitsübung.

9. Versuchen, entweder in den Achtsamkeits- beziehungsweise Flow-Zustand überzugehen, falls etwas zu tun ist, oder aber in entspannte Offenheit, wenn nichts zu tun ist.

Missbefindlich-keiten nicht aufbauschen ... Das Schema von Abbildung 5 fasst zusammen, wie wir mit negativen Gefühlen oder Empfindungen umgehen sollten. Ausgehend von der Mitte ist nach links ein schädlicher und nach rechts ein förderlicher Umgang mit negativen Gefühlen / Empfindungen dargestellt. Generell gilt: Sie sollten negative Empfindungen nicht sofort zu ernst nehmen. Wer etwa wegen einer mäßigen depressiven Verstimmung in Panik gerät, weil er glaubt, eine chronische Depression wie seine Urgroßmutter zu bekommen, der steigert das negative Befinden, weil sich Angst dazuaddiert.

Wenn er sich nun ständig ängstlich selbstbespiegelt, wird er sich für weitere Missbefindlichkeiten sensibilisieren und aus Vorsicht nach außen gewandte Aktivitäten aufgeben, die ansonsten ablenken und Energie spenden könnten. Das Gesamtbefinden wird nun immer schlechter, weil sich Teufelskreise schließen (Einzelheiten dazu siehe Hansch 2003). Im Sinne einer selbsterfüllenden Prophezeiung besteht nun tatsächlich die Gefahr der Entwicklung einer klinisch bedeutsamen psychischen Störung (Angststörung, Depression, funktionelle Störung).

... sondern positiv annehmen Ein förderlicher Umgang mit einer sporadischen depressiven Verstimmung sieht hingegen so aus. Fragen Sie sich: Was macht mich traurig? Ah, das, was ich eben in der Zeitung über die allgemeine Weltlage gelesen habe. Nächster Schritt – Umdeuten / Relativieren: alles nur Katastrophenjournalismus, an positive Entwicklungen denken, nach der realen Bedeutung für das persönliche Leben

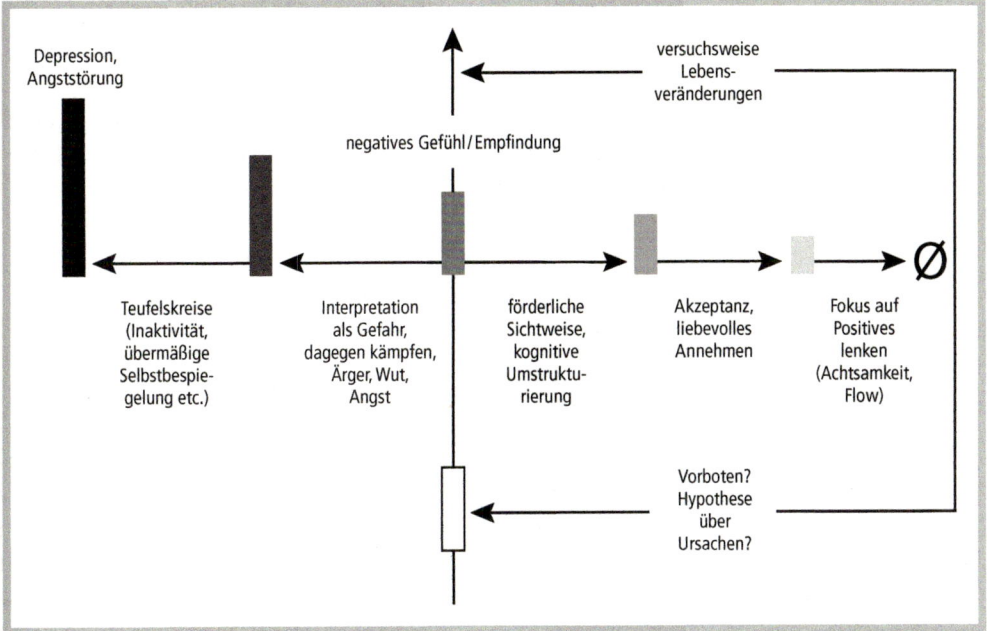

Abb. 5: Förderlicher Umgang mit negativen Gefühlen

fragen, sich auf das Prinzip »unbedingter Optimismus« besinnen und so weiter. Dies lässt das negative Befinden etwas abklingen.

Der Rest wird positiv angenommen: Es gehört zum Leben dazu, auch einmal leicht depressiv verstimmt zu sein. Das zeigt nur, dass ich ein differenzierter und sensibler Mensch bin. Es ist auch gar nicht so schlimm. Auch in leicht depressiver Stimmungslage kann ich alles tun und leisten, was notwendig ist. Nächster Schritt: eine möglichst positive, nach außen gewandte Tätigkeit aufnehmen: Joggen gehen, Klavier spielen oder ein interessantes Buch lesen. Das Missbefinden verringert sich noch weiter oder es verschwindet ganz. Sollten sich die Probleme allerdings häufen und verstärken, muss man nach grundlegenderen Ursachen und Konsequenzen fragen.

Typische Situationen

Da wir alle unsere individuellen Empfindlichkeiten haben und unser Leben in weiten Teilen Routinen folgt, entsteht ein Großteil unseres Stresses aus Sensibilisierungen in immer wieder ähnlichen Situationen: im Straßenverkehr, wenn der Partner wieder mit einem bestimmten Thema anfängt, ein Kollege immer wieder den gleichen Fehler macht ...

> **Nehmen Sie sich einmal die Zeit, für Ihre Standard-Stress-Situationen die beschriebenen Punkte systematisch durchzudeklinieren. Je besser Sie Ihre inneren Werkzeuge dafür sortieren und vorbereiten, desto mehr Punkte werden Sie im Mensch-ärgere-dich-nicht-Spiel Ihres Lebens machen.**

Mit SDR Automatismen stoppen

Das ist wie beim Autofahren-Lernen: Erst muss man mit vollem Bewusstsein üben, dann geht es automatisiert. Nach einiger Zeit brauchen Sie dann Ihre Anti-Stress-Gedanken nur noch im inneren Dialog kurz »anzutippen«, und schon werden sie intuitiv wirksam – Sie müssen sie nicht mehr innerlich ausbuchstabieren. Entscheidend ist nur, dass Sie es schaffen, rechtzeitig einen SDR-Schritt zu machen, um die konditionierten Automatismen zu stoppen, ehe der Stress von Ihnen Besitz ergreift.

Ein einfaches Beispiel aus dem eigenen Erleben: Ich war Gast bei einer Geburtstagsfeier und saß mit Freunden um einen Tisch herum. Ein Bekannter trat zu einem Gespräch heran, kam hinter meinem Stuhl zu stehen – und legte mir seine Hand auf die Schulter. Prompt spürte ich Anspannung und Unwohlsein. Ich vollzog einen SDR-Schritt und fragte mich, warum. Es wirkten wohl mehrere Gründe zusammen: 1. Ich fand die Geste unpassend, übergriffig und für mich unverständlich. 2. Wenn ein Männchen einem anderen Männchen die Hand auf die Schulter legt, kann das als Geste der Dominanzbekundung gedeutet werden. 3. Mir war dieser Bekannte nicht wirklich sympathisch.

Verändern oder akzeptieren?

Die Schlüsselfrage lautete nun: Verändern oder Akzeptieren? Vom Tisch aufstehen wollte ich nicht, weil mich das Gespräch gerade interessierte. Die Hand von der Schulter zu schieben, hätte ich dann aber doch als überzogen empfunden. Also Akzeptieren. Ich machte mir klar, dass allenfalls etwas Wärmeenergie auf mich übergeht und dass es auf dieser physikalischen Ebene wirklich keinen Unterschied macht, ob die Wärme von der Heizung, von einem unsympathischen Mann oder von einer schönen Frau stammt. Nun konnte ich mich wieder entspannen und auf das Gespräch konzentrieren – ich glaube, ich habe gar nicht mehr bemerkt, wann sich die Hand wieder von meiner Schulter entfernte. Hätte ich in dieser Situation nicht so bewusst mit Proaktivität und innerer Klarheit geantwortet – vielleicht wäre ich eine Zeit lang unschlüssig auf dem Stuhl herumgerutscht, um dann aggressiv überzureagieren.

Mit Blick auf Abbildung 4 auf Seite 118 ist weiterhin klar: Wir sollten uns darum bemühen, uns möglichst oft in den Modi Genießen / entspannte Offenheit oder Flow zu bewegen. Insbesondere wenn wir nichts Anspruchsvolles zu tun haben, sollten wir immer versuchen, Genießen / entspannte Offenheit als »Basiszustand« anzustreben: sich achtsam-entspannt in einer ästhetischen Grundhaltung allen Sinneseindrücken öffnen. So können wir am besten den Moment auskosten, bleiben sensibel für neue Informationen und können bei Bedarf augenblicklich unser gesamtes Handlungspotenzial entfalten.

Entspannte Offenheit als Basiszustand

> **Der Sinn unseres Lebens ist der maximale Selbstgenuss unseres Bewusstseins. Wo immer Sie sind, was immer Sie tun – in der Warteschlange stehen, in die Kantine gehen, auf Ihrer Terrasse sitzen –, entspannen Sie sich, öffnen Sie sich und genießen Sie.**

3 Das Superman-Prinzip: Inneres Wachstum und persönliche Meisterschaft

3.1 Von der Spontaneität des Kindes zur Spontaneität des Meisters

Die innere Befreiung allein würde uns die Spontaneität des Kindes zurückbringen, und das wäre schon viel. Wir könnten so neugierig und unbefangen wie ein Kind auf die Welt zugehen, wir würden weitgehend spontan, authentisch und *selbst*bestimmt reagieren. Aber: Der Raum des menschenmöglichen Erlebens und Genießens ließe sich so nicht ausschreiten. Wir würden die Symmetrien einer mathematischen Theorie nicht erspüren und könnten die Komplexität einer Bach'schen Fuge nicht genießen.

Befreiung durch Wachstum ergänzen Das alles wird erst möglich, wenn wir auch die Prozesse des inneren Wachstums voranbringen. Leider haben die Vertreter der Esoterik nicht recht – wir tragen nicht alles Wissen und Können schon in uns. All dies müssen wir uns erst aneignen. Wir müssen es unserem *Selbst* in oft mühevoller Kleinarbeit einformen. Wenn wir im inneren Wachstum Flow-Antriebe aufbauen und nun noch die innere Befreiung gelingt, dann reagieren und handeln wir genauso *selbst*bestimmt, spontan und unbefangen wie ein Kind, nur eben auf einer viel höheren Komplexitätsstufe, auf einem viel höheren Niveau des Könnens. Dies nun ist die Spontaneität des Meisters, die das Ziel sein sollte.

Abbildung 6 macht diese Zusammenhänge noch einmal deutlich: Wollen wir in den Zustand von Flow und Meisterschaft kommen,

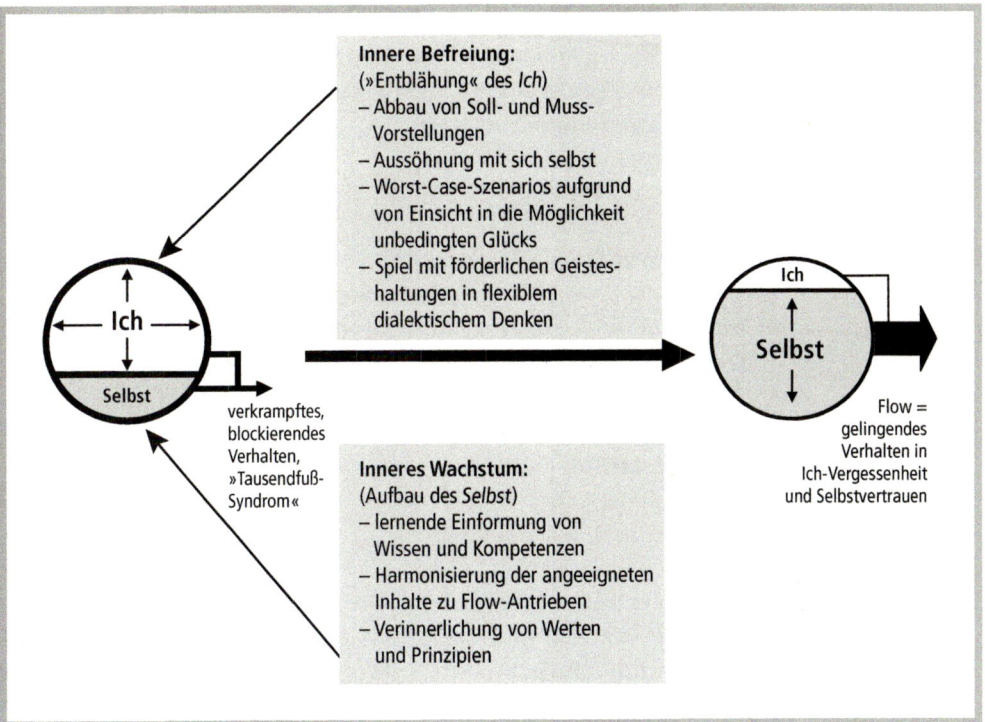

Abb. 6: Das Zusammenspiel von innerer Befreiung und innerem Wachstum

dann müssen wir beim *Ich* »Luft ablassen« und das *Selbst* aufbauen.

Im Zusammenhang mit den gelernten Potenzialen des *Selbst* wurde schon über die Flow-Antriebe gesprochen. Wir formen Wissen und Kompetenzen in unser *Selbst* (»Gedächtnisbildung«) und wenn dabei eine bestimmte Schwelle von Ordnung und Komplexität überschritten wird, spricht unser Synergieohr an: Wir empfinden unser Tun als angenehm und harmonisch. Es entsteht ein Drang, dieses Tun immer wieder auszuführen, es zu perfektionieren und immer neues Material in die Tätigkeit einzubeziehen. Die dabei wachsenden Ordnungsinseln im Gedächtnis bezeichnen wir als Flow-Antriebe.

So entstehen Flow-Antriebe

Es ist wie beim Legen eines Puzzles: Je weiter die Ordnungsbildung voranschreitet, je mehr das Gesamtbild erkennbar wird, desto stärker wird der Drang, die Vollendung zu erreichen.

3.2 Der Kreis des Wachstums

Ein gewisses Problem entsteht aus der eben erwähnten Schwelle. Unterhalb dieser Schwelle ist das Lernen oft mühselig und die Tätigkeit macht aus sich heraus noch keine Freude. Ob nun beim Erlernen von Tanz, Klavierspiel oder Mathematik: Am Anfang muss man Einzelelemente oft in langen Wiederholungen üben. Das Zusammensetzen der Teile scheitert oft und geht nur stockend voran. Schon der Volksmund weiß: Aller Anfang ist schwer.

Es gibt eine emotionale Durststrecke

Auf dieser »emotionalen Durststrecke« müssen wir uns mit Zielen und Zwecken motivieren, die außerhalb der Tätigkeit liegen und die inhaltlich nichts mit ihr zu tun haben. Wir lernen, um gute Noten zu bekommen, um den Eltern, Lehrern oder anderen zu gefallen, um unsere Chancen auf sozialen Aufstieg und guten Verdienst zu verbessern, um Strafen zu entgehen. Unser Tun ist also fremdzweckmotiviert (in der Fachsprache: extrinsisch motiviert). Wir arbeiten für äußeren Lohn (der von den Erbantrieben kommt).

Vom Fremdzweck zum Selbstzweck

Wenn wir dann lernen, im Laufe der Zeit hinreichend viele Teile mit ausreichender Perfektion im Tätigkeitsprozess zu integrieren, dann entstehen Harmonieempfinden und mentale Funktionslust: Die Tätigkeit macht nun aus sich heraus Freude. Wir beginnen, sie um ihrer selbst willen auszuführen, sie spendet nun inneren Lohn. Aus der Fremdzweckmotivation ist jetzt eine Selbstzweckmotivation entstanden (fachlich: intrinsische Motivation). Der Klavierschüler beginnt nun auch außerhalb der Klavierstunden nur für sich und just for fun zu improvisieren. Der angehende Mathematiker liest nun auch in seiner Freizeit Fachliteratur und rechnet wie besessen eigene Ideen durch.

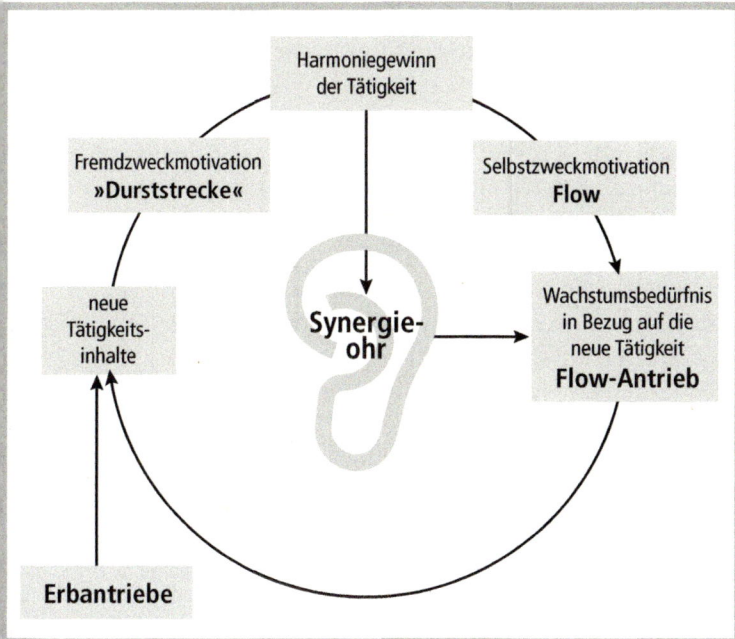

Abb. 7: Der Kreis des Wachstums

Diese Zusammenhänge bezeichnen wir als den »Kreis des Wachstums«, wie er in Abbildung 7 dargestellt wird. Durch ihn werden Fremdzweckmotivationen in Selbstzweckmotivationen verwandelt, die dann aus sich heraus nach Ausweitung streben.

Was lehrt uns dies?

1. Der Erwerb komplexer Kulturtechniken ist anfangs oft mit recht langen und schweren emotionalen Durststrecken verbunden. Es wäre also ein Fehler, aus Anfangsschwierigkeiten abzuleiten, dass man für die entsprechende Tätigkeit nicht talentiert ist. Zunächst gilt immer erst einmal die Parole »Durchhalten!« Geben Sie dem Kreis des Wachstums eine Chance und werfen Sie nicht vorschnell alles hin. Hier sind Eigenschaften wie Fleiß, Beharrlichkeit, (Selbst-)Disziplin und Frustrationstoleranz gefordert. Erst wenn sich nach längerer Zeit des Herumprobierens auch mit

Mit Selbstdisziplin durchhalten

unterschiedlichen Lehr- und Lernmethoden kein Erfolg einstellt, ist die Frage nach mangelnder Begabung erlaubt.

Äußeren Lohn imaginieren 2. Bauen Sie am Anfang ganz bewusst starke Fremdzweckmotivationen auf. Arbeiten Sie mit äußeren Belohnungen und stellen Sie explizit Verbindungen zwischen diesem äußeren Lohn und den zu lernenden Tätigkeiten her. Wenn es um berufliche Inhalte geht: Fassen Sie ganz konkrete Wünsche ins Auge, die Sie sich erfüllen wollen, wenn Sie das neue Kompetenzniveau erreicht haben, und malen Sie sich das sinnlich so konkret wie möglich aus. Hängen Sie sich ein Bild von Ihrem Traumhaus an die Wand oder stellen Sie sich den gewünschten Sportwagen als Modell auf den Schreibtisch.

Wenn es um Inhalte im Bereich Freizeit / persönliche Entwicklung geht: Auch hier können Sie sich für das Erreichen definierter Zwischenziele sinnlichen Lohn in Aussicht stellen: eine lange erträumte Fernreise machen oder ein Wochenende in einem Wellnesshotel genießen. Besonders in Situationen, in denen das weitere Lernen und Trainieren schwerfällt, machen Sie einen SDR-Schritt, stellen sich den zu erwartenden Lohn plastisch vor und gewinnen so aus der Vorfreude Energie für die weitere Übungsarbeit.

3.3 Möglichst viele Flow-Antriebe in unterschiedlichen Bereichen entwickeln

Maximaler Selbstgenuss im Flow Der Sinn des Lebens besteht im Selbstgenuss des Bewusstseins auf möglichst hohem Niveau. Und es ist der Flow-Zustand, der diesen Selbstgenuss auf höchster Ebene ermöglicht. Schon allein deshalb sollten wir bestrebt sein, so viel Flow-Potenzial wie möglich aufzubauen. Und wie wir sehen werden, gibt es dafür noch weitere Gründe.

Lernen Sie. Lernen Sie immer. Hören Sie nie auf zu lernen. Formen Sie sich so viel als möglich von dem Reichtum ein, der in der menschlichen Kulturentwicklung zusammengetragen wurde.

Dabei sollten Sie alle Bereiche des Lebens beachten:

Mit Freude lebenslang lernen

- Motorik: koordinatorisch anspruchsvolle Sportarten wie Turnen, Golf oder alpiner Skilauf; alle Arten von Tanz; Kunsthandwerk; berufliche Tätigkeiten wie die Chirurgie.
- Wahrnehmung (und Motorik): Produktion und Rezeption von Musik aller Art; bildende Kunst (Bildhauerei, Malerei, Grafik; im weiteren Sinn auch Architektur und künstlerische Fotografie).
- Denken: Natur- und Geisteswissenschaften, Literatur und Lyrik, Schachspiel.
- Beruf: In den meisten Berufen gibt es Tätigkeitsbereiche, die sich bei der richtigen inneren Einstellung zu Flow-Antrieben ausbauen lassen. Das gilt sogar für die Fließbandarbeit, wie das Beispiel von Rico zeigt, von dem später noch berichtet wird (s. S. 140).
- Werte und Prinzipien: Bauen Sie sich aus all den genannten Quellen ein kohärentes Welt- und Menschenbild, in dessen Zentrum Ihre Werte und Prinzipien stimmig eingewoben sind.

Optimalpunkte genießen

Schulen Sie Ihre Sensibilität für die Punkte der absoluten Perfektion, die Ihnen von Ihrem Synergieohr vermittelt werden. Es gibt sie bei jeder Tätigkeit. Bei jedem komplexen Bewegungsmuster finden Sie einen Bereich, in dem Sie das Gefühl haben: »Jetzt läuft es optimal, jetzt erreiche ich mit minimalem Krafteinsatz einen maximalen Effekt!« Bei Tönen, Farben und Formen gibt es einen Punkt der stimmigsten Komposition. Theoretische Konzepte gewinnen Stufen der höchsten Prägnanz und Symmetrie. Argumentations- und Sprachfiguren sind irgendwann »genau auf dem Punkt«. Genießen Sie es ganz bewusst, diese Punkte immer wieder zu erreichen.

Wenn Sie in einem bestimmten Tätigkeitsbereich diese Punkte der maximalen Stimmigkeit sicher erreichen, dann erweitern Sie den Tätigkeitsbereich, beziehen Sie neues Material ein und versuchen Sie, auch für diese höhere Komplexitätsstufe wieder die Optimalpunkte zu gewinnen.

Welche Hobbys Sie sich auch immer aneignen – sei es die Modelleisenbahn oder das Restaurieren alter Uhren –, erarbeiten Sie sich stets einen komplexen Verständnishintergrund für Ihr Tun. All diese Dinge sind eingewoben in ein Netzwerk wissenschaftlicher, technischer, sozialer und historischer Zusammenhänge. Je mehr von diesen Zusammenhängen Sie rekonstruieren, desto tiefer werden Sie Ihr Tun erleben können und desto mehr wird Ihnen daraus auch Verständnis und Intuition für die Entwicklungen der Gegenwart erwachsen.

Wachstum durch Lesen

Also: Lesen Sie!: »Schon in frühester Jugend gelangte ich zu der Überzeugung, dass Führungspersönlichkeiten Leseratten sein müssen«, schreibt Anthony Robbins. »Es gibt keinen besseren Weg, fortlaufend den Geist zu erweitern, als es sich zur Gewohnheit zu machen, regelmäßig gute Literatur zu lesen«, hören wir bei Stephen Covey. Der Verleger Gustav Lübbe sagt gar: »Lesen macht glücklich.« Und er hat recht. Es ist mit dem geistigen Wachstum wie mit dem körperlichen: Wer groß und stark werden will, muss viel Nahrung zu sich nehmen.

Flow kann heilen

Flow-Antriebe sind Quell von Freude und Lebensenergie, ja von Liebe – der Liebe zum Sein. Während der äußere Lohn sehr schnell durch die Gewöhnung entwertet wird, taugt der innere Lohn aus Flow-Antrieben als Basis für ein dauerhaft sinnerfülltes Leben. Flow-Antriebe sind Ressourcen, aus denen wir schöpfen können, auch wenn es uns schlecht geht. So berichtet der Schweizer Psychiater Luc Ciompi von einem schwer endogen depressiven Patienten, dem während eines langen Klinikaufenthalts kaum geholfen werden konnte. Das ging so, bis die Patientengruppe einen Ausflug in die Alpen machte. Auf einmal blühte der Patient auf – sehr kenntnisreich und mit Begeisterung in den Augen erklärte er den Mitgereisten die Flora und Fauna der Alpen. Es stellte sich heraus, dass er in seiner Kindheit und Jugend sehr naturnah gelebt und damals eine Leidenschaft für die Hochgebirgsbiologie entwickelt hatte. Man ermöglichte es ihm dann, als Gärtner zu arbeiten, was seinen Gesamtzustand deutlich verbesserte.

Flow-Antriebe sind die Substanz unseres inneren Reichtums. Dies macht uns autonom und hilft uns, auch unter Extrembedingungen zu überleben. Je mehr gut gestimmte Saiten unser inneres Klavier besitzt, desto unerschöpflicher sind die Möglichkeiten des Selbstgenusses in den Improvisationen unserer Fantasie. So können wir Freude, Inspiration und Energie ganz allein aus uns selbst schöpfen, wo immer wir auch sind, und sei es in einem Gefängnis, auf einer Robinson-Insel oder im Verlies eines versagenden Körpers (wenn wir etwa an den britischen Astrophysiker Stephen Hawking denken). Das klingt Ihnen zu autistisch? Das Gegenteil ist richtig – es gibt nichts, was unsere Beziehungsfähigkeit potenziell mehr verbessert. Doch dazu später mehr.

Innerer Reichtum macht unabhängig

Ein letzter Punkt: Flow-Antriebe sind die entscheidenden Kräfte, die es uns erlauben, uns von unserer ererbten Natur zu emanzipieren. Wir hatten gesehen, dass diese uns angeborene Primatennatur in vielen Aspekten nicht mehr zu unserer kulturellen Lebenssituation passt. Im Zusammenwirken mit anderen Faktoren erwachsen aus dieser Diskrepanz riesige Probleme: Unser auf Bevorratung angelegter Ernährungsantrieb sorgt für Übergewicht. Die Mechanismen der Wut eskalieren überall auf der Welt Konflikte. Eifersucht zerstört Beziehungen. Gier in Verbindung mit dem Streben nach Ego-Erhöhung zerstört Unternehmen und ganze Gesellschaften. Durch Einsicht eine kritische Distanz zu diesen Mechanismen zu schaffen und kulturelle Gegenkräfte zu entwickeln, ist für unsere Zukunft von entscheidender Bedeutung.

Flow dämpft negative Erbgefühle

Ein erstes Grundprinzip hatten wir bereits besprochen – die kognitive Modulation. Beim Menschen gibt es zwischen dem Außenreiz und der Gefühlsreaktion eine Lücke, in der Freiheit, Verantwortung und Interpretation nisten. Durch die bewusste Wahl

Kognitive Modulation

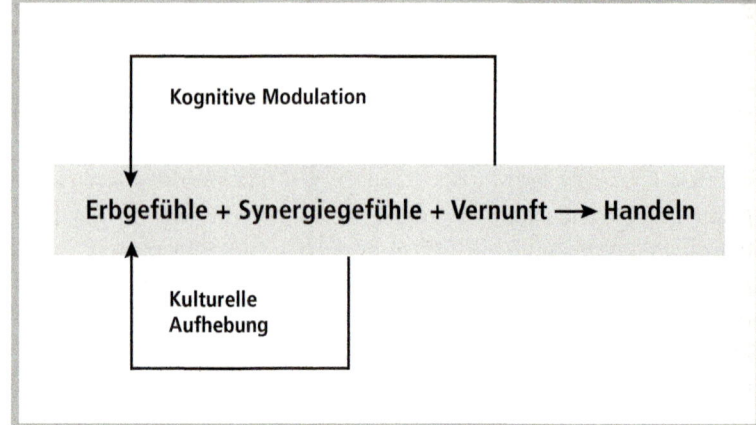

Abb. 8: Die Eingrenzung von Erbgefühlen in der Verhaltensregulation

einer förderlichen Deutung der Situation können negative Erbgefühle abgeschwächt werden. Dem stellt sich nun ein zweites Grundprinzip an die Seite: Flow-Antriebe, in denen kulturelle Inhalte, Werte und Prinzipien »gespeichert« sind, erzeugen Synergiegefühle, die nun als »Gegenkräfte« die Erbgefühle kompensieren und »überstimmen« können.

Kulturelle Aufhebung Denken Sie an einen Widerstandskämpfer in einer Diktatur: Menschliche Grundwerte sind über Synergiegefühle so zu Überzeugungen verinnerlicht, dass sie die Angst aufzuheben vermögen. Oder denken Sie an Mönche, denen es gelingt, streng zölibatär zu leben. Dieses zweite Grundprinzip wollen wir als »kulturelle Aufhebung« bezeichnen. Abbildung 8 zeigt entsprechend in einem Schema wichtige Aspekte der Verhaltensregulation. Dem mehr am Detail interessierten Leser sei der weiterführende theoretische Exkurs II am Buchende empfohlen.

3.4 Herzensanliegen, Berufung, Lebenswerk

Am besten entwickeln Menschen ihre Flow-Antriebe dort, wo sie spezielle Talente, Stärken und Neigungen haben. An diese muss man sich in einem mehr oder weniger langen und windungsreichen Suchprozess herantasten. Es kann sinnvoll sein, sich einmal gesondert Zeit zu nehmen, um im Rückblick auf das bisherige Leben nach Hinweisen auf besondere Stärken zu suchen (vgl. 2.3.1, Punkt 2 auf S. 94). Es gibt auch speziell entwickelte Testverfahren, die Talente und Stärken zutage fördern sollen (z.B. Seligman 2002, Buckingham & Clifton 2002). Der entscheidende Test ist und bleibt aber das Leben selbst. Probieren Sie sich aus, interessieren Sie sich für vieles: Zeitschriften, Bücher und Sachbücher lesen, Reisen, viele Menschen kennenlernen, Praktika und Weiterbildungen machen, Studienrichtung, Ausbildung und Beruf rechtzeitig wechseln, wenn klar wird, dass etwas anderes besser passt – die Liste ist lang.

Nach den Stärken suchen

Gehen Sie achtsam durchs Leben und fragen Sie sich:

Schlüsselfragen

- Was berührt mich?
- Was stört mich?
- Wovon fühle ich mich angezogen?
- Worin bin ich gut?
- Was fällt mir leicht?
- Bei welchem Tun fühle ich mich authentisch?
- Wo ergeben sich Möglichkeiten, die Welt ein klein wenig im Sinne der von mir gefühlten Werte voranzubringen?

Wenn Sie hier Ansatzpunkte finden, dann folgen Sie dieser Spur möglichst kompromisslos.

Lassen Sie sich hierbei nicht durch selbstbeschränkende Glaubenssätze behindern, denen zufolge Sie dies oder jenes nicht könnten. Glauben Sie so etwas erst nach dem Scheitern eines längeren, ernsthaften Bemühens. Stehen Sie sich nicht selbst im Wege. Denken Sie an die bekannte Geschichte von der Hummel: Die Hummel hat 0,7 qcm Flügelfläche und wiegt 1,3 g. Wie Wis-

Kompromisslos den eigenen Stärken folgen

senschaftler ausgerechnet haben, kann sie damit nach den Gesetzen der Aerodynamik nicht fliegen. Nur gut, dass die Hummel das nicht weiß – sie fliegt einfach trotzdem.

Auch durch andere Beschränkungen sollten Sie sich möglichst wenig aufhalten lassen: nicht durch überzogene Ansprüche auf materielle Absicherungen, nicht durch Konventionen oder durch Erwartungen anderer. Die Prinzipien der inneren Freiheit können Ihnen dabei helfen, Ihren ureigenen Weg zu finden und zu gehen. Hilfreich ist es natürlich, sich erst dann auf sogenannte Zwänge und Abhängigkeiten einzulassen, wenn man sich selbst und seine Nische wirklich gefunden hat.

Es gibt keine Zwänge – Sie sind immer frei Sollten Sie aber bereits in solchen Umständen feststecken, so gilt einerseits: Sie sind frei, immer. Sie können jede Stadt verlassen, jeden Job kündigen, Sie können den Beamtenstatus aufgeben und jeden Partner, jede Familie verlassen. Wenn dies zum Leben Ihrer Berufung wirklich notwendig sein sollte, wäre es gerechtfertigt (jedenfalls wäre es besser, als in eine Depression zu verfallen oder gar in Suizidgefahr zu geraten).

Andererseits gilt aber auch: Wenn Sie Proaktivität und innere Klarheit leben, dann können Sie in fast jeder Situation Sinn finden und an fast jeder Tätigkeit wachsen. Wenn Sie nach bewusster Abwägung den Preis für den Ausstieg aus der Situation nicht zahlen wollen, dann sollten Sie sich den anstehenden Tätigkeiten öffnen, eine positive Haltung entwickeln und das Beste draus machen. Geben Sie dem Kreis des Wachstums eine Chance – oft kommt der Appetit mit dem Essen.

Flow am Fließband So berichtet Mihaly Csikszentmihalyi (1993) von Rico, einem Fließbandarbeiter in einer Elektronikfabrik, der aus seinem gemeinhin als stumpfsinnig betrachteten Job eine sportliche Herausforderung machte. Er entwickelte den Ehrgeiz, sich nach Chirurgenart an optimale Bewegungsroutinen für seine Arbeitsaufgaben heranzutasten. Das machte ihm viel Freude und er zog persönlichen Gewinn daraus. Schließlich nahm er ein Elektronikstudium auf. Es ist gar nicht so selten, dass Menschen, die Großes geleistet haben, durch Schicksalsschläge in ihr Aufgabengebiet gezwungen wurden: durch einen Krieg oder durch Parteiauftrag in den ehemaligen Ostblockstaaten.

Sie sollten im Laufe Ihres Lebens zu einem Herzensanliegen finden, zu einer Sache, die Sie an das Leben bindet, die Ihnen das Gefühl gibt, dass Ihr Leben mit Sinn erfüllt ist. Die Grundlage dafür bilden besonders starke und zentrale Flow-Antriebe.

Vielleicht knüpft sich dieses Herzensanliegen an die Förderung einfacher menschlicher Werte wie Fairness, Gerechtigkeit, Mitgefühl und Solidarität. Dann lässt es sich im Lauf eines Lebens auf ganz unterschiedliche Weise leben: von der Erziehung der eigenen Kinder bis zur ehrenamtlichen sozialen Arbeit im Ruhestand. Und um ein solches primär soziales Lebensthema herum können dann durch die Kreise des Wachstums viele anderweitige Flow-Antriebe entstehen: Wer sich um Bedürftige kümmert, entwickelt vielleicht irgendwann ein eigenständiges Interesse für verwaltungsrechtliche Inhalte, wer Jugendliche im Flugmodellbau unterrichtet, begeistert sich vielleicht irgendwann für die Technik.

Möglichkeiten gibt es viele

Es kann auch sein, dass Ihr Herzensanliegen mehr sachlicher Natur ist und sich auf bestimmte wissenschaftliche oder technische Fragen bezieht. In so einem Fall geht Ihr Herzensanliegen vielleicht in einem etablierten Beruf auf und Sie werden ein leidenschaftlicher Chemiker, Ingenieur oder Finanzfachmann, der dann auf seinem Gebiet sehr innovativ ist. Möglicherweise beschreiten Sie aber auch einen ganz eigenen Weg, treffen mit Ihren dabei entwickelten Kompetenzen auf einen gesellschaftlichen Bedarf und erfinden für sich einen Beruf, den es noch gar nicht gibt, beispielsweise Immobilienmakler in Second Life.

Eventuell führt Ihr weiteres Wachstum dann vom Spezialisten zum Generalisten und Sie werden Manager oder Politiker.

Wenn nun noch glückliche Umstände hinzukommen, dann gelingt es Ihnen vielleicht, ein bedeutendes Lebenswerk zu er-

Das Leben als Gesamtkunstwerk

schaffen, das Ihre Lebensspanne weit überdauert und Ihr Leben zu einem Gesamtkunstwerk krönt. Allerdings sollten wir uns auf solche äußeren Erfolge nicht allzu sehr versteifen. Manches spricht dafür, dass wir auf eine Gesellschaft zusteuern, die auf vielen Ebenen »schrumpft«. Die Chancen auf Karrieren in der Außenwelt werden wahrscheinlich abnehmen. Aber zum Glück gibt es ja noch die innere Karriere der persönlichen Meisterschaft als universelle innere Berufung. Dieser innere Erfolg ruht allein in Ihren Händen.

3.5 Eigensubstanz aufbauen

Auch geistige Nahrung muss verdaut werden
Erinnern Sie sich: Es ist mit dem geistigen Wachstum wie mit dem körperlichen: Wer groß und stark werden will, muss viel Nahrung zu sich nehmen.

Die Nahrungsmetapher macht einen weiteren zentralen Punkt deutlich:

> **Nahrung führt nur dann zu Wachstum, wenn sie auch *verdaut* wird. Und Verdauen heißt: zerlegen und in einer dem *Selbst* entsprechenden Weise wieder zusammensetzen.**

Dies gilt im geistigen Bereich nicht weniger als im körperlichen. Flow-Antriebe funktionieren nur, wenn alle ihre Elemente passgenau zusammenspielen. Deshalb müssen alle von außen aufgenommenen Informationsstrukturen an die in Ihrem Inneren schon vorhandenen Modelle angepasst werden, wobei natürlich oft auch diese Modelle zu modifizieren sind. Was heißt das im Einzelnen?

Penibles Nachfragen
Nun, wann immer Sie mit neuen Informationen konfrontiert sind, gilt es, Fragen wie die folgenden zu stellen: Wie passt das, was ich hier lese, zu meinem bisherigen Wissen? Liegt der Autor falsch oder muss ich meine eigenen Konzepte verändern? Wie kann ich das Neue für mich passend formulieren und in mein

System einbauen? Stellen Sie immer wieder Unverbundenes nebeneinander: Wie passt es zusammen? Wie kann ich Bezüge und Ableitungsbeziehungen herstellen? Räumen Sie penibel Widersprüche aus. Fragen Sie unbarmherzig nach!

In einer solchen kritischen und systematischen inneren Arbeit bilden Sie Überzeugungen und wirklich eigene Standpunkte aus. Solche ureigenen Sichtweisen sind die Basis der Kreativität und Originalität eines Menschen. Kennen Sie die langweiligen Zeitgenossen, die immer wieder nur die üblichen vorgefertigten Meinungsschablonen des Zeitgeistes unverdaut von sich geben? Man weiß immer schon im Voraus ungefähr, was für eine Antwort kommt. Wenn Sie die hier skizzierten Wege gehen, werden Sie nicht zu dieser Gruppe von Menschen gehören. Man wird Sie gern ins Gespräch ziehen, weil man Ihre originäre Meinung und Ihre Urteilskraft schätzen gelernt hat. Man wird Sie als ein einzigartiges Individuum genießen können, wie ein komplexes Kunstwerk.

Eigene Standpunkte und Urteilskraft entwickeln

Besonders gefördert wird das durch die Schriftlichkeit. Bezogen auf jene Lebensbereiche, die Ihnen wichtig sind, sollten Sie Ihr Wissen und Ihre Überzeugungen schriftlich festhalten, systematisieren, ganzheitlich integrieren und ständig weiterentwickeln. Seien Sie hier wirklich gründlich und penibel.

Die Vorteile der Schriftlichkeit

Die schriftliche Form hat drei Vorteile, die durch nichts anderes ausgeglichen werden können:

1. Schriftlichkeit zwingt Sie zu sehr viel mehr Präzision und Systematik im Denken, als das beim sporadischen Meinen und Mutmaßen im Alltag gefordert wird.
2. Schriftlichkeit entfacht eine kreative Eigendynamik: Sie fungiert wie ein Halt gebendes Geländer für Ihr kreatives Denken, an dem es sich sehr viel weiter in unbekanntes Gelände vorhangeln kann. Die Auseinandersetzung mit eigenen Texten lässt neue Ideen entstehen und bringt Sie auf neue Denkpfade, die Sie ohne die Schriftlichkeit nie hätten finden können.

3. Ohne das »Aussedimentieren« von Halt gebenden Texten können keine stabilen komplexen Gedankengebäude, keine starken Flow-Antriebe des Denkens in Ihrem Kopf entstehen. Ebenso könnte das komplexe Lebensnetz eines Korallenriffs nicht wachsen, ohne dass die Korallen ein Kalkskelett aussedimentieren würden.

Kraft aus Überzeugung

Nur auf diesem Wege können Sie sich wirklich ureigene Standpunkte in Ihrem Berufsfeld erarbeiten, die Ihnen Orientierung, Halt und Kraft geben. Diese Standpunkte befähigen Sie, in argumentativen Auseinandersetzungen wirklich meisterhaft zu fechten und sich dabei treu zu bleiben. Nur wer sich eines solchen Fundaments sicher ist, kann durchgreifende Innovationen und soziale Umstrukturierungen stemmen.

Erinnern Sie sich an das Prinzip »unbedingtes Selbstvertrauen«. Entwickeln Sie den Mut zu einem eigenständigen Denken. Algorithmen abarbeiten können Computer und Maschinen besser. Ihre Aufgabe ist es, die Welt um die ganz individuelle Farbe Ihrer Persönlichkeit zu bereichern.

Jeder schreibe »sein« Buch

Jeder Manager sollte so im Laufe der Jahre sein ganz persönliches Führungshandbuch schreiben, jeder Politiker sein Visionenbuch von einer guten Gesellschaft und jeder Lehrer, Therapeut oder Coach sein Buch über die Prinzipien des Lernens und der psychischen Veränderung. (Dabei geht es sicher in weiten Teilen nicht darum, das Fahrrad immer wieder neu zu erfinden. Aber selbst ein Fahrrad muss individuell »angeeignet« und in Sattelhöhe, Lenkerstellung etc. für den neuen Besitzer angepasst werden.)

Für jeden denkenden Menschen wäre es gut, wenn er im Laufe der Jahre seine Geschichte und Biografie, seine Lebensphilosophie mit ihren Werten, Prinzipien und Lebensmaximen zu Papier brächte. Ausgangspunkt hierfür könnte zum Beispiel das Schreiben eines Tagebuchs sein.

Dieses so wichtige Züchten ureigener Geistespflanzen wird immer schwieriger und glückt immer seltener. Hektik und Informationsflut nehmen allerorten zu. Die Menschen fühlen sich zunehmend unter Druck – sie schaufeln immer hektischer immer mehr und immer kleinere Informationsbruchstücke in sich hinein: beim Querlesen immer kürzerer Bücher, Artikel oder auch nur sogenannter Abstracts, beim Hören von immer mehr und immer kürzeren Kongressbeiträgen oder beim Herumstolpern in den kulturellen Abbruchhalden des Internet. Für das Züchten eigener Geistespflanzen aber braucht es Zeit, inneren Freiraum, Entspannung und Muße. Ja, scannen Sie die wachsenden Informationswüsten in einem Fast-foreward-Modus nach brauchbarem Material. Aber den Hauptteil Ihrer Zeit sollten Sie im Slow-Motion-Modus arbeiten: sich mit wenigen wichtigen Dingen sehr gründlich beschäftigen und in Auseinandersetzung damit eigene Positionen entwickeln. Weniger ist hier mehr. In geduldigem Warten eine einzige kleine Idee eingefangen zu haben ist mehr wert, als sich zehn Bücher unverdaut durch den Kopf zu ziehen.

Gut Ding will Weile haben

Abschließend noch ein außerordentlich treffendes Zitat von Ralph W. Emerson aus seinem Essay *Selbstvertrauen*: »Es kommt in der Erziehung eines jeden Menschen eine Zeit, in der er zur Überzeugung gelangt, dass Neid Unwissenheit, dass Nachahmung Selbstmord ist, dass er in Freud und Leid sich als sein Schicksal akzeptieren muss; dass, obgleich das Universum voll von guten Dingen ist, kein einziges nahrhaftes Korn zu ihm kommen kann außer durch seine Arbeit, die er dem Fleckchen Erde widmet, das ihm zur Bearbeitung gegeben ist. Die Kraft, die in ihm wohnt, ist neuer Art, und niemand als er allein weiß, was er zu tun vermag; und auch er weiß es so lange nicht, bis er es ausprobiert hat.«

Emersons Einsicht

3.6 Selbstsicherheit und Autonomie gewinnen

• Wenn in den hier beschriebenen Prozessen des inneren Wachstums die Bildung innerer Stimmigkeit und Kohärenz weit genug fortschreitet,

- wenn die zentralen Bereiche der Persönlichkeit mit ihren Werten und Prinzipien mit eingewoben werden
- und wenn es ausreichend positive Realerfahrungen mit der Tragfähigkeit und Verlässlichkeit der eigenen Sichtweisen gibt,

dann kann in Bezug auf wichtige Überzeugungen und Grundsätze ein Gefühl der höchstgradigen inneren Sicherheit entstehen. Woran merken Sie, dass diese Stufe erreicht ist? Sie haben den Überblick, die gängigen Sichtweisen sind Ihnen vertraut, Sie wissen mit allen Fasern Ihres Wesens, dass die eigene Position die relativ richtigere und bessere ist. Sie spüren eine »innere Pflicht«, dieser Position zum Durchbruch zu verhelfen.

Sternstunden persönlicher Meisterschaft
Nach der experimentellen Bestätigung der gravitationsbedingten Lichtkrümmung erhielt Einstein von einem engen Freund einen Glückwunschbrief, in dem es heißt: »Ihre Zuversicht, die Denkzuversicht, dass das Licht krumm gehen müsse um die Sonne ... ist für mich ein gewaltiges psychologisches Erlebnis. Sie waren so sicher, dass diese Sicherheit gewalttätig wirkte« (zit. nach Fölsing 1999, S. 498). Hieraus erwächst die Kraft, sich auch gegen übermächtige Mehrheitsmeinungen zu stellen, hieraus werden Sternstunden persönlicher Meisterschaft geboren, so wie das berühmte »Hier stehe ich und kann nicht anders!« des Martin Luther oder das »Und sie bewegt sich doch!« des Galileo Galilei.

Spontane Meisterschaft
Diese Sicherheit in Verbindung damit, dass die Hauptinhalte immer wieder eingeübt und schließlich verinnerlicht wurden, macht ein meisterliches Agieren möglich. Das funktioniert auch spontan und in Drucksituationen, egal ob beim Herumreißen eines entgleisenden Meetings oder beim Entschärfen einer Fernsehdiskussion mit treffendem Humor. Man fühlt sich an die *ich*lose Angstfreiheit erinnert, mit der die japanischen Schwertmeister in den Kampf zogen.

Überanpassung kann zur Falle werden
Wer sich diese Sicherheit erarbeitet hat, wird unabhängig von den Meinungen und Erwartungen der anderen. So kann man der Falle der Überanpassung entgehen, was insbesondere für Füh-

rungskräfte von zentraler Bedeutung ist. Im unteren und mittleren Management lernt man, die Erwartungen der Vorgesetzten zu erfüllen. Beim Aufstieg in Toppositionen allerdings kann diese Einstellung zum Problem werden.

Beispiel

Ich kenne den Fall eines Vorstands, der von außen in ein großes Industrieunternehmen kam. Eine seiner ersten Maßnahmen war es, die Anteilseigner extensiv hinsichtlich ihrer Ziele und Erwartungen zu befragen. Damit signalisierte er unfreiwillig Anpassungsbereitschaft und wohl auch eine gewisse Unsicherheit. Er lud zu Anweisungen und unrealistischen Wünschen ein. Später dann folgten Vorwürfe und anhaltende Kritteleien an seiner Unternehmensstrategie. Diese Stimmung übertrug sich auch auf die »alten Hasen« im Management, die sich schließlich mit dem Aufsichtsrat gegen den Vorstand verbündeten. Nach nur einigen Monaten musste er schließlich seinen Hut nehmen.

Anforderungen an Topleute

Topführungskräfte brauchen ein hohes Maß an Autonomie und innerer Sicherheit. Sie müssen eine eigene Linie finden und diese mit Überzeugungskraft vertreten können. Führung erschöpft sich natürlich nicht nur darin, aber der Top-Leader muss auch diese Rolle im Repertoire haben.

Konzentrieren Sie sich nie vordergründig auf äußere Erfolge und die Zustimmung anderer. Konzentrieren Sie sich stattdessen darauf, Ihr Herzensanliegen voranzubringen. Erfolg, so wusste schon der große österreichische Psychotherapeut Viktor Frankl, kann man nicht direkt anzielen:

Erfolg muss erfolgen, während man sich einer Sache widmet, die größer ist als man selbst. Das Wichtigste im Leben ist es, jederzeit mit sich selbst im Reinen zu sein. Lernen Sie, in erster Linie von diesem inneren Lohn zu leben.

Nachdem nun die Grundprozesse der inneren Befreiung und des inneren Wachstums besprochen sind, lassen Sie uns nun einige wichtige Aspekte der psychischen Veränderung systematisieren und zum Konzept der persönlichen Meisterschaft zusammenfassen.

3.7 Die Prinzipien der psychischen Veränderung

Keine Tricks und Abkürzungen

Insgesamt betrachtet, erwächst die psychische Veränderung aus einer selbstverstärkenden Wechselwirkung zwischen innerer Befreiung und innerem Wachstum. Ein konsequentes Voranbringen dieser Grundprozesse zieht dann viele positive Wirkungen an der »Erlebens- und Verhaltensoberfläche« nach sich.

Psychische Veränderung braucht Zeit. So wie man beim organischen Wachstum nichts überspringen oder durch Umwege beliebig abkürzen kann, so lässt sich auch in Sachen psychischer Entwicklung nichts durch Psychotechniken herbeizaubern. Sparen Sie sich das Geld für den Feuerlauf.

Termine mit sich selbst

Gleichwohl: In gewissen Grenzen kann man das psychische Wachstum schon optimieren und beschleunigen – und diesen Rahmen sollten Sie natürlich ausschöpfen. In erster Linie gelingt das dadurch, dass man sein Alltagsleben in einen bewussten Lernprozess umwandelt. Hierbei hilft es, ritualisiert Termine mit sich selbst einzuplanen. Am Morgen zum Beispiel können Sie sich Ihre selbsterstellten Lebensmaximen bewusst machen oder sich auf bestimmte Veränderungsvorhaben konzentrieren. Sie können sich auf mögliche Tagesereignisse mental vorbereiten und den Tagesplan nochmals durchgehen.

Abends geht es dann um Fragen wie: Was ist mir heute zugestoßen, wie habe ich gefühlsmäßig reagiert, wie gehandelt? Wie kann ich diese Reaktionen verstehen und erklären? Was lehrt mich das über mich selbst, über meine Eigenheiten und Begabungen oder auch über meine »Schwächen«? Wie bin ich meinen Lebensmaximen treu geblieben? Wenn ich es an dieser oder jener Stelle nicht geschafft habe – warum nicht? Was kann ich tun, damit es in Zukunft besser klappt?

Es gibt in unserer Psyche Mechanismen, die dahingehend wirken, unser einmal übernommenes Weltbild samt seiner Werte und Lebensmaximen immer mehr zu verfestigen. Entscheidend ist, diese Schichten unserer Persönlichkeit wieder zu »verflüssigen«, um sie in den Prozess einer bewusst gestalteten Entwicklung einzubeziehen.

Auf allen Ebenen im Fluss bleiben

Zum Start eignen sich Einsichten und Übungen, wie sie im ersten Buchteil beschrieben wurden. Aber auch danach sollte man diesen Prozess »am Laufen« halten. Es ist sinnvoll, immer wieder einmal ein Buch zu lesen, das sich den entsprechenden Themen widmet (»Weisheitsliteratur«), sich kritisch mit dessen Inhalten auseinanderzusetzen und seine eigenen Positionen weiterzuentwickeln – am besten schriftlich.

Der Veränderungsehrgeiz der meisten westlichen Menschen ist nach außen gerichtet: Wenn es einem schlecht geht, dann sind die äußeren Umstände daran schuld, dann muss man diese Umstände verändern. Im Ergebnis steht die verbreitete Haltung: Man meint, etwas von außen bekommen zu müssen. Aber das ist die falsche Herangehensweise.

Nicht mehr die Umstände beschuldigen

Wir sollten lernen, die Hauptstoßmacht unseres Veränderungsehrgeizes nach innen zu richten.

Wie mit einem Keil gilt es, die Lücke zwischen Reiz und Reaktion immer weiter aufzutreiben, um alte, konditionierte Verbindungen zu lösen und Freiheit, Entscheidung, kognitiver Modulation und kultureller Aufhebung immer mehr Raum zu geben.

Den Keil richtig ansetzen

Wenn Sie Ärger in sich spüren und die erste Reaktion nach außen gerichtet ist, dann sitzt dieser Keil nicht richtig. (Wann hört er endlich auf, immer wieder diese alte Geschichte aufzuwärmen!) Ist die erste Reaktion aber nach innen gerichtet, dann tut dieser Keil seine Wirkung. (Hab ich es immer noch nicht gelernt, dieses Gerede von mir abtropfen zu lassen! Es ist sein Recht, zu reden, was er will, und ich muss endlich mein Recht und meine Möglichkeit wahrnehmen, darauf zu reagieren wie ich will!) Diesen

Keil richtig anzusetzen und ihn über Monate und Jahre in die Lücke zwischen Reiz und Reaktion zu treiben, das ist vielleicht die wichtigste Veränderungsmaßnahme. Hierfür braucht es Geduld und Ausdauer, denn die modulierende Wirkung eines neuen Gedankens ist schwach im Vergleich zur Wucht vieler angeborener beziehungsweise konditionierter Reaktionen.

> **Behalten Sie immer die Denkfigur im Hinterkopf, dass das Leben ein Mensch-ärgere-dich-nicht-Spiel um Wachstumspunkte ist: Es gibt keine Probleme, es gibt nur Gelegenheiten zum Wachsen und zum Trainieren von Gelassenheit und innerer Freiheit.**

Wie geht man nun vor, wenn man Probleme bezüglich konkreter Verhaltensweisen hat? Wenn man zum Beispiel das Nein-Sagen lernen will, das Sprechen vor großem Publikum, wenn man lernen will, argumentativ durchsetzungsstärker zu werden – und dergleichen mehr.

Konkrete Verhaltensweise schrittweise verändern

Hier die (einigermaßen) universellen sieben Schritte zum Erfolg:

1. *Ist und Soll umfassend reflektieren und scharf definieren, sich Sinn und Notwendigkeit der Veränderung glasklar vor Augen führen*
2. *Das Ist vorübergehend akzeptieren und in eine Haltung des spielerischen Engagements gehen*

Den selbstgemachten Druck rausnehmen

Ein wichtiger Schritt zur Veränderung ist immer die zumindest zeitweilige Akzeptanz. Wirksame und nachhaltige psychische Veränderung wird immer vom *Selbst* getragen. Wenn das *Ich* nun einen zu starken Veränderungsdruck aufbaut, dann blockiert das *Selbst*. Sagen Sie sich deshalb: Jetzt hab ich vier lange Jahre mit meinem Problem gelebt, dann schaffe ich es auch noch weitere vier Monate. Wenn ich das Problem akzeptiere, dann kann ich meine Aufmerksamkeit von ihm abziehen, mit der Selbstbespiegelung und Grübelei aufhören und mich voll auf jene Inhalte konzentrieren, die mich stark machen.

In vielen Fällen ist es hilfreich, die Haltung der Akzeptanz bis hin zur paradoxen Intention zu überdrehen. (s. S. 124) Wer vor einer Präsentation spürt, dass ihm ein Kloß im Hals aufsteigen wird, könnte zum Beispiel mit entwaffnender Offenheit kundtun, dass er schon lange nicht mehr vor so vielen Menschen gesprochen hat und dass ihm sicher gleich die Stimme wegbleiben wird.

Von dieser Basis aus kann man sich dann mit spielerischem bis leidenschaftlichem Engagement auf den Veränderungskurs begeben, ohne zu verkrampfen.

3. Passende Lebensphilosophie / Lebensmaximen erarbeiten und verinnerlichen (Verinnerlichung über Synergiegefühle)

Oft hängen alte Verhaltensmuster mit tief verwurzelten Soll- und Muss-Vorstellungen zusammen. (Man drängt sich nicht in den Mittelpunkt, Zurückhaltung und Bescheidenheit sind Tugenden.) Diese hinderlichen Glaubenssätze müssen aufgedeckt und durch förderliche Geisteshaltungen ersetzt werden. Es gilt, die neuen Verhaltensmuster aus einer neuen Weltsicht heraus zu begründen und zu rechtfertigen. (Wenn Sie beispielsweise für gute und wichtige Dinge eintreten, gehören Sie sehr wohl in den Mittelpunkt und ein gesunder Egoismus ist nicht nur gerechtfertigt, sondern sogar überlebensnotwendig.) Sie sollten sich eine tiefe Überzeugung von der Richtigkeit der neuen Verhaltensmuster erarbeiten und Ihr inneres Klavier im Sinne der in Abschnitt 2.3.1 besprochenen Übungen langfristig darauf einstimmen (s. S. 93). Im Ergebnis fühlen Sie sich mit den neuen Verhaltensweisen stimmig und werden nicht von einem schlechten Gewissen geplagt.

Sich von der Richtigkeit des neuen Verhaltens überzeugen

4. Virtuelles Üben

Vor dem Ernstfall können Sie sich in einen entspannten Zustand begeben und sich die kritischen Verhaltenssituationen vor das geistige Auge rufen. Spielen Sie in vielen Varianten durch, was Sie tun oder sagen könnten – das können Sie regelrecht virtuell trainieren. Auch im Nachhinein kann man Situationen noch

Den Ernstfall simulieren

einmal durchgehen, sich geeignetere Reaktionsmuster überlegen und diese einüben.

Zum abendlichen Termin mit sich selbst wäre es eine gute Gewohnheit, alle unbefriedigenden Situationen noch einmal virtuell durchzuspielen. Insbesondere Schlagfertigkeit und Rhetorik können Sie auf diese Weise erheblich verbessern. Zwar kehren Problemsituationen kaum in exakt gleicher Weise wieder, aber es gibt oft Ähnlichkeiten und unser *Selbst* ist meist kreativ genug, im Gedächtnis bereitliegende Verhaltenselemente spontan adäquat anzupassen.

5. Reales Üben in angemessenen Schritten, ggf. Korrigieren im Nachhinein

Das Prinzip der kleinen Schritte Überlegen Sie nun konkret: Wo, wann und wie will ich welche ersten Schritte tun? Lässt sich das große Ziel in Teilziele zerlegen, sollte man vielleicht schrittweise vorgehen: Vor dem Auftritt beim Weltwirtschaftsgipfel könnte man vor Freunden und dann in der Volkshochschule Vorträge halten. In vielen Verhaltensbereichen lassen sich auch im Nachhinein Korrekturen anbringen: Haben Sie sich zum Beispiel einmal wieder von einem forschen Kollegen »überfahren« lassen und ungewollt Ja gesagt, dann können Sie ihn durchaus eine Stunde später noch anrufen und Ihre Entscheidung korrigieren. Auch dies bereitet den Boden dafür, dass Sie beim nächsten Mal spontan und kräftig Nein sagen.

6. Positive Verstärkung durch Realerfahrung (Verinnerlichung durch Erbgefühle)

Bahnung durch Erfolg Je öfter es Ihnen gelingt, im realen Handeln erfolgreich zu sein, desto fester verknüpfen sich die entsprechenden Handlungselemente mit den positiven Erbgefühlen des Erfolgs (Freude, Stolz u.a.). Das hat insgesamt eine bahnende Wirkung. Es fällt Ihnen nun immer leichter, sich in der bewährten Weise zu verhalten.

7. Einschleifen einer neuen Gewohnheit, intuitives Handeln aus dem Bauch heraus

Wenn man dann eine Zeit lang die neuen Verhaltensmuster mit Bewusstheit ausführt und sie immer mehr verinnerlicht und »automatisiert« werden, kommt irgendwann der Punkt, an dem eine neue Gewohnheit entsteht. Das neue Verhalten wird Teil des *Selbst* und man handelt spontan-intuitiv »aus dem Bauch heraus«.

Endlich wieder Flow

Insgesamt kann eine durchgreifende und nachhaltige psychische Veränderung nur als ein ganzheitlicher Prozess der Lebensveränderung gesehen werden. Wir sind übermorgen, was wir heute und morgen denken und tun.

Vieles kann im Laufe dieses Prozesses erforderlich werden:

Mögliche Veränderungs-notwendigkeiten

- die Denkgewohnheiten bewusst verändern
- andere Bücher lesen
- überhaupt mehr lesen und weniger fernsehen
- mehr mit sich allein sein zum Nachdenken und Schreiben
- das Netzwerk der Beziehungen verändern: bestimmte Beziehungen beenden, andere neu aufnehmen
- sich für neue Themen und Anliegen engagieren
- die Inhalte der Berufstätigkeit wechseln
- von der Stadt aufs Land ziehen, oder umgekehrt
- ins Ausland gehen, und anderes mehr

Über Monate, Jahre und Jahrzehnte können so durchaus tiefergehende Änderungen der Persönlichkeit erreicht werden.

Ein Beispiel aus eigenem Erleben: In der Schul- und Studentenzeit war ich sehr kompetitiv eingestellt. »Der Sieg ist nicht alles – er ist das Einzige!«, war einer meiner Wahlsprüche. Noch zu Anfang des Studiums wollte ich Studentenmeister im 100-Meter-Lauf werden. Damals hätte ich für einen Platz auf dem Olympia-Siegertreppchen womöglich meine Großmutter an den Teufel verkauft. Später wurde der Leistungssport dann für mich immer unwichtiger und er verschwand schließlich ganz aus meinem Blickfeld.

Tiefgreifender Wandel ist möglich

Nur durch Zufall stieß ich dann 2004 während der Olympiade in Athen beim Zappen auf irgendeine Siegerehrung. Als ich den Sieger dann so auf dem Treppchen stehen sah, mit Tränen in den Augen, fühlte ich mich spontan von der Szenerie abgestoßen. In Erinnerung an meine frühere Siegerleidenschaft überraschte mich dies. Als ich darüber nachdachte, wurde mir klar, dass sich über die Jahre meine Sichtweise auf diese Dinge grundlegend gewandelt hatte: Ich kann heute nicht mehr verstehen, wie ein Mensch über so viele Jahre so viel Lebensenergie darauf ver(sch)wenden kann, seine Muskulatur zu kultivieren.

Mit der Weltsicht ändern sich auch die spontanen Gefühle

Außerdem passte ein solcher ausschließlich *ich*bezogener Triumph auf Kosten anderer nicht mehr zu meinem Wertesystem. (Es ist nicht so, dass ich gegen Wettbewerb wäre. Meinen Büchern etwa wünsche ich schon einen vorderen Platz auf Zitations-Indizes – dies aber überwiegend deshalb, weil ich ihren Inhalt wichtig finde, und nicht, weil *ich* sie verfasst habe.) Ich schreibe dies nicht, um mich in ein moralisch günstiges Licht zu rücken. Es war einfach eine sehr eindrückliche persönliche Erfahrung, dass eine systematische Veränderung der Sicht- und Denkweisen nach Jahren schließlich doch ihren Niederschlag in den spontanen Gefühlsreaktionen findet.

3.8 Der mittlere Weg – Dialektiken und Scheinparadoxien im psychischen Spiegelkabinett

Gegen den Wind kreuzen

Der erste Schritt zur Veränderung ist die Akzeptanz. Wir sollten lernen, mit einem angemessenen Veränderungsdruck zu spielen: Wenn man merkt, dass etwas geht, den Druck leicht erhöhen, wenn man spürt, dass eine Blockade naht, den Druck reduzieren und eventuell auf Akzeptanz umschalten. In ähnlicher Weise müssen wir lernen, mit einer Vielzahl unterschiedlicher und teilweise gegensätzlicher Herangehensweisen und Haltungen flexibel und dialektisch zu spielen. Nur so kann man bei maximaler Fahrt durch hochkomplexe Zusammenhänge hindurchlavieren. Tatsächlich besteht eine Ähnlichkeit mit dem Kreuzen gegen den

Wind. Oft geht es darum, in einer Pendelbewegung zwischen den Extremen den »mittleren Weg« zu finden, der die Gegensätze am Ende zur Einheit integriert. »Nichts allzu sehr« – so lautete ein Motto im alten Griechenland.

Demgegenüber werden in den Veränderungslehren unterschiedlicher Provenienz und in der Fülle der Ratgeber in Buchform oft einzelne dieser Herangehensweisen und Empfehlungen isoliert dargestellt, überbetont oder gar verabsolutiert. Dies ist verwirrend und falsch. Es ist sinnvoll, sich diese Schein-Paradoxien einmal explizit vor Augen zu führen und gründlich zu durchdenken. Hier die vielleicht wichtigsten:

Verabsolutierung schadet

3.8.1 Kämpfen/Zielfixierung/Kontrolle versus Loslassen/Wachsenlassen

Ein Aspekt dieser Paradoxie geht im eben besprochenen Thema »Verändern versus Akzeptieren«auf: Wenn man merkt, dass der Kampf zu nichts führt und nur Energie verbraucht, ist das Loslassen oft die bessere Alternative.

Insbesondere in komplexen Lebenszusammenhängen führt das Loslassen oft dazu, dass man den Kampf doch noch gewinnt. Jemand hat sich lange und immer angestrengt-*ich*hafter um den Aufbau einer Liebesbeziehung bemüht – vergebens. Nun lässt er los und zeigt sein *Selbst* in den Begegnungen immer freier und unverkrampfter. Jetzt wird er von seinem Gegenüber »erkannt« und die Liebe flammt doch noch auf. Ein anderer leitet eine Konferenz und versucht, durch allzu dirigistisches Verhalten einen Erfolg zu erzwingen. Doch es kommt immer mehr Missstimmung und Widerstand auf. Schließlich gibt er auf und akzeptiert, dass es auch danebengehen darf. Schnell bessert sich die Lage und das Ganze läuft doch noch in die richtige Richtung.

Was man gewinnen will, muss man loslassen

Komplexes Verhalten bedarf der freien Entfaltung aller Potenziale eines entspannten *Selbst*. Ein Zuviel an *ich*hafter Reflexion engt ein und ein Zuviel an Willensdruck blockiert.

Umwege können sich als Abkürzungen erweisen

Viele *ich*bezogene komplexe Ziele wie soziale Anerkennung, Erfolg oder Glück sollte man nicht zu direkt anzielen. Sie müssen eher im Hintergrund wachsen, während man sich *ich*transzendierenden Anliegen widmet: Jemand, der sich vordergründig darum bemüht, zu gefallen, wird als »Speichellecker«, Opportunist oder Karrierist eher sozial abgelehnt. Wer sich dagegen konsequent seinem Lebensthema widmet, ohne nach links oder rechts zu schauen, wird als stark wahrgenommen – und die Nähe des Starken ist gesucht.

3.8.2 Weg versus Ziel

Die richtigen Ziele findet man unterwegs

Ist nun das Ziel wirklich das Ziel oder ist der Weg das Ziel, wie so oft behauptet wird? Nun, es gibt natürlich Ziele, die Ziele sind und Ziele bleiben – insbesondere im Bereich einfacher, konkreter und überlebensnotwendiger Dinge (ein Beispiel wäre die Steuererklärung). Im Bereich komplexerer und fernerer Themen sieht das ein wenig anders aus. Viele dieser Ziele sollten wir als relative Orientierungsziele betrachten und wir sollten versuchen, auch den Weg genießen zu lernen.

Wer zum Beispiel ein Studium beginnt und nur auf den Abschluss fixiert ist, hätte über Jahre ein tristes und anstrengendes Leben. Stattdessen sollte er Freude am Lernen und Interesse an den Inhalten entwickeln. Aus der Fremdzweckmotivation wird so eine Selbstzweckmotivation, und dann ist auch der Weg ein Ziel. Der Studierende sollte offen für Neues bleiben und die Studienrichtung wechseln, sofern sich die Interessenschwerpunkte nachhaltig verschieben.

Manche Menschen leiden daran, keine Ziele zu haben. Sie neigen dazu, erst ganz sicher das einzige richtige Ziel am grünen Tisch »ergrübeln« zu wollen, ehe sie loslaufen. Für diese Menschen ist die Einsicht in die Weg-Ziel-Dialektik besonders wichtig. Wir finden die richtigen Ziele, indem wir beginnen, einen Weg zu gehen, und sei es ein x-beliebiger. Indem wir uns also zuerst relative Ziele setzen, um uns überhaupt auf irgendeinen Weg machen zu kön-

nen, tasten wir uns an unsere wahren, *selbst*entsprechenden, endgültigen Ziele heran. Nur auf dem Weg können wir unser *Selbst*
mit seinen Neigungen und Stärken entdecken.

3.8.3 Reflexion/Selbstsorge versus Dereflexion/sich selbst nicht so wichtig nehmen

Beide Aspekte sind wichtig und es kommt auf ein ausgewogenes
Verhältnis an. Insbesondere wenn die Gefühlsbilanz längerfristig ins Minus rutscht, sind Nachdenken über und Sorge für sich
selbst durchaus angezeigt. Allerdings darf man auch nicht in eine
übermäßige Selbstbespiegelung (Hyperreflexion, unfruchtbares
Grübeln) verfallen. Dies bringt Teufelskreise in Gang und das Befinden verschlechtert sich noch mehr.

**Auf Phasen konstruktiver Reflexion müssen immer Phasen
des *ich*vergessenen und damit auch problemvergessenen
Tuns folgen, das nach außen gerichtet ist.**

Je größer die Distanz ist, aus der man Probleme mit sich selbst betrachtet, desto kleiner und damit leichter werden diese. Je mehr
man sich dabei als Teil eines größeren Ganzen zu sehen lernt, das
wichtiger ist als das eigene Ego, umso mehr verstärkt sich dieser
erleichternde Prozess. Dies hilft auch dabei, das so wichtige Lachen über sich selbst zu lernen.

Lachen über sich selbst hilft

3.8.4 Anpassung/Leistungs- und Normorientierung versus Authentizität/innere Stimme

Das Leben ist eine Art Kreuzen gegen den Wind des Anpassungs-
drucks. Das Ziel besteht darin, möglichst weit weg vom Pol der
Anpassung hin zum Pol der Selbstverwirklichung zu kommen. In
jüngeren Jahren ist man sicher vergleichsweise stärker auf Wohl-
wollen und Förderung durch Autoritäten angewiesen und wird
sich überwiegend den gesellschaftlichen Strukturen anpassen
müssen. Eine zu langfristige und zu starke Überanpassung wür-

Freiräume erkämpfen

de allerdings das Wachsen eines eigenen, kohärenten und stabilen Persönlichkeitskerns verhindern. Ein solches Lebenskonzept führt deshalb oft ins Unglück.

Aus diesem Grund ist es wichtig, alle sich bietenden Freiräume zu nutzen, um der inneren Stimme zu folgen, die das Wachstum ganz individueller Kompetenzmuster unterstützt (Aufbau von »Eigensubstanz« in »unbedingtem Selbstvertrauen«). Je kompetenter und *selbst*stärker man dabei wird, desto leichter fällt es, authentisch zu sein und den eigenen Weg entgegen dem Druck äußerer Erwartungen und Normen zu gehen.

3.8.5 Verstand als Richtschnur versus den Gefühlen folgen

Gefühle lügen nicht??

In der Esoterik und zum Teil auch in der Psychotherapieszene findet man oft eine antirationale Attitüde: Gefühle lügen nicht, sie sind das einzig Wahre; an sie sollte man »herankommen«, um sie dann auszuleben. Was dabei in erster Linie stört, ist das Denken (der Betreffende ist dann »verkopft«).

Gefühle sind ohne das Denken blind

Nun, in dieser Absolutheit ist das Unsinn, sogar gefährlicher Unsinn. Natürlich gibt es unfunktionales Denken in einem aufgeblähten *Ich*, das Gefühle erstickt oder sogar Leid erzeugt. Aber die Lösung kann nicht in der Abschaffung des Denkens bestehen. Das Denken hat uns zum Menschen gemacht. Wir können uns in unserer hochkomplexen, symbolisch-kulturellen Umwelt nicht mehr ohne das Denken zurechtfinden. Das Denken ist ohne Gefühle lahm, aber ohne das Denken sind die Gefühle blind. Zudem kann der Tanz eleganter Denkfiguren viel Freude machen. Ein gekonntes, förderliches Denken kann zum Katalysator des höchsten Glückes werden. Unser Denken kann die Souveränität erlangen, die eigenen Grenzen zu erkennen und sich dort zurückzunehmen, wo es stört.

Schließlich muss auch eines gesagt werden: Selbstverständlich können auch Gefühle »lügen« – und sie tun dies auch oft genug. Häufig ist der evolutionspsychologische Kontext, aus dem heraus die Gefühlsmechanismen entstanden sind, nicht mehr gültig, oder Gefühle verbinden sich mit unfunktionalem Denken zu Teufelskreisen und werden maßlos übersteigert.

Es gilt also, nicht förderliches Denken durch ein förderliches Denken zu ersetzen, das Gefühle entwickelt und erzieht, das Gefühlen den adäquaten Raum eröffnet, sie aber auch dort effektiv zu modulieren vermag, wo sie stören oder »lügen«.

Wir sollten lernen, die Selbstentwicklung ganzheitlich und langfristig so zu steuern, dass wir am Ende unseres Lebens das größtmögliche Maß an Glück und Erfüllung erfahren haben. Diese Aufgabe kann in unseren hochkomplexen Lebenswelten natürlich nur unter wesentlicher Beteiligung eines präzisen, konsequenten und kompetenten Denkens gelöst werden. Der unglückliche Terminus »verkopft« wird als Vorwurf gern von Menschen erhoben, die selbst nicht gelernt haben, ihren Kopf richtig zu benutzen.

Es geht nicht ohne die Vernunft

3.8.6 Stimmungsparadigma / Schonung / Genießen versus Anstrengung / Aktivität / sich in die passende Stimmung hineinhandeln

Immer mehr Menschen leben nach dem Prinzip: Ich kann Dinge nur dann tun, wenn ich in der passenden Stimmung dafür bin. Wenn es mir nicht gut geht, tue ich gar nichts. Da ich auf diese Weise »Energie« spare, wird es mir bald besser gehen. Natürlich kann man es sich gestatten, von Zeit zu Zeit nach diesem Prinzip zu verfahren. Es kann auch richtig sein, sich einmal zu schonen, insbesondere in Situationen, in denen man objektiv überlastet ist. Zu oft angewandt, kann diese Haltung aber auch zu einer bösen Falle werden.

So behindert sie das innere Wachstum – wir hatten über die »emotionale Durststrecke« im Kreis des Wachstums gesprochen: no pain no gain. Die Aneignung anspruchsvoller Kulturtechniken ist in den Anfangsphasen oft mühevoll. Umso größer ist dann jedoch der innere Lohn, den ihre souveräne Beherrschung später spendet.

No pain, no gain

Auch unabhängig davon gibt es im Alltag immer wieder Situationen und Phasen, in denen man »schlecht drauf« ist, oder Routinetätigkeiten, zu denen man einfach keine Lust hat. Nichtstun und Aufschieben verschlechtert die Situation oft nur: Man hat Zeit zum Grübeln und steigert sich noch weiter in negative Gefühle hinein.

Durch Handeln Energie gewinnen

Eine bessere Strategie sieht so aus: trotz allem bewusst eine positive geistige Haltung einnehmen und mit Achtsamkeit tun, was zu tun ist. Dies reduziert Leid erzeugendes Denken und füllt den Raum des Bewusstseins mit harmonischen Inhalten aus Wahrnehmung und Tun. Auf diese Weise gelingt es oft, sich gewissermaßen in eine bessere Stimmung »hineinzuhandeln« und aus dem Tun mehr Energie zu gewinnen, als man hineingesteckt hat. (Im Kern ist dies das Prinzip der chemischen Reaktion: Der freigesetzte Energiebetrag übersteigt die zum Ingangbringen erforderliche Aktivierungsenergie.)

3.8.7 Autonomie versus Beziehung/Bindung

Autonomie ist die Voraussetzung für Beziehungsfähigkeit. Eine Beziehung kann nur dann gelingen, wenn sie sich stets aus der freien Entscheidung der Beteiligten ergibt, aufgrund wechselseitiger Attraktivität beieinanderzubleiben. Diese Freiheit setzt die Fähigkeit voraus, auch allein leben zu können (und davor keine Angst zu haben). Wer diese Freiheit nicht hat, gerät in die Falle der Überanpassung. Er verformt sein Wesen und verleugnet eigene Wünsche und Bedürfnisse. Er wird unglücklich, stagniert in seiner Entwicklung, wird als Partner unattraktiv und wird schließlich entweder vom anderen verlassen oder missbraucht – kein guter Verlauf.

Autonomie stärkt Beziehungs-fähigkeit

Jeder Entwicklungsschritt in Richtung Autonomie stärkt auch die Beziehungsfähigkeit. Wer sich selbst mag und die Fähigkeit besitzt, aus inneren Quellen Lebenszufriedenheit zu schöpfen, der ist, was Beziehungen angeht, angstfrei. Er kann sich öffnen und alle angeborenen Potenziale des Beziehungslebens können sich

frei und unverkrampft entfalten (siehe auch die drei Voraussetzungen gelingender Beziehungen im Anhang ab S. 251).

3.9 Persönliche Meisterschaft

Niemand hat die Garantie, dass ihm ein großes, nach außen hin
sichtbares Lebenswerk glückt. Aber das Gelingen eines großen inneren Lebenswerkes, das ist jedem garantiert, der sich mit ausreichender Selbstdisziplin darum bemüht. Für unser Glück ist dieses
innere Lebenswerk, die persönliche Meisterschaft, wichtiger als
das äußere. Persönliche Meisterschaft ist eine universelle Berufung, die alle Menschen unter allen Umständen für sich entdecken und mit Erfolg leben können.

In den Standardwerken über Persönlichkeitspsychologie kann
man lesen, dass sich die Grundeigenschaften der Persönlichkeit
nach dem 20. Lebensjahr kaum mehr verändern. Nun, von allein
tun sie das natürlich nicht. Diese pessimistische Aussage wurde
mit bestimmten Testverfahren anhand großer Stichproben unter
der»Normalbevölkerung« gewonnen. Da verwundert das Ergebnis nicht. Der heutige Durchschnittsbürger investiert nicht eben
viel Lebensenergie in eine gezielte, systematische und nachhaltige
Entwicklung seiner Persönlichkeit.

**Wie veränderlich
ist die
Persönlichkeit?**

Insofern ist die Hoffnung nach wie vor berechtigt, dass ein konsequentes Streben nach persönlicher Meisterschaft durchaus auch
tieferliegende Schichten der Persönlichkeit verändern kann – zumindest wenn man es systematisch und konsequent über einige Jahre betreibt. Darüber hinaus ist es ein förderliches Prinzip,
die Grenzen der Veränderungsmöglichkeiten grundsätzlich etwas
weiter zu ziehen, als es vielleicht der Wirklichkeit entspricht. Nur
so schöpft man den Raum des Möglichen sicher aus. Denken Sie
an Gandhi: In seiner Jugend war er ein notorisch schüchterner
Mann. Seine Orientierung an Werten und Prinzipien in Verbindung mit den östlichen Praktiken der Arbeit an sich selbst formten
aus ihm einen Leader, der Millionen bewegte.

**Auch tiefgreifende
Veränderungen
sind möglich**

Lassen Sie uns im Folgenden noch einmal kurz zusammenfassen, was wir unter persönlicher Meisterschaft verstehen:

Evolutions-psychologisches Grundwissen

Zunächst einmal muss man Grundlegendes über Bau und Funktion von Gehirn und Psyche wissen. Insbesondere sollte man den evolutionspsychologischen Hintergrund der Erbgefühle verstanden haben. Durch diese Gefühle drängen uns unsere Gene zu einem Verhalten, das oft nicht in unserem wirklichen Interesse als ganzheitliche, vor allem kulturell geprägte Person liegt. Insbesondere Gefühle wie Ärger, Wut, Stolz, Ehrgeiz, Eifersucht, Macht- und Kontrollstreben oder Neid sind fast immer für uns und die Gemeinschaft schädlich.

> **Wir sollten uns eine kritische Distanz zu den potenziell negativen Erbgefühlen erarbeiten und lernen, sie durch das bewusste Einnehmen förderlicher Geisteshaltungen zu kontrollieren, abzuschwächen oder gar aufzuheben (kognitive Modulation, kulturelle Aufhebung).**

Ego-Souveränität

Von zentraler Bedeutung ist hierbei die Ego-Souveränität. Unsere Gene haben uns den Drang eingepflanzt, nach Erhöhung unseres *Ich* zu streben (in Verbindung mit einer Angst vor Erniedrigung unseres *Ich*). Hieraus resultieren:

- der Drang, Macht und Kontrolle über andere auszuüben
- der Stolz auf Dinge, die uns positiv von anderen unterscheiden
- die Gier nach Lob und Anerkennung
- die Gier nach materiellen und anderen Statussymbolen
- die Angst vor und das Verletztsein nach Kritik und Abwertung.

Wir müssen lernen, über den Schatten unseres »Pavian-Ego« zu springen. Es dient nicht unserem Glück, es zerstört das harmonische Miteinander und es vermindert die Produktivität von Organisationen dramatisch. Es gilt, sehr sensibel für diese Impulse zu werden. Wir müssen uns von ihnen distanzieren und sie dämpfen können, um uns im Verhalten so weit als möglich von den Erfordernissen der Sachebene leiten zu lassen. Was bedeutet das für uns? Wir sollten:

Das Ego bändigen

- Machtpositionen nur dann annehmen und ausüben, wenn es im Interesse der Sache richtig und notwendig ist
- Wahrheiten und Kritik aussprechen ohne Angst vor »persönlichen Folgen«
- uns von Reaktionen des persönlichen Verletztseins so weit wie möglich frei machen
- Luxusgüter und Statussymbole »loslassen« und aufgeben können, wenn der Preis dafür zu hoch wird
- im Wissen um die inneren Quellen des Glücks bereit sein, auch ein wenig mehr zu geben als die anderen
- lernen, dieses Geben gleichzeitig als ein Nehmen zu erleben (von innerem Lohn)

Konstruktivismus-Kompetenz und innere Freiheit

Wir sollten etwas über die Natur unserer Erkenntnisprozesse wissen, insbesondere über ihre Konstrukt- und Hypothesenhaftigkeit sowie über die prinzipiellen Grenzen alles Erkennens (Konstruktivismus-Kompetenz). Vor diesem Hintergrund kann es dann gelingen, falsche, leid-, angst- oder wuterzeugende Denkstrukturen (v.a. »Muss-Vorstellungen«) nachhaltig durch förderliche Geisteshaltungen zu ersetzen.

So können wir die Fähigkeit erwerben, Anspannungen jederzeit weitgehend zu lösen, um entweder den Zustand der entspannten Offenheit oder den Flow-Zustand zu erlangen (innere Freiheit). Je nach erkennbaren Chancen für ein erfolgreiches Handeln können wir so gelassen und flexibel pendeln – zwischen einem Genießen im Hier und Jetzt und einem gelingenden Handeln, das sich seinerseits zwischen spielerischem und leidenschaftlichem Engagement bewegt (wobei wir es vermeiden sollten, etwas krampfhaft zu erzwingen).

Allgemein geht es darum, ein flexibles, dialektisches Spiel mit einer Vielfalt unterschiedlicher Herangehensweisen zu erlernen, das oft die Kunst eines integrierenden Lavierens zwischen scheinbar gegensätzlichen Positionen einschließt.

Die Perspektive des anderen

Zugleich führt diese Souveränität im Umgang mit unseren Denkwerkzeugen dazu, dass wir uns mit unseren Anschauungen, Konzepten und Theorien nicht mehr so stark identifizieren. Wir können spielerisch-kreativ mit ihnen umgehen und können mit mehr Erfolg versuchen, uns in die Sichtweise anderer einzudenken. Wir vermeiden Dogmatismus, werden dialog-, konsens- und kompromissfähig. Wir müssen nicht mehr unbedingt immer Recht haben und können andere mit ihren abweichenden Anschauungen respektieren.

Inneres Wachstum

Weiterhin erfordert persönliche Meisterschaft den Aufbau kohärenter Eigensubstanz: Wir sollten Kompetenzen und Wissen nicht nur nach dem Prinzip des Nürnberger Trichters in uns einfüllen, sondern uns wirklich aneignen, das Material »verdauen«, es zerlegen und *selbst*entsprechend und hochgeordnet als »Eigensubstanz« wieder rekonstruieren (inneres Wachstum). Dies erfordert ein systematisches, gründliches und kritisches Denken.

Wirklichkeitssinn und Urteilskraft

Hilfreich ist es, sich für wichtige Lebensbereiche seine Sichtweisen, Positionen und Konzepte schriftlich zu erarbeiten und systematisch weiterzuentwickeln. So entstehen starke Überzeugungen und ureigene Standpunkte. Man entwickelt sich zu einer Persönlichkeit, die über Wirklichkeitssinn und Urteilskraft verfügt. Werte und Prinzipien werden verinnerlicht, die als Persönlichkeitsstärke und Charisma nach außen strahlen. So entstehen Verlässlichkeit und Vertrauenswürdigkeit: Jeder weiß, wenn ich heute auf eine wichtige Frage mit A antworte, dann werde ich in zwei Monaten nicht B oder C sagen (wie viele Menschen es tun, z.T. ohne es zu bemerken).

Perfektion und Leidenschaft

Zumindest in einigen wenigen Bereichen sollten wir unsere Kompetenzen auf das höchstmögliche Niveau an Perfektion und Meisterschaft bringen. In Verbindung damit entstehen Liebe und Leidenschaft für diese Dinge. Das bindet uns ans Leben, es schafft zusätzliche Quellen von Genuss und Motivation (innerer Lohn, Flow-Antriebe). Diese Kräfte machen es dann möglich, bestimmte innere Anliegen beharrlich über Jahre und Jahrzehnte zu verfolgen und nach Rückschlägen immer wieder aufzustehen.

Alles bisher Gesagte im Verbund führt zu einer hochgradigen Selbstsicherheit. Ein Mensch, der so weit gekommen ist, ist sich seiner gründlich erarbeiteten Kompetenzen, Prinzipien und Überzeugungen gewiss. Er hat eine sichere innere Stimme, die ihm sagt, was richtig ist und wann er mit sich im Reinen ist. Diese klare innere Stimme gilt ihm mehr als die Zustimmung der anderen. Die Folgen sind Offenheit, Ehrlichkeit, Authentizität und Unabhängigkeit.

Hochgradige Selbstsicherheit

Alles bisher Gesagte fördert weiterhin eine positive Gelassenheit, in der sich nicht nur die gelernten, sondern auch die angeborenen, insbesondere sozialen Potenziale voll entfalten können. Sensibilität, Einfühlung und Mitgefühl für andere Menschen prägen sich maximal aus. Entsprechend kann die Unterstützung für andere als eigenes Bedürfnis erlebt werden. Der zwischenmenschliche Umgang wird von hohem Respekt vor der Persönlichkeit und Eigenwelt des anderen geprägt sein. Alle Einflussnahme auf andere Menschen wird möglichst gering und indirekt erfolgen, sodass diese weitgehend aus eigener Kraft und Motivation das Ziel erreichen (»Aikido-Prinzip«, s. S. 201 ff.).

Positive Gelassenheit

Der persönliche Meister übernimmt prinzipiell für sein Tun und sein Befinden die volle Selbstverantwortung. Er hat gelernt, sein Befinden überwiegend von innen heraus zu regulieren, sein Glück aus inneren Quellen zu schöpfen.

> **Der persönliche Meister kann weitgehend nach folgendem Prinzip leben: authentisch sein, Wünsche äußern, aber keine Erwartungen haben, sich über das freuen, was man bekommt, ohne ein »alles oder nichts« daraus abzuleiten.**

Die Folge ist eine gewisse persönliche Bescheidenheit (die sehr wohl mit Härte und Durchsetzungskraft in der Sache verträglich ist). Aufgrund ihres reduzierten Ego nehmen sich diese Menschen selbst nicht so wichtig. Sie können über sich selbst lachen und richten ihr Leben mehr am Dienst für eine nützliche Sache oder für ihre Mitmenschen aus.

Sich nicht immer so wichtig nehmen

Persönliche Meisterschaft als lebenslange Berufung

Das Streben nach persönlicher Meisterschaft wird als eine universelle innere Berufung gesehen, als ein lebenslanger Lernprozess, in dem Alltagsprobleme nichts Negatives sind, sondern Chancen zum Lernen und Wachsen.

Je weiter man auf dem Weg zu persönlicher Meisterschaft fortschreitet, desto mehr sickern ihre Inhalte aus dem *Ich*-Bereich des bewussten Bemühens in das *Selbst* und werden Teil des spontan-unreflektierten Reagierens und Handelns. Dann erst wirkt Meisterschaft selbstverständlich, mühelos und wirklich überzeugend. Diese Erfahrung bringt wohl auch die folgende alte Weisheit zum Ausdruck: Der Heilige hört auf, heilig zu sein, sobald er weiß, dass er ein Heiliger ist. Abgewandelt könnten wir sagen: Nach Jahren der Mühe wird der Meister zum wahren Meister, wenn er wieder vergisst, dass er ein Meister ist.

So hat das Leben immer Sinn

Das Wunderbare ist, dass das Streben nach persönlicher Meisterschaft unserem Leben Sinn gibt, immer und unter allen Umständen. Viele Menschen leben in einer äußeren Lebenssituation, die sie als nicht ihrem *Selbst* entsprechend empfinden: in ungeliebten Berufen, in erloschenen Beziehungen, in niedergehenden Gemeinden oder Kulturen. Zumeist sind die Möglichkeiten sowohl der Veränderung des Innen als auch des Außen deutlich größer, als es dem Alltagsbewusstsein präsent ist. Dennoch wird es für viele Menschen immer wieder kürzere oder längere Lebensphasen geben, in denen sie das Gefühl haben, in ihrer Umwelt nicht viel bewirken zu können oder zu wollen. Wie blockiert, verfahren, elend oder degeneriert-korrupt die Lebensumstände auch immer sein mögen – das Streben nach persönlicher Meisterschaft bleibt immer eine sinnstiftende innere Aufgabe, es ist Sinn in sich. Ein Diamant bleibt ein Diamant – wie hoch der Dunghaufen auch sei, den man über ihm auftürmt.

Im Anhang ab Seite 244 wird dann noch einmal gesondert in sieben Grundregeln systematisiert, wie sich persönliche Meisterschaft im Umgang mit anderen Menschen zeigt.

4 Das Paradies-Prinzip: Die selbst-entsprechende Nische bauen und den Alltag managen

4.1 Selbstfindung und selbstentsprechende Einnischung

Ein wichtiger Begleitaspekt der hier skizzierten Prozesse der inneren Befreiung und des inneren Wachstums ist die Selbst(er)-findung als ein dialektisches Wechselspiel zwischen Selbstfindung und Selbsterschaffung. Wir tasten uns zunächst an unsere Eigenheiten heran: Talente, Neigungen, »Stärken« und »Schwächen«. Durch innere Arbeit und Übung können wir die Grenzen dieser Veranlagungen durchaus verschieben – etwa indem wir bestimmte Kompetenzen oder Stärken in besonders hohem Maße entwickeln.

Selbsterfindung

In Auseinandersetzung mit den vielfältigen Sachanforderungen und sozialen Konfliktsituationen entwickeln wir so ein Bild von uns selbst und finden Antworten auf die Frage »Wer bin ich?«. Dann wissen wir auch immer besser, was zu uns passt: Gehöre ich in eine Großstadt oder aufs Land? Welcher Partner entspricht mir? Will ich eher Wärme spüren oder intellektuell gefordert werden? Will ich eher mit Menschen oder mit Aktenordnern umgehen? Liebe ich Ordnung oder Überraschungen? Will ich Anweisungen empfangen oder geben? Bin ich Spezialist oder Generalist?

Wer bin ich und was passt zu mir?

Je klarer uns die Antworten auf Fragen dieser Art werden, desto selbstentsprechender können wir unsere private und berufliche Nische gestalten. Denn eines muss klar sein: Alle Techniken der Selbstveränderung haben Grenzen. Wir können uns nicht in allen

Anpassung kostet Zusatzenergie

Aspekten unseres Wesens radikal neu formen. Die Einpassung in eine nicht selbstentsprechende Lebenssituation ist möglich – aber das kostet Zusatzenergie und wir werden dort nie zur Höchstform auflaufen.

Eine Nische finden Versuchen Sie, sich im Laufe der Jahre in eine Lebensnische hineinzuentwickeln beziehungsweise eine solche aufzubauen und auszugestalten, in der Sie so sein können, wie Sie sind, und das Leben trotzdem gut funktioniert.

> **Insbesondere für die berufliche Tätigkeit gilt: In mehr als der Hälfte Ihrer Arbeitszeit sollten Sie das tun dürfen, was Sie am besten können und was Ihnen die meiste Freude macht.**

Ein persönliches Beispiel Ich selbst bin in einer Familie groß geworden, die durch eine Techniker- und Spezialistenmentalität geprägt ist. Wer etwas sehr Konkretes perfekt beherrschte, galt etwas. Schon während meines Medizinstudiums hatten mich Fächer wie Psychologie, Philosophie, Verhaltensbiologie oder die Selbstorganisationsphysik mehr interessiert als die medizinischen Spezial-Disziplinen. Aber es hieß: Wenn man jung ist, lernt man etwas Handfestes. Mit Philosophie beschäftigt man sich, wenn man alt ist (so ganz falsch ist diese Maxime ja auch nicht).

Diesen Erwartungen entsprechend wollte ich zunächst »Herzspezialist« werden (das klingt doch richtig nach etwas, oder?). Für einige Jahre arbeitete ich auf der Intensivstation am Deutschen Herzzentrum Berlin. Dabei wurde mir dreierlei deutlich: 1. Mein eigenes Herz konnte sich für die Herzmedizin nicht wirklich erwärmen. 2. Ich habe ein relativ schlechtes Gedächtnis für technische Details (z.B. Medikamentendosierungen oder Laborwerte). 3. Ich bin kein »Stresstyp«: Sobald bei mehr als drei Patienten die Alarmfunktionen durcheinanderhupen wie auf einer Kreuzung in Algier, bekam ich den Tunnelblick und wurde konfus. Andere Kollegen erwachten da erst richtig – sie hatten alle wichtigen Daten aus dem Gedächtnis verfügbar und behielten den Überblick.

Mir wurde klar: Hier gehörst du nicht hin. Hier lebst du die Erwartungen deiner Familie und nicht dich selbst. Von nun an, so beschloss ich, gehst du kompromisslos deinen eigenen Weg. Anknüpfend an meine theoretischen Interessen aus der Studienzeit entwickelte ich die Psychosynergetik. Schließlich fand ich in der psychosomatischen Medizin eine Nische, die sehr gut passt. Wenn man mich heute danach fragte, was ich für meine wichtigste Stärke halte, würde ich in etwa so antworten: in komplexen Problemsituationen Muster auffinden, die verbinden und wiederkehren; ganzheitlich denken; in komplexen Problemlagen das Wichtige und Wesentliche erspüren; die Kraftlinien und Hebelpunkte finden.

Ich hatte Sie auf die Fragebogentests für berufliche Eignungen, für Stärken, Talente verwiesen, die immer mehr in Mode kommen. Aber ich frage mich schon, ob mir so etwas bei meiner Selbst(er)findung hätte helfen können. Manchmal fürchte ich, es hätte mich eher irregeleitet. Jedenfalls habe ich »Musterseher« bisher in keinem dieser Tools unter der Rubrik »Stärken« gefunden. Ich bin nach wie vor der Überzeugung: Das entscheidende Assessmentcenter ist das reale Sich-Ausprobieren in der Praxis.

4.2 Strategische Lebensplanung

Der Treibstoff unseres Lebens ist »positive Gefühlsenergie«. Wenn unser »Seelentank« voll davon ist, dann sind wir glücklich. Wenn er sich leert oder gar dauerhaft mit negativer Gefühlsenergie füllt, sind wir in Gefahr, eine psychische Störung zu entwickeln (Burnout, Depression, Angsterkrankung). Die vielleicht wichtigste Aufgabe der strategischen Lebensplanung ist das Energiemanagement: Entscheidend ist, allzeit genügend emotionalen Treibstoff im Tank zu haben. Wir müssen unseren Lebensweg so wählen und uns unsere Kräfte so einteilen, dass wir es immer bis zur nächsten Tankstelle schaffen.

Die Glücksformel   Die wichtigsten Quellen und Abflüsse unseres emotionalen Treib-
stoffs werden von der folgenden »Glücksformel« beschrieben:

$$Gl = (äuL / Gw + inL) - (SF / LH)$$

Dabei steht Gl für das Glück und der erste Term für die Quellen der
positiven Gefühlsenergie: äußerer Lohn (äuL, reduziert durch die
Gewöhnung – Gw) und innerer Lohn (inL). Der zweite Term steht
für die Abflüsse von psychischer Energie: Stressfaktoren (SF), die
positive Gefühlsenergie verbrauchen beziehungsweise durch die
Erzeugung negativer Gefühle neutralisieren. Dabei kann aber die
Negativwirkung solcher Stressfaktoren durch förderliche Lebens-
haltungen (LH) vermindert oder gar aufgehoben werden.

Wie können wir vor diesem Hintergrund eine ausreichende Ener-
gieversorgung sicherstellen?

Äußerer Lohn   Zwar kommt, wie wir nun wissen, der Hauptteil des Glücks aus
unterliegt der   inneren Quellen – gleichwohl wäre es gut, auch den äußeren Lohn
Gewöhnung   nicht zu vernachlässigen. Auch und gerade in Lebensphasen mit
hoher Arbeitsüberlastung sollte man sich in nicht zu großen Ab-
ständen »sinnliche Höhepunkte« gönnen: etwas Schönes einkau-
fen, Reisen, mit dem Partner ein Wellnesswochenende buchen
oder wenigstens einmal gut essen gehen – was auch immer Ihnen
dazu einfällt. Allerdings: Wer sein Leben ausschließlich oder auch
nur überwiegend auf die Befriedigung von Sinnes-, Status- und
Konsumbedürfnissen gründet, wird höchstwahrscheinlich Probleme bekommen. Diese Bedürfnisse unterliegen der Gewöhnung.
(Zur Erinnerung: Was es auch ist, ein Sportwagen, eine neue, hohe
Dienststellung, ein akademischer Titel oder eine neue spektakuläre
Schokoladensorte – an all dies gewöhnt man sich nach einiger Zeit,
das bedeutet, die über diese Dinge mobilisierte positive Gefühlsenergie nimmt ab. Dann kommt man in eine Lust-Frust-Spirale:
Man muss etwas Neues kaufen oder erreichen beziehungsweise
die Dosis steigern. Aber auch dies bringt bald keinen Kick mehr,
und dann muss die Spirale eine Runde weiter gedreht werden. Irgendwann stößt man hier natürlich an eine Grenze, und dann drohen der körperliche oder finanzielle Ruin oder die Depression.)

Dieser Gewöhnungsfalle kann man entgehen, indem man reiche Quellen inneren Lohns entwickelt, also geistig-kulturelle Bedürfnisse auf der Basis von Flow-Antrieben. (Zur Erinnerung: anspruchsvolle Sportarten und Hobbys, zum Beispiel Musizieren und Singen; die Beschäftigung mit den Künsten und Wissenschaften; berufliche Tätigkeiten, die zur Berufung geworden sind; sich eine starke Liebe zum Sein erarbeiten durch tiefes, verstehendes Eindringen in dieses Sein.)

Innerer Lohn ist unbegrenzt entwickelbar

Inhalte dieser Art sind nahezu unbegrenzt erweiterbar und entwickelbar. Deshalb kommt es hier kaum zu Gewöhnungen. Flow-Antriebe sind daher eine sehr geeignete Grundlage für ein nachhaltig sinnerfülltes Leben. Sie sind nahezu unerschöpfliche Quellen positiver Gefühlsenergie. Und hierbei handelt es sich überwiegend um inneren Lohn: Das Ausleben der Flow-Antriebe hat keine oder nur wenige Außenbedingungen zur Voraussetzung. Das macht unabhängig. Lesen, nachdenken und schreiben könnte man zur Not auch noch im Gefängnis.

Diese prinzipielle Fähigkeit zur Autonomie ist aus vielen Gründen wichtig – unter anderem ist sie die Voraussetzung einer souveränen Gestaltung von Beziehungen. Nur wer zur Not fähig und bereit ist, auch allein seinen Weg zu gehen, wird der Falle einer selbstverleugnenden Überanpassung entgehen. Er wird als ein Starker wahrgenommen werden, dessen Nähe gesucht ist. Auf dieser Basis kann man und sollte man dann ein inspirierendes und tragfähiges Netz an sozialen Beziehungen aufbauen. Unter den insgesamt wenig relevanten äußeren Glücksfaktoren sind menschliche Beziehungen ganz sicher die wichtigsten. Aus ihnen kann man äußeren Lohn gewinnen – zum Beispiel in Form von Sexualität –, aber sie können auch den Gewinn inneren Lohns katalysieren: das Herzensanliegen gemeinsam mit Gleichgesinnten voranbringen.

Autonomie entwickeln und trotzdem Beziehungen eingehen

Auf den zweiten Term unserer Formel – förderliche Geisteshaltungen zur »Entschärfung« von Stressfaktoren – wollen wir an dieser Stelle nicht weiter eingehen. Das ist dann noch einmal gesondert Thema in Abschnitt 4.7 ab Seite 194.

Das Gleichgewicht zwischen Produktion und Potenzialentwicklung

Bei alldem ist es wichtig, ein Gleichgewicht zwischen Genießen, Produktion / Position und Potenzialentwicklung anzustreben. Besonders ältere, noch traditionell erzogene Menschen neigen dazu, das Genießen zu kurz kommen zu lassen. Das ist tragisch, ist doch der Genuss, der Selbstgenuss des Bewusstseins auf möglichst hohem Niveau der eigentliche Sinn unseres Lebens.

Wir sind nicht, um zu tun – wir tun, um zu sein.

Gönnen Sie sich also regelmäßige Zeiten der Muße, in denen nichts festgelegt und verplant ist. Hängen Sie Ihren Gedanken und Träumen nach, lesen Sie, machen Sie wonach immer Ihnen der Sinn steht. Genießen Sie das Sein und sich selbst. Dazu sind Sie da. Gehen Sie möglichst entspannt durch den Tag, wenden Sie immer wieder die Techniken der inneren Befreiung an und bauen Sie, wo immer es geht, auch in Ihre Alltagsaktivitäten Momente des meditativen Genießens in entspannter Offenheit ein. Entscheiden Sie sich im Bewusstsein Ihrer Freiheit für das, was Sie tun, und gehen Sie bewusst in eine positive Einstellung. Versuchen Sie, möglichst viel von dem, was Sie tun, aus einer ästhetischen Grundhaltung heraus in Achtsamkeit und Flow zu genießen.

Die Potenzialentwicklung darf nicht zu kurz kommen

Allerdings hat man derzeit den Eindruck, dass sehr am Genuss orientierte Generationen nachwachsen, bei denen die Potenzialentwicklung zu kurz kommt. Das ist natürlich ebenso falsch. Potenzialentwicklung meint alle längerfristig angelegten Lern-, Wachstums- und Gesunderhaltungsmaßnahmen, die nicht im Hier und Jetzt schon Gewinn bringen. Sie vergrößern aber die Zukunftschancen auf Flow-Erlebnisse, auf größere Gestaltungsmöglichkeiten und berufliche Weiterentwicklung.

Diese Potenzialentwicklung kommt aber auch bei Menschen zu kurz, die sich zu früh in zu »hohe« Positionen drängen (lassen) und dann überfordert sind. Kennen Sie den ehrgeizigen Jungmanager, der zu früh aus dem »Goldfischteich« in eine Topposition springt, die er nur mit maximaler Anstrengung so eben zu bewältigen vermag? Er ist jetzt permanent im Dysstress-Modus, hat keine Zeit zur Weiterbildung und Regeneration mehr und endet im Burn-out-Syndrom. Das Gleiche gilt für Menschen, die ihre Produktion zu früh zu hochfahren und dann Schwierigkeiten haben, aus dem nun entstehenden Sog wieder auszusteigen. Man denke an einen Arzt, der zu viele Patienten in seiner Praxis angenommen hat und nun über Jahre nicht mehr dazu kommt, neue, moderne Methoden zu erlernen.

Die Empfehlung lautet: so viel Potenzialentwicklung wie nötig, um langfristig im Bereich Produktion / Position das erreichen zu können, was zur Sicherung künftigen Genusses erforderlich ist.

Das nächste wichtige Prinzip: Lassen Sie sich erst dann in langfristige Verpflichtungen und Zwänge einbinden, wenn Sie wirklich sicher sind, als Spezialist dauerhaft »Ihre Nische« gefunden zu haben, oder als Generalist so fit zu sein, dass Sie über ausreichende Optionen verfügen. Vermeiden Sie vorzeitige und unnötige Abhängigkeiten, wo immer es geht. In einer Zeit globaler Überbevölkerung müssen es nicht vier Kinder sein – ein oder zwei tun es auch. In einer Zeit des wachsenden sozialen Chaos und zunehmender Mobilität sollte man sich den Erwerb von Wohneigentum zweimal überlegen (sofern dafür hohe und langlaufende Kredite aufgenommen werden müssen).

Zu frühe Abhängigkeiten vermeiden ...

Trotz konsequenter Anwendung von Selbstmanagementtechniken sind und bleiben wir nur begrenzt wandelbar. Wenn ich meinen Spielraum der Selbstveränderung ausgeschöpft habe und immer noch unzufrieden bin, dann muss ich an meiner Lebens- und Arbeitssituation etwas verändern, dann muss ich mir meine Nische anders ausbauen oder mir eine neue suchen. Deshalb: Versuchen Sie, sich eine ausreichende Freiheit und Flexibilität zu erhalten, bis Sie wirklich das Gefühl haben, Ihr Lebensthema, Ihre Berufung samt einer passenden und stabilen sozialen Nische gefunden zu haben.

... um die Nische wechseln zu können

Stellt sich dieses Gefühl trotz aller Bemühungen nicht ein, zögern Sie nicht zu lange mit einem Wechsel. Derartige berufliche

Neuanfänge sind oft wirtschaftlich eng und riskant. Da ist es gut, wenn man zwischenzeitlich auch mal mit einem Teilzeitgehalt durchkommt oder Erspartes zum Zuschießen hat.

Die Option für den Wechsel offen halten

Wahrscheinlich wird eine derartige Flexibilität auch zunehmend durch die wachsende Chaotizität unserer Arbeitswelt gefördert beziehungsweise erzwungen. Es gibt Schätzungen, dass eine heute unter 30-jährige Person in ihrem Leben vier bis sechs unterschiedliche Berufe ausüben wird. So wird ein Mix aus Ausbildung, Angestelltendasein, Umschulung, freiberuflicher Projektarbeit, Sabbatical und Teilzeitarbeit für viele Menschen zur Normalität werden (gemischt sicherlich auch mit Zeiten der »Arbeitslosigkeit«, in denen man natürlich immer vor Bergen »innerer Arbeit« steht). Das hat nicht nur unangenehme Seiten – für die Selbstfindung kann es auch eine Chance sein.

> **Bleiben Sie allzeit bereit zur Kunst des einfachen Lebens.**
> **Identifizieren Sie sich nicht mit Besitz und Status.**
> **Mieten Sie immer einmal eine Hütte ohne Strom und**
> **fließend Wasser in der Wildnis.**

Nicht alles auf eine Karte setzen

Ein letztes hier zu nennendes Prinzip lautet: Vermeiden Sie monothematische Überidentifikationen. Menschen, die ihre gesamte Lebensenergie ausschließlich auf ein Thema konzentrieren, sind immer in der Gefahr, allen Halt zu verlieren, wenn diese einzige tragende Säule ihres Lebens wegbricht. Beispiele dafür gibt es viele: der besessene Triathlet, der chronisch erkrankt; die Haus- und Familienfrau, deren Mann sich scheiden lässt, nachdem schon die Kinder ausgezogen sind; der hochspezialisierte Programmier-Workaholic, dessen Job nach Asien wandert. Bauen Sie nach Möglichkeit in mehreren Lebensbereichen Antriebe auf: im beruflichen Umfeld, in Form von Sport, Hobby und Freizeit, und im Bereich Beziehung / Familie. Kommt es in einem dieser Lebensbereiche zu Schwierigkeiten, kann man das durch ein gelingendes Leben in den anderen Bereichen kompensieren.

4.3 Zeitmanagement

Zunächst ist hier von zentraler Bedeutung, sich über den Unterschied zwischen wichtigen, dringlichen und verführerischen Dingen klar zu werden. Der Strom von Wahrnehmungen, der ständig an uns vorüberzieht, enthält immer offensichtliche Verführer und Antreiber, die uns sinnlich regelrecht anspringen und um den Fokus unserer Aufmerksamkeit konkurrieren: von dem unverschämten Erotik-Popup auf unserem Monitor bis zu dem gelben Haftzettel »Herr X bittet dringend um Rückruf«, den die Sekretärin auf die Tastatur geklebt hat.

Was ist wirklich wichtig?

Vieles Wichtige aber ist sinnlich weniger präsent und wirkt im Einzelfall auch nicht dringlich. Doch was ist wirklich wichtig? Nun, zunächst einmal alles, was mit Potenzialentwicklung und innerem Wachstum zusammenhängt. Dies aber erstreckt sich über einen langen Zeitraum und kumuliert aus einer Vielzahl konsequent und kontinuierlich gesetzter Einzelschritte. Natürlich kann jeder dieser Einzelschritte ungestraft verschoben werden: Was soll's, wenn ich heute meine Sport- oder Lesestunde einmal ausfallen lasse. Das Problem ist nur: Wenn zu viele dieser Einzelschritte unterbleiben, bricht der ganze Prozess zusammen. Und allzu oft geschieht genau das.

Zu den sehr wichtigen Dingen gehören generell die sogenannten »Maßnahmen mit großer Hebelwirkung«. Sehr schön wird das durch folgende Geschichte verdeutlicht: Stellen Sie sich vor, Sie beobachten bei einem Picknick im Wald einen Holzfäller, der stundenlang an einem Baum sägt und nicht vorankommt. Offenbar ist seine Säge stumpf. Warum, um Gottes willen, schärfen Sie denn nicht Ihre Säge, fragen Sie den erschöpften Mann. Dazu ist jetzt keine Zeit, antwortet dieser, ich muss heute noch zehn weitere Bäume fällen.

Hebelmomente nutzen

Nun, genau dies beobachten wir jeden Tag und überall. Da gibt es Kollegen, die seit Jahr und Tag mit zwei Fingern auf ihrer Computertastatur herumstolpern, anstatt endlich mal einen Kurs im »Maschineschreiben« zu belegen (wie ich aus eigener Erfahrung weiß, lernt man das Schreiben mit zehn Fingern recht schnell). Und da gibt es Kollegen, die sich einfach nicht die Zeit nehmen, die Urfassung ihrer Textbausteine zu aktualisieren (das braucht ein paar Extra-Klicks und man muss vielleicht jemanden fragen, wie es geht). Lieber machen sie Tag für Tag die gleichen Änderungen in den daraus erstellten Originaldokumenten.

Formen des Nein-Sagens Eine weitere Fähigkeit mit großer Hebelwirkung ist das Nein-Sagen. Wichtig ist, dass Sie sich nicht auf einen Argumente-Wettstreit einlassen. Bestehen Sie wiederholend und mit Bestimmtheit auf Ihrem Hauptargument. Ein sehr guter und universell anwendbarer Trick besteht darin, sich grundsätzlich Bedenkzeit auszubitten (erst noch in den Kalender schauen oder mit dem Partner Rücksprache halten müssen, noch diese oder jene Zusatzinformation brauchen etc.). Dann hat man Zeit, sich die Sache zu überlegen und gegebenenfalls Bedingungen zu formulieren, Tauschgeschäfte anzubieten oder Alternativvorschläge zu ersinnen. Andere wichtige Formen des Nein-Sagens sind die zumindest zeitweise geschlossene Bürotür, der eingeschaltete Anrufbeantworter und das ausgeschaltete Handy.

An die Besten delegieren Die nächste zentrale Hebeltätigkeit ist das Delegieren. Für manche Menschen ist »Arbeiten von anderen erledigen lassen« nachgerade die Definition von Management. Übrigens gilt dies auch in der Familie. In den meisten Familien, die ich kenne, wäre es für die Kinder sehr förderlich, mehr Aufgaben und Verantwortung übertragen zu bekommen. Die größte Hebelwirkung wird hierbei natürlich entfaltet, wenn Sie die Möglichkeit haben, an die Besten zu delegieren. Das richtige Personal zu rekrutieren und einzustellen, ist sicher die wirkmächtigste Ihrer Führungsaufgaben.

Wenn Sie diese Aufgabe exzellent lösen, können Sie auch als Topführungskraft ein einigermaßen entspanntes Leben haben (und nur dann ist es Ihnen möglich, Ihr Potenzial nachhaltig aufzubauen und maximal zu entfalten). Denn tatsächlich verleiht das Hebel-Prinzip dem folgenden Diktum Gültigkeit:

»Es besteht kein Zusammenhang zwischen der Last betrieblicher Verantwortung und der zur Erfüllung dieser Verantwortung erforderlichen Zeit.« (Scott 2001, S. 140)

Beim Zeitmanagement im engeren Sinne ist das Setzen von Prioritäten die vielleicht wichtigste Maßnahme mit Hebelwirkung. Voraussetzung hierfür ist, dass Sie sich über Ihre langfristigen Engagements und die sich daraus ableitenden konkreten Zwischenziele klar sind. Wenn Sie wissen, was Sie wollen, dann wissen Sie auch jederzeit, was zu tun ist. Sie können nicht mehr tun, als diese Dinge in der Reihenfolge ihrer Wichtigkeit abzuarbeiten.

Ein Klassiker: die Prioritäten-Liste

Wie die folgende Geschichte zeigt, sind dabei die einfachsten Techniken oft die wirksamsten. Anfang des 20. Jahrhunderts verschlechterte sich die Ertragslage der amerikanischen Stahlgesellschaft Bethlehem Steel, ohne dass ihr Präsident Charles Schwab konkrete Ursachen dafür hätte eingrenzen können. Deshalb suchte er nun nach generellen Wegen, die Effektivität seiner eigenen Arbeit und der seiner Mitarbeiter zu steigern. Der dafür engagierte Unternehmensberater Ivy Lee gab an, ihn in 20 Minuten eine Methode lehren zu können, die seine Probleme lösen würde.

Er riet ihm: »Machen Sie sich an jedem Abend eine Liste der sechs wichtigsten Dinge, die Sie am nächsten Tag zu erledigen haben, und ordnen Sie sie in der Reihenfolge ihrer Wichtigkeit. Am nächsten Tag arbeiten Sie die Punkte dann von oben nach unten ab, wobei Sie sich immer nur auf eine Aufgabe konzentrieren und sich um die anderen nicht kümmern. Was Sie auf diese Weise nicht erledigen können, schaffen Sie auch auf keinem anderen Wege. Vermitteln Sie dieses Vorgehen auch Ihren Angestellten. Probieren Sie es eine Zeit lang aus und bezahlen Sie mich nach dem Nutzen, der Ihnen entsteht.« Bethlehem Steel blühte auf und Ivy Lee bekam für seinen einfachen Rat 25 000 Dollar, wofür man damals ein ganzes Haus hatte kaufen können (nach Huhn und Backerra 2004).

Der 25 000-Dollar-Rat

Konzentrieren Sie sich also auf Maßnahmen mit großer Hebelwirkung: das wirklich Wichtige mit hoher Energie vorantreiben,

Die Kräfte bündeln

beharrlich und unbeirrbar; alles andere beiseite schieben, zur Not auch mit einer gewissen Burschikosität. Denken Sie an einen Eisbrecher, der unaufhaltsam und schnurgerade seinen Kurs zieht. Ein anderes schönes Bild für die Potenzierung schwacher menschlicher Kräfte durch Konzentration ist die Axt: Wenn wir mit der flachen Hand auf einen Holzklotz schlagen, passiert gar nichts. Konzentrieren wir das gleiche Kraftquantum dagegen in der schmalen Schneide einer Axt, wird der Klotz gespalten.

Sie sollten ein Gefühl dafür entwickeln, an welcher Stelle im Gesamtlebenskontext Sie zu jedem Zeitpunkt am effektivsten an Maßnahmen mit großer Hebelwirkung arbeiten können: Ist mein Fortkommen in der Firma gerade blockiert, dann bilde ich mich weiter, schreibe ein Buch oder nehme mir viel Zeit für die Familie. Hat der Chefwechsel dann endlich stattgefunden und es ergeben sich neue berufliche Entwicklungschancen, kann die Familie auch mal für einige Monate etwas zurückstehen.

Literaturtipps Genauere Anleitungen für ein effektives Zeitmanagement mit entsprechenden Planungssystemen finden Sie in der Literatur (z.B. Covey et al. 2001, Seiwert 2001, Scott 2001).

4.4 Selbstmotivation

Ein weiteres zentrales Alltagsproblem des Selbstmanagements lautet Selbstmotivierung – woher nehme ich die Kraft, auch die Dinge im nötigen Umfang zu tun, die Anstrengung erfordern oder mir unangenehm sind? Wie kann ich es vermeiden, immer wieder Verführern in die Falle zu gehen, mich immer wieder durch angenehmere Dinge von dem ablenken zu lassen, was wichtig oder notwendig ist?

Schlüsselfaktor Die Grundvoraussetzung für eine gelingende Selbstmotivierung
Flow-Antriebe ist natürlich, die Antriebskräfte in Bezug auf das Wichtige zu stärken. Wie stark die Erbantriebe wirken, das ist genetisch festgelegt. Ihre Flow-Antriebe aber können Sie in den Kreisen des

Wachstums entwickeln und stärken. Im zweiten Schritt gilt es, diese Antriebskräfte »auf die Straße zu bringen«: Sie müssen nun Herzensanliegen entwickeln und konkrete, realistische Zielhierarchien formulieren.

Fehlmotivationen durch Ablenkungen

Stellen Sie anschließend sicher, dass die dahinter stehenden Antriebe auch möglichst lange und stark aktiviert bleiben – nur dann können sie Einfluss auf unsere Verhaltenssteuerung nehmen und uns für unsere Ziele motivieren. Es heißt immer, dieser oder jener sei nicht motiviert – zumeist ist das falsch. Eher schleichen sich Fehlmotivationen ein und das hängt mit der angesprochenen Enge unseres Bewusstseinskanals zusammen. In dem uns permanent umfließenden Strom von Wahrnehmungsreizen sind ständig Auslöser für alle möglichen Antriebe enthalten, die beständig versuchen, den Fokus unserer Aufmerksamkeit auf Nebenmotive abzulenken. Diese wirken aus der Nahperspektive verführerisch, dringlich oder bedeutsam – aus der Fernperspektive sind sie das in Bezug auf unsere Hauptziele aber oft nicht.

Immer wieder auf das Wichtige fokussieren

Wenn Sie Gestaltungsanliegen und Ziele formuliert haben, folgt nun der dritte zentrale Schritt von Selbstmotivierung. Sorgen Sie dafür, dass Sie sich Ihrer Hauptziele und Hauptanliegen bewusst bleiben beziehungsweise dass Ihr Bewusstseinsfokus möglichst oft und schnell wieder zu Ihnen zurückkehrt. Hierfür gibt es verschiedene Wege.

- Wir können unseren Motiven in ganz unterschiedlicher Form sinnliche Präsenz verschaffen: das Sportwagenmodell auf dem Schreibtisch, das Bild vom Traumhaus an der Wand oder so etwas wie ein »Mission-Statement«, ganz groß an der Wand im Arbeitszimmer.
- Bei den regelmäßigen Terminen mit uns selbst (s. S. 148) sollten wir uns unsere Anliegen und Ziele immer wieder bewusst machen.
- Auch die SDR-Schritte (s. S. 120) dienen dazu, uns auf unsere Hauptziele zu rezentrieren. Möglichst oft am Tage sollten wir uns der Nahkampfperspektive entziehen, auf den inneren Feldherrenhügel springen und uns fragen:

Dient das, was ich gerade tue, meinen Kernanliegen? Habe ich heute schon genug hierfür getan? Machen Sie sich diese Kernanliegen und ihre Bedeutung bewusst und spüren Sie bewusst die Motivationskraft, die dabei entsteht. Man könnte sogar so weit gehen und sich eine elektronische Uhr kaufen, die jede volle Stunde einen Piepton als erinnerndes Signal für einen SDR-Schritt abgibt.

Kleinkram sofort erledigen ...

Noch einige kleine Tipps zum Umgang mit unangenehmen Aufgaben. Der unproduktive Weg ist die sogenannte Aufschieberitis: Die Unannehmlichkeit taucht im Bewusstsein auf, weil man irgendwie daran erinnert wird; es gibt diesen kleinen Stich und eine innere Stimme schreit: »Oh nein, jetzt nicht!« Man schiebt die Angelegenheit aus dem Blickfeld, bis man wieder darauf stößt und sich das Ganze wiederholt. In den meisten Fällen steigert es sich sogar. Die realen Probleme wachsen und / oder Negativgedanken und Negativgefühle verstärken sich immer mehr. Deshalb: Kleinigkeiten, die nicht viel Zeit erfordern, sollte man nach Möglichkeit sofort erledigen. Das ist einfach ökonomisch – man muss sie nicht ein zweites Mal zur Hand nehmen. Und es erzeugt als unmittelbare Folge ein positives Gefühl.

... und für alles andere Erledigungs-Termine fixieren

Ist ein sofortiges Abarbeiten nicht möglich, sollte man die Angelegenheit nicht einfach wegschieben, sondern einen Zeitpunkt für ihre Erledigung festsetzen. Für bestimmte Themen kann es auch Sammelzeiträume geben, zum Beispiel eine Stunde am Sonntagvormittag für privaten Bürokram wie Rechnungen oder Behördenpost. All diese Dinge sind ja nicht an sich unangenehm – nichts davon tut wirklich weh. Sie werden nur durch negative Gedanken unangenehm: Warum ist es mein Los, immer noch derart niedere Arbeiten ausführen zu müssen? All dies hält mich nur von anderen, viel wichtigeren Dingen ab! Ich habe eigentlich überhaupt keine Zeit dafür! Wie schön wäre es, wenn ich stattdessen jetzt dies oder das tun könnte.

Proaktiv eine positive Haltung einnehmen

Gedanken dieser Art kann man entkräften. Das Leben ist ein ganzheitlicher Prozess, dessen große Momente notwendig ein Fülle kleiner, sich wiederholender Erhaltungstätigkeiten zur Voraussetzung haben. Beides bedingt sich und gehört zusammen. Um in den Sternstunden hochproduktiv sein zu können, brauchen wir auch viel »Inkubationszeit«, in der unser *Selbst* auf unbewussten Ebenen kreative Lösungen vorbereitet. Nichts eignet sich hierfür besser als die entspannte oder gar schwungvolle Erledigung der sogenannten »kleinen Dinge«.

Es kann sogar Freude machen, wenn man diese Dinge mit einer achtsam-ästhetischen Einstellung tut. (Fünf Minuten vor Ihrem Ende würden Sie ein Königreich dafür geben, noch einmal bei vollem Wohlbefinden mit einem Liedchen auf den Lippen Ihre Hemden bügeln zu dürfen. Genießen Sie es, solange Sie noch können. ☺) Diese Dinge müssen letztendlich ja doch erledigt werden. Wenn Sie das hektisch und voller Ärger tun, geht es auch nicht schneller und Sie verderben sich den Tag.

Achtsam-ästhetische Einstellung

Üben Sie sich darin, wann immer Unangenehmes ansteht oder Sie schon diesen kleinen Stich verspüren, einen SDR-Schritt auszuführen und bewusst Ihre Haltung zu ändern: Negativistisches Denken positiv aufheben, sich ausreichend Zeit für das zu Erledigende einräumen, eine achtsam-ästhetische Haltung einnehmen und tun was zu tun ist, ohne weiter darüber nachzudenken.

Wenn wir merken, dass es immer die gleichen Dinge sind, zu denen wir uns ungern aufraffen, hilft das Einschleifen von Gewohnheiten: Sie sollten diese Dinge über Monate und Jahre immer zur gleichen Zeit am Tage beziehungsweise in der Woche abarbeiten. Seit ich zum Beispiel meine sportlichen Trainingstermine in dieser Weise festgelegt habe, gibt es nur noch selten Ausfälle.

Rituale schaffen

Regularitäten und Rituale sind aber auch noch aus anderen Gründen gut und wichtig. Lebende Organismen sind Überlagerungen von rhythmischen Prozessen. Auf alles, was sich diesen Rhythmen harmonisch anfügt, weil es selbst rhythmisch ist, kann sich der Organismus einstellen und besonders ökonomisch reagieren. Deshalb sollte man nach Möglichkeit für Dinge wie das Essen, das Zubettgehen und das Aufstehen seine festen Zeiten haben.

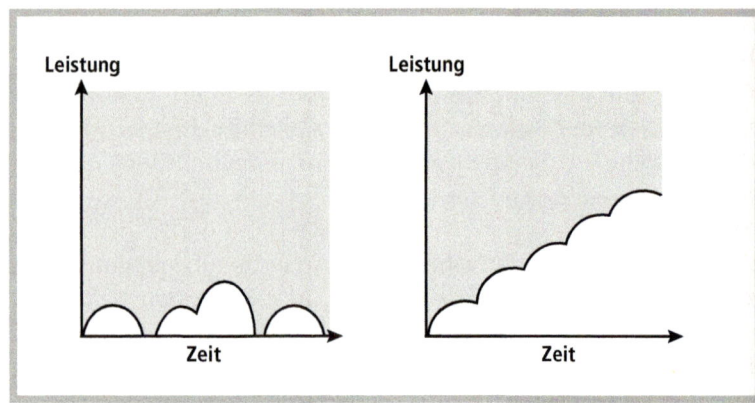

Abb. 9: Leistungsaufbau nur bei Systematik und Kontinuität

Lernimpulse müssen aufeinander aufbauen

Schließlich sind Regularitäten essenzielle Grundlage aller Trainings-, Lern- und Wachstumsprozesse. Die durch Trainings- und Lernimpulse in Gang gebrachten Aufbauprozesse nivellieren sich nach einiger Zeit wieder vollständig, sofern sie nicht durch kurzfristig folgende weitere Impulse in Gang gehalten und kontinuierlich ausgebaut werden (s. Abbildung 9). Wer seine Vokabeln nicht nach einem bestimmten Modus wiederholt, vergisst sie. Wer ein Buch nicht innerhalb einer begrenzten Zeitspanne durchliest, kann seinen Inhalt nicht als Ganzheit verstehen und aufnehmen. Man muss die Dinge dann tun, wenn es Zeit für sie ist, und darf nicht immer warten, bis man meint, dafür »in Stimmung« zu sein.

Abschließend schlage ich Ihnen vor, sich die folgende Denkfigur klar vor Augen zu stellen und sie bei Bedarf zu reaktivieren:

> **Die Arbeit ist nie geschafft – es bleiben immer viele Dinge liegen, die wir gern noch getan hätten oder von denen wir meinen, wir hätten sie noch tun müssen. Wie viel wir auch arbeiten, an dieser Grundtatsache unseres Lebens wird sich nichts ändern. Wir müssen das einsehen, akzeptieren und aushalten lernen.**

Sie sollten sich stets darüber im Klaren sein, was in Ihrem Leben wirklich wichtig ist. Für diese wichtigen Dinge – Erholung/Gesunderhaltung, persönliches Wachstum/Potenzialentwicklung und Beziehung/Familie – müssen Sie das notwendige Zeitbudget definieren. Diese Regenerations- und Wachstumszeiten müssen Sie sich nehmen – Sie *müssen*. Wenn Sie das nicht tun, brennen Sie langsam aus und brechen irgendwann zusammen. Was nach Abzug dieser Zeit übrig bleibt, können Sie in Ihre Arbeit und Karriere investieren – nur diese Restzeit und nicht mehr.

Die Zeit für das Wichtige absolut setzen ...

Für den Umgang mit dieser Restzeit gilt: Setzen Sie, ausgehend von Ihren Anliegen und Zielen, Prioritäten und arbeiten Sie diese in aller Ruhe nacheinander ab – mehr können Sie nicht tun. Was Sie auf diese Weise nicht schaffen, muss unerledigt bleiben. Stärken Sie Ihren Mut zur Lücke – Sie werden überrascht sein, wie gut das in vielen Fällen geht. Manches ist so unwichtig, dass niemand merkt, wenn es unerledigt bleibt. Vieles wird dann doch irgendwie von anderen erledigt und manches wird verzichtbar, weil sich die Umstände ändern. Häufig werden durch den entstehenden Druck auch ganz neue Strukturen und Konstellationen erzwungen, die dann überraschende Lösungen enthalten.

... und in der Restzeit die Prioritätenliste abarbeiten

Nehmen Sie jede Stufe auf der Erfolgsleiter, die Sie erreichen können, ohne diese Prinzipien längerfristig zu verletzen. Aber greifen Sie nicht höher. Wenn Sie eine schon erreichte Stufe nicht halten können, dann lassen Sie rechtzeitig los. Für diesen Fall haben Sie Ihr Worst-Case-Szenario. (Sie wissen: Sie tragen alles, was für Ihr Lebensglück essenziell ist, in sich. Wenn Sie also mit der richtigen Haltung an die Dinge herangehen, gibt es keinen Worst Case, aus dem Sie nicht noch ein glückliches und erfülltes Leben machen könnten.)

Falls nötig, rechtzeitig loslassen

Freuen Sie sich über jeden anbrechenden Tag und gehen Sie gelassen und voller innerer Heiterkeit auf das Leben zu.

4.5 Erfolg

Was ist Erfolg? In unseren westlichen Konkurrenz- und Leistungsgesellschaften ist Erfolg zu einem Konzept von magischer Größe geworden. Dabei wird Erfolg recht eng definiert: Berühmtheit und Popularität, die sich in Quoten, Zitations-Indizes und Auszeichnungen messen lässt; wirtschaftlicher Erfolg, ausgewiesen durch Aktienkurse und Jahreseinkommen; und natürlich beruflicher Erfolg, den man an den Positionen auf den Visitenkarten ablesen kann.

Die üblichen Erfolgstipps Es gibt eine Flut von Erfolgsratgebern, in denen man viele verschiedene Dinge lesen kann wie zum Beispiel: Setze dir konkrete und hochgesteckte Ziele und verfolge diese mit großer Härte; imaginiere diese Ziele so konkret und plastisch wie möglich – nimm sie mental vollständig in Besitz; entwickle Biss und werde ein Hai, schlage dir regelmäßig mit der Faust an die Brust und rufe dir zu: Ich bin der Beste; der Sieg ist nicht alles, er ist das Einzige.

Nun, streckenweise kann all dies gut und richtig sein und dann sollten wir es auch konsequent tun. Auch wenn es an mancher Stelle anders klingen mag: Dieses Buch ist auch dafür geschrieben, Ihre Chancen auf diese Art von Erfolg zu maximieren. Streben Sie danach – ich selbst tue es auch.

Erfolg nicht zu eng definieren Allerdings werden wir bei diesem Streben nach äußerem Erfolg nur dann erfolgreich sein, wenn wir in der meisten Zeit unseres Lebens entspannt sind und unsere Gefühlsbilanz positiv ausfällt. Nur unter diesen Voraussetzungen können wir unsere kreativen Potenziale nachhaltig zu voller Leistung entfalten. Und das gelingt eben nur, wenn der äußere Sieg weder alles noch das Einzige ist. Wie jemand sein Leben und seine Karriere formt, das hat nichts gemein mit dem Durchlaufen einer mechanischen Fertigungsstraße. Hier lässt sich längst nicht alles vorausberechnen und erzwingen. Wer nur stur den genannten Regeln folgt, wird zumeist scheitern.

Natürlich muss man als Führungskraft gelegentlich hart zu anderen Menschen sein, zum Beispiel zu Konkurrenten oder zu Mitarbeitern, welche die Leistung verweigern. Aber nur derjenige, dessen Grundverhältnis zu anderen Menschen von Respekt, Wärme und Hilfsbereitschaft geprägt ist, wird nachhaltig erfolgreich sein. Natürlich sollte man auf der Zielgeraden auch einmal einige Monate lang extrem hart arbeiten können. Aber wer sein ganzes Leben stur auf ein einziges äußeres Ziel fixiert ist, dem wird es ergehen wie einigen der amerikanischen Mondfahrer: Nach der Mondlandung wurden sie schwer depressiv – welches irdische Ziel hätte jetzt auch noch reizvoll für sie sein können?

Unser eigentliches Ziel sind nicht definierte äußere Erfolge, unser eigentliches Ziel ist es, glücklich zu werden. Hierfür können äußere Erfolge nützlich sein, sie sind aber nicht ausschlaggebend.

Versuchen Sie, durch inneres Wachstum eine komplexe Persönlichkeit zu werden. Diese kann, zwischen spielerischem und leidenschaftlichem Engagement pendelnd, äußeren Erfolgszielen nachstreben, wo es aussichtsreich ist – sie kann aber auch loslassen und, wenn nötig, auf innere Ziele umschalten, wenn sich der äußere Erfolg als unerreichbar herausstellt.

Innerer Reichtum schafft Optionen

Dies wird oft genug der Fall sein. Die äußeren Ressourcen und auch die Potenziale des *Selbst* unterliegen nun einmal gewissen Begrenzungen. Welt und *Selbst* sind eben nicht ein einziges geistiges Potenzialfeld, das alles unbeschränkt hervorzaubert, wenn wir nur auf die rechte Weise mit unseren Wünschen darauf einwirken (wie uns esoterische Autoren glauben machen wollen). Es kann gut sein, dass wir auf Zeiten zusteuern, in denen in den westlichen Ländern Ressourcen und Möglichkeiten allgemein eher schrumpfen.

Es ist außerdem ein Irrtum zu glauben, dass es in der Welt immer gerecht und mit rechten Dingen zugeht und dass sich das und der Beste auf den geistigen und ökonomischen Märkten immer wird durchsetzen können. Vor allem die Systemgesetze der Selbstverstärkung verhindern dies. Mit anderen Worten: Der Teufel kackt immer auf den größten Haufen. Je mehr Geld und Macht jemand

Strukturelle Ungerechtigkeit

schon ererbt oder erworben hat, desto leichter fällt es ihm, seine Position auszubauen und noch mehr Ressourcen an sich zu ziehen. The winner takes it all. Auch Konkurrenten, die deutlich Besseres zu bieten haben, können sich dann oft nicht mehr durchsetzen.

Vieles hängt von unkalkulierbaren Zufällen ab: zum Beispiel von Modewellen, vom Verhalten Prominenter oder von Fehlern der Konkurrenz. Immer wird es Mittelmäßigen gelingen, aufgrund günstiger Umstände Scheinerfolge für sich zu reklamieren. Immer werden integre und kompetente Menschen von Karrieristen ausgebootet werden. Bis zu einem gewissen Grad wird dies auf immer Teil der systemischen Entfaltungslogik unserer Welt sein. Wir müssen lernen, damit zu leben und es ohne Groll zu akzeptieren.

Die innere Karriere Dies wird uns umso leichter gelingen, je komplexere Persönlichkeiten wir sind, je mehr Optionen wir haben und je besser wir in der Lage sind, auch innere Ziele im Sinne persönlicher Meisterschaft zu leben. Diese innere Karriere ist nahezu vollständig unter unserer Kontrolle. Machen Sie sich klar: Die inneren Erfolge kann Ihnen niemand streitig machen.

Sich möglichst lange Optionen offen halten Meine Empfehlungen:

- Fixieren Sie sich nicht zu früh und zu sehr auf wenige Außenziele.
- Entwickeln Sie stattdessen Herzensanliegen, die in verschiedener äußerer Form lebbar sind.
- Halten Sie sich möglichst lange möglichst viele Optionen offen.
- Wenn sich dann aber reale Chancen auf eine konkrete Manifestation Ihrer Anliegen ergeben, dann formulieren Sie konkrete Ergebnisziele und steuern diese mit aller Kraft an.
- Verfolgen Sie aber nie mehr als ein bis drei solcher Ergebnisziele gleichzeitig. Konzentrieren Sie sich auf das Wichtige und Wesentliche – die Axt hat auch nur eine Schneide (was viele Schneiden hat, taugt allenfalls als Eierschneider und das ist was für Weicheier und Käse ☺).

Viele Erfolgsgeschichten sowohl von großen Persönlichkeiten als auch von Unternehmen zeigen eines: Das Potenzial für großen und nachhaltigen Erfolg muss wachsen, nicht selten über einen Zeitraum von 10 bis 20 Jahren. In dieser Phase sind in höchstem Maße Selbstdisziplin, Ausdauer und Beharrlichkeit gefragt. Auch wenn das Potenzial dann vorhanden ist, bedarf es oft besonderer Initialzündungen, um die Erfolgskurve über die Schwelle eines selbstverstärkenden Prozesses zu heben. Dies ist, wie wir wissen, auch von Zufällen abhängig und kann nochmals Jahre auf sich warten lassen. Hier gilt es, mit Geduld auf die Chance zu warten.

Ausdauer und Frustrationstoleranz

Immer wieder wird es im Lauf der Zeit auch zu Rückschlägen und Enttäuschungen kommen – Frustrationstoleranz ist dann das Stichwort. So schreibt zum Beispiel Reinhold Messner: »Ich bin öfters gescheitert als alle anderen, das kann ich beweisen! Dass ich der erfolgreichste Bergsteiger bin, kann ich nicht beweisen! Niemand ist so oft an einem Achttausender gescheitert wie ich. Und nur diese Niederlagen haben mir zuletzt den Erfolg gebracht« (zit. n. Stehling 2002, S. 143).

Wann können Sie einen solchen Weg gehen? Wenn Sie ein wahres Herzensanliegen finden und leben. Nur, wenn Sie für Ihr Tun ein hohes Maß an innerem Lohn bekommen, nur dann können Sie unter Umständen über Jahre damit leben, keinen Ihrem Einsatz gemäßen äußeren Lohn zu erhalten. Konzentrieren Sie sich mit Leidenschaft auf Ihr Anliegen und entwickeln Sie durch unermüdliches Training über Jahre komplexe Kompetenzmuster Freuen Sie sich auch über kleine Erfolge und geben Sie den Glauben an den großen Erfolg nie auf. Denken Sie an den chinesischen Bambus. Einige Jahre lang wächst er unsichtbar unter der Erde, um dann plötzlich in kürzester Zeit 30 Meter in die Höhe zu schießen.

Nur innerer Lohn hält aufrecht

Fokussieren Sie sich auf Sinn, Nutzen und Wert Ihres Anliegens. Den folgenden Gedanken Viktor Frankls kann man gar nicht oft genug wiederholen: Man darf Erfolg nicht zu direkt anzielen – Erfolg muss erfolgen, während man sich einer Sache widmet, die größer ist, als man selbst.

Der Karrierist scheitert am Ende

Menschen, die in erster Linie nach schnellen, äußeren Erfolgen gieren, können am Ende nur scheitern: Sie bewegen sich in der Lust-Frust-Spirale des äußeren Lohns. Sie sind innerlich so labil, dass sie sich dem Erfolg gar nicht gewachsen zeigen, sollte er tatsächlich eintreten. Der steigende Erwartungsdruck führt zur Überanpassung, zur *Ich*-Überblähung mit deformierender Blockade des schwachen *Selbst* und so schließlich zum Erliegen jeder Produktivität.

Der Idealist kann nur gewinnen

Menschen hingegen, die sich Zeit für das innere Wachstum nehmen, die geduldig ein Herzensanliegen entwickeln und für die der äußere Erfolg zweitrangig ist – diese Menschen werden immer an ein gutes Ziel kommen: Die Wahrscheinlichkeit auf nachhaltigen, äußeren Erfolg ist so am größten. Auch ein wahrer Ruhm- und Geldregen wird sie nicht korrumpieren oder sie ihr *Selbst* verlieren lassen. Und selbst wenn sich der spektakuläre, ganz große Durchbruch nicht einstellen sollte: Am Ende werden sie ein sinnerfülltes und glückliches Leben gelebt haben, im Sinne eines inneren Erfolgs.

Niemals aufgeben

Zum Abschluss und zur Ermutigung noch die folgende Geschichte: Es gab einmal einen Mann, der:

Mit 31 eine geschäftliche Pleite erlebte.
Mit 32 einen Wahlkampf verlor.
Mit 34 erneut in Konkurs ging.
Mit 35 den Tod seiner Geliebten verwinden musste.
Mit 36 einen Nervenzusammenbruch hatte.
Mit 38 eine Wahl verlor.
Mit 43 die Wahl zum Kongressabgeordneten verlor.
Mit 46 die Wahl zum Kongressabgeordneten verlor.
Mit 48 die Wahl zum Kongressabgeordneten verlor.
Mit 55 im Kampf um einen Senatorensitz unterlag.
Mit 56 sein Ziel, Vizepräsident zu werden, nicht erreichte.
Mit 58 im Kampf um einen Senatorensitz unterlag.
Mit 60 zum Präsidenten der Vereinigten Staaten gewählt wurde: Abraham Lincoln.
(aus Pircher-Friedrich, 2005, S. 189)

4.6 Die drei Stufen des Glücks

Glück ist das Ziel eines jeden individuellen Lebens. Nichts steigert die Kreativität und Leistung der Mitarbeiter und Führungskräfte eines Unternehmens mehr, als wenn diese in einer positiven Stimmung und mit ihrem Leben insgesamt zufrieden sind. Gestatten Sie mir deshalb noch ein paar abschließende Bemerkungen zu diesem Thema.

Es ist sinnvoll, drei Stufen des Glücks zu unterscheiden – die erste Stufe könnten wir »das einfache Glück im Sein« nennen: die Fähigkeit, das Genusspotenzial des Augenblicks auszuschöpfen.

Hierzu gehört es, die Schönheit der uns möglichen Wahrnehmungen aller Art zu sehen: vom Wetter über die Natur bis hin zu all den sogenannten »kleinen Dingen«, die uns umgeben. Wir sollten unsere Sensibilität für das ästhetische Vergnügen schärfen, das auch einfache Alltagsverrichtungen bieten können, wenn man sie mit Achtsamkeit und einem offenem Synergieohr ausführt. Wir sollten uns ganz bewusst angenehmen Sinnesempfindungen hingeben – Düften und Geschmacksnuancen, unseren Hautempfindungen für Berührungen, für Sonne, Wind oder Wasser.

Sinnlicher Genuss im Hier und Jetzt

Wir können das einfache entspannte (Bewusst-)Sein im eigenen Körper genießen lernen, etwa bei der Meditation. Wann immer es möglich ist, sollten wir im Alltag in entspannte Offenheit umschalten, um dieses kleine Glück im Sein zu realisieren – in jeder gewollten oder erzwungenen kleinen Pause, die der Alltag bietet, in den regelmäßigen Planungs- und Meditationszeiten und natürlich in Mußestunden aller Art, die wir mit einem Spaziergang oder dem Besuch eines Straßencafés verbringen.

Um diese erste Stufe zu erreichen, braucht es einige wichtige Voraussetzungen: zum einen die Fähigkeit zur inneren Befreiung. Man muss sich Nichtstun und Müßiggang gestatten können. Wir sind nicht, um zu tun – wir tun, um zu sein. Zum anderen ist die

Innere Voraussetzungen

Auflösung der Illusion wichtig, dass das Glück von irgendwelchen objektiven Umständen abhängt und proportional zu materiellem und sozialem Aufstieg wachsen kann. Die »arme« Toilettenpächterin hätte danach, sagen wir, eine Glückseinheit und der »reiche« Investmentbanker, der ihr einen Euro auf den Teller wirft, vielleicht 1000 Glückseinheiten (weil er ein Haus mit Indoor-Pool, einen Maserati, schöne Frauen und Einfluss hat).

Glück ist »relativ« Aber: Unsere Psyche kann einen Unterschied von 1:1000 nicht realisieren. Die Nulllinie unseres Erlebens justiert sich über die Gewöhnung immer »in der Mitte« unserer Lebenssituation neu ein. Von dort aus geht dann das Befinden der Toilettenpächterin auf minus 3, wenn nur 5 Cent auf den Teller fallen. In gleichem Maße sinkt das Wohlbefinden des Bankers, wenn es Probleme bei einem Fünfzig-Millionen-Deal gibt. Umgekehrt geht das Befinden auf plus 6, wenn in ersterem Falle jemand einen Fünfeuroschein mit einem Kompliment wegen der Sauberkeit hinlegt, und in letzterem Falle, wenn der Deal schließlich doch noch gelingt. Die Toilettenpächterin kann sich bei Arbeitsschluss über das warmgoldene Abendlicht auf ihren blitzsauberen Kachelwänden ebenso freuen wie der Banker über das neue Unterwasserflutlicht in seinem Pool.

Dieses elementare Glück im Sein ist Basis und Grundbaustein für alles Weitere. Es gibt kein anderes Glück, und je tiefer man das begreift, desto größer wird es, desto besser lernt man, es auszukosten. Dieses Glück ist für alle Menschen gleich und steht ihnen unter fast allen Umständen zur Verfügung.

Eine sichere Basis Wir sollten versuchen, uns diese erste Stufe des Glücks als »Basislager« auszubauen: Was wir für ein ausreichend erfülltes und glückliches Leben brauchen, haben wir hier beisammen. Wenn das Schicksal nichts Weiteres für uns bereithalten sollte, wäre es auch gut und wir könnten das akzeptieren. Wir müssen nichts. Es ist alles gut. Aber wir dürfen wollen, können und versuchen. Von dieser Basis aus können wir probieren, pendelnd zwischen spielerischem und leidenschaftlichem Engagement die beiden nächsten Stufen des Glücks zu erreichen. Wir freuen uns, wenn wir sie gewinnen, wir kehren entspannt ins Basislager zurück, wenn wir »scheitern«.

Die nächste Stufe des Glücks könnten wir das Glück in Gemeinschaft und Familie nennen: das Glück, das wir in menschlichen Beziehungen, insbesondere in und mit der Familie erleben können.

Viele der beschriebenen Glückselemente können wir aufgehoben in liebevoller Gemeinschaft umso intensiver genießen. Das Glück ist bekanntlich das Einzige, was sich verdoppelt, wenn man es teilt. Darüber hinaus bringt die liebevolle Gemeinschaft mit anderen eigene und qualitativ neue Glücksbausteine ins Spiel, zum Beispiel Zärtlichkeit, Sexualität, Gefühle von Verliebtsein, Fürsorge und Geborgenheit. Viele dieser Gefühle können wir im Zustand der entspannten Offenheit am intensivsten genießen.

Das Glück mit anderen teilen

Die dritte Stufe schließlich ist das Glück des gelungenen Lebenswerks, das große Glück des gelingenden Tuns, der stimmigen Struktur, des Lebens als Gesamtkunstwerk.

Das einfache Glück des Augenblicks realisiert sich nun in Form von Flow-Momenten bei konkreten Tätigkeiten, die sich auf höheren Ebenen zum Glück des gelingenden, *ich*transzendierenden Werks integrieren: »Das Ausfüllen der Zeit durch planmäßig fortschreitende Beschäftigungen, die einen großen beabsichtigten Zweck zur Folge haben, ist das einzige Mittel, seines Lebens froh und dabei doch auch lebenssatt zu werden«, wusste der Philosoph Immanuel Kant. Auf der höchsten Ebene schließlich kann es uns gelingen, unser gesamtes Leben als eine sich schließende gute Gestalt zu erleben und es als ein Gesamtkunstwerk zu genießen.

Wenn sich das Leben rundet

Letzteres setzt einen konstruktiven Umgang mit der Vergangenheit voraus. Leider ist ja die folgende Denkfigur immer noch weit verbreitet: Wenn Menschen psychische Probleme haben, dann sind Konflikte oder Verletzungen in der Kindheit daran schuld, die oft verdrängt wurden. Sobald dieses Rätsel der Vergangenheit gelüftet wird, löst sich ein innerer Knoten, und alles ist gut.

Umgang mit der Vergangenheit

Dieses veraltete Denkmuster ist blanker Unsinn. Selbst wenn es möglich wäre, eine einzelne Hauptursache für psychische Probleme in der Vergangenheit dingfest zu machen – dann würde das noch lange nicht bedeuten, dass sich diese Probleme auflösen würden. Der Weg vom Ist zum Soll muss nun immer noch durchschritten werden. Dies ist ein Prozess des Umlernens von Denk- und Verhaltensweisen entsprechend den hier skizzierten Prinzipien der psychischen Veränderung. Kurz: Der Lösung ist es ziemlich egal, wo das Problem herkommt. Doch zumeist gibt es nicht die eine Ursache. Komplexe Entwicklungen erwachsen aus einem ganzen Netzwerk innerer und äußerer Bedingungen und Außenereignisse haben niemals einen zwangsläufig prägenden Einfluss auf die menschliche Entwicklung. Für den Depressiven ist der alkoholkranke Vater die Ursache seines Leids; für den Selfmade-Millionär ist er die Ursache seines Erfolges (weil er in Opposition zu ihm stark und autonom geworden ist).

Erinnerungen sind Konstrukte

Hinzu kommt: Ob der Vater nach Jahrzehnten in der Rückschau als Alkoholiker eingestuft wird oder nicht – auch das ist oft nicht objektiv feststellbar. Wir holen Erinnerungen nicht wie Fotos aus dem Fotoalbum. Wir konstruieren Erinnerungen im Hier und Jetzt und in das Ergebnis gehen die konkreten Umstände und unser aktueller emotionaler Zustand verzerrend mit ein. Außerdem verändert auch wiederholtes Erinnern die Inhalte systematisch (analog zum Spiel »Stille Post«).

Mihaly Csikszentmihalyi berichtet von einem Maler, der seine Kindheit in den rosigsten Farben beschrieb, als er auf dem Höhepunkt seines beruflichen Erfolges war. Leider geriet er dann aus der Mode und es ging ihm sehr schlecht – nun erinnerte er sich an eine furchtbare Kindheit einschließlich eines alkoholkranken Vaters.

Es ist nie zu spät für eine schöne Kindheit

Mit Ausnahme vielleicht von schwersten realen Traumatisierungen gilt also: Die Vergangenheit hat genau die Bedeutung, die Sie ihr geben. Wer festlegt, er habe in der Kindheit zu wenig Liebe bekommen und das habe irreparable Defekte hinterlassen, der wird bis an sein Lebensende leiden. Wer sich hingegen entscheidet, seinen Eltern dafür dankbar zu sein, dass sie ihm immerhin das Leben geschenkt haben und dass es wichtiger ist zu lieben, als geliebt zu werden, wer für sich festlegt, dass man das lernen kann und dass dies in eigener Kraft und Verantwortung liegt – der wird eine Chance auf Glück haben, wie immer die Vergangenheit objektiv auch ausgesehen haben mag. Noch einmal kurz und etwas provokativ: Es ist nie zu spät für eine schöne Kindheit.

Aus diesen Erkenntnissen ergeben sich folgende Empfehlungen:

Wie Sie mit der Vergangenheit umgehen sollten

- Lernen Sie aus der Vergangenheit, ziehen Sie Konsequenzen für die Zukunft. Entscheiden Sie sich, die Dinge, die Ihnen zustoßen, immer öfter so zu verarbeiten, dass sie Sie stärken und nicht schwächen.
- Dann aber richten Sie Ihren Fokus in Dankbarkeit auf das Positive. Wichtig ist das, was Sie bekommen haben, und nicht das Ihnen Vorenthaltene.
- Verzeihen Sie. Begraben Sie Wut und Hass.
- Konstruieren Sie sich im Rahmen der einigermaßen objektiven Fakten eine Vergangenheit, mit der Sie Ihren Frieden machen können.
- Konzentrieren Sie sich auf die Gestaltung der Zukunft. Je mehr Sie dabei wachsen, Erfolg haben und zu persönlicher Meisterschaft finden, desto mehr relativieren sich frühere Negativereignisse oder lassen sie sogar in eine Positivbedeutung kippen.
- Abgesehen von einigen wenigen unverrückbaren Eckpfeilern ist die Vergangenheit nichts objektiv Feststehendes. Schreiben Sie Ihre Lebensgeschichte immer wieder neu und machen Sie ein Gesamtkunstwerk aus ihr, mit dem es Ihnen gut geht.

4.7 Der Schlüssel zum Glück: Förderliche Geisteshaltungen

Kommen wir nun zu dem Thema, das in gewisser Weise Herzstück und Zusammenfassung des bisher Gesagten ist – zu den förderlichen Geisteshaltungen.

Förderliche Geisteshaltungen sind idealisierte Prinzipien, Sichtweisen oder Handlungsmaximen, die in möglichst vielen Lebens- und Verhaltenskontexten dazu beitragen können, Konflikte zu lösen, Stressspannungen zu reduzieren und psychisches Wachstum zu fördern.

Leuchtfeuer zur Orientierung Bei der Formulierung dieser Prinzipien geht es weder in erster Linie um absolute Übereinstimmung mit objektiver wissenschaftlicher Wahrheit, noch darum, wie realistisch eine 1:1-Umsetzung in die Praxis gelingen kann. Studien haben gezeigt, dass ein gewisses Maß an positiven Illusionen förderlich ist. Man denke an die Seefahrer: Auch sie richten ihren Kurs an hohen Leuchttürmen aus, obwohl die Häfen, die sie erreichen, zu ebener Erde liegen.

Förderliche Geisteshaltungen sind ausreichend gerechtfertigt, wenn es auch nur einige Menschen gibt, die sie uns vorleben. Dies zeigt, dass ihre Umsetzung zumindest im Prinzip möglich ist. Das gibt Hoffnung, Trost und inneres Ziel, selbst wenn man im Hier und Jetzt noch nicht dazu fähig sein sollte. Man weiß: es gibt einen Weg und ein Ziel, dem man zumindest näher kommen kann.

Die entscheidenden Gesundheitsfaktoren Nach Jahren der wissenschaftlichen Arbeit im Bereich psychische Veränderung und Psychosomatik bin ich davon überzeugt, dass förderliche Geisteshaltungen die entscheidenden psychischen Gesundheitsfaktoren sind, die unsere Chancen auf psychosomatische Gesundheit, Glück und Erfolg nachhaltig steigern können. Im Folgenden möchte ich Ihnen ein System förderlicher Geisteshaltungen vorstellen, das sich aus unseren bisherigen Überlegungen ableiten lässt. Abbildung 10 zeigt ein zusammenfassendes Schema, das in seiner Form an einen Schlüssel erinnert – nennen wir es einfach den »Schlüssel zum Glück«.

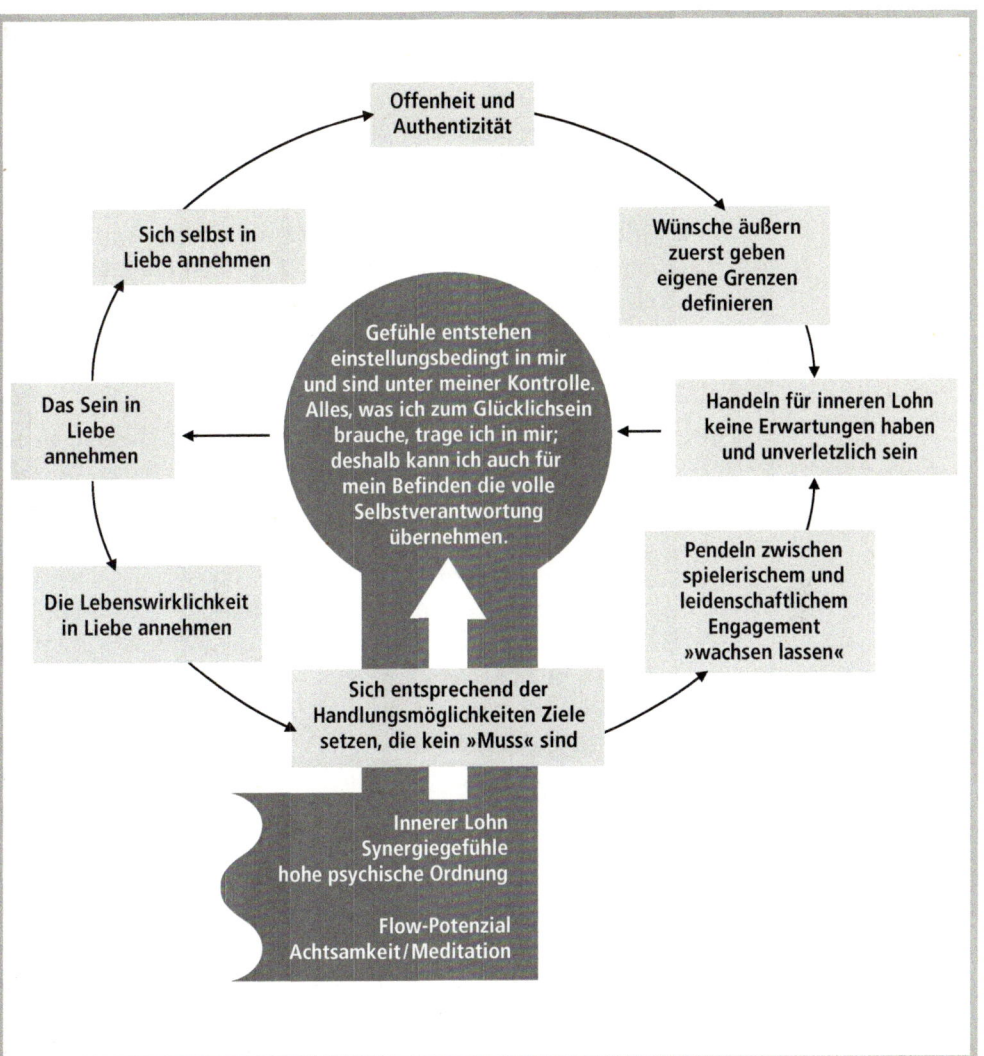

Offenheit und
Authentizität

Sich selbst in
Liebe annehmen

Wünsche äußern
zuerst geben
eigene Grenzen
definieren

Das Sein in
Liebe
annehmen

Gefühle entstehen
einstellungsbedingt in mir
und sind unter meiner Kontrolle.
Alles, was ich zum Glücklichsein
brauche, trage ich in mir;
deshalb kann ich auch für
mein Befinden die volle
Selbstverantwortung
übernehmen.

Handeln für inneren Lohn
keine Erwartungen haben
und unverletzlich sein

Die Lebenswirklichkeit
in Liebe annehmen

Pendeln zwischen
spielerischem und
leidenschaftlichem
Engagement
»wachsen lassen«

Sich entsprechend der
Handlungsmöglichkeiten Ziele
setzen, die kein »Muss« sind

Innerer Lohn
Synergiegefühle
hohe psychische Ordnung

Flow-Potenzial
Achtsamkeit / Meditation

Abb. 10: Der »Schlüssel zum Glück«

Selbstver-
antwortung für
das Befinden

1. Ich will und kann für mein Tun und für mein Befinden die volle Selbstverantwortung übernehmen. Gefühle entstehen in meinem Inneren und werden entscheidend von meinen Sichtweisen, Interpretationen und Bewertungen bestimmt. Ich weiß, dass viele leiderzeugende Gedanken nicht auf absoluten Wahrheiten beruhen, sondern schlicht auf Gewöhnung an kulturgeprägte Sichtweisen. Ich habe verstanden, dass mein Weltbild eine Konstruktion meines Gehirns ist und ich große Freiheiten in der Neuschöpfung meiner Wirklichkeit besitze. Ich will lernen, diese Spielräume immer besser und kreativer im Sinne der Konstruktion förderlicher und leidreduzierender Sichtweisen zu nutzen. Hierbei will ich mich von folgenden universalen Grundwerten leiten lassen: Mitgefühl und Liebe, Fairness und Gerechtigkeit, (relative) Wahrheit und Wahrhaftigkeit und schließlich Schönheit.

Ich weiß, dass ich die Hauptquellen des Glücks, die Hauptquellen positiver Gefühlsenergie in mir trage beziehungsweise in mir entwickeln kann. Es ist mein langfristiges Ziel, diese Quellen im inneren Wachstum immer reicher zu gestalten. Ich will meinen Veränderungsehrgeiz nach innen richten: Es passiert nichts Schlimmes, es gibt nur schlimme Reaktionen, die ich verändern kann, weil ich lernen kann, sie unter Kontrolle zu bringen.

Akzeptieren,
was man nicht
ändern kann

2. Wenn ich alles wirklich Wichtige schon in mir trage beziehungsweise in meinem Inneren in Selbstverantwortung entwickeln kann, dann habe ich grundsätzlich auch die Möglichkeit, die Wirklichkeit so zu akzeptieren, wie sie nun einmal ist, ja sie in Liebe anzunehmen.

Das, was ich als schlecht, böse und negativ empfinde, hat Ursachen. Wenn es offenbar nicht verhindert werden konnte, musste es wohl irgendwie geschehen. Es ist Teil des vernetzten Geschehensmusters dieser Welt und damit indirekt auch ein Mitträger des Guten. So, wie wir vom Licht nichts wüssten ohne den Schatten, so ist das »Böse« die Entgleisung derselben Prozesse, die auf der anderen Seite das »Gute« schaffen. Wir wissen nie, ob etwas Negatives nicht etwas Positives nach sich zieht oder etwas noch

Schlimmeres verhindert. Gedanken dieser Art können mir helfen, Dinge zu akzeptieren, an denen ich nichts mehr ändern kann.

Generell ist mir bewusst: Meine Wirklichkeit ist eine Konstruktion meines Gehirns. Die Erkenntnismöglichkeiten des Menschen sind begrenzt, ich habe nur zu einigen wenigen Aspekten der äußeren Realität Zugang. Auch die Wissenschaft kann auf die letzten Fragen der Existenz keine Antwort geben. Hier lässt sich Wahrheit also nicht durch das Prüfen von Übereinstimmung definieren, sondern nur durch Nützlichkeit: Wahr ist, was hilft. Es ist in vieler Hinsicht hilfreich, von einem positiven Urgrund der Welt auszugehen, den man gern Gott nennen kann. In diesem Sinne ist Gott vernünftig und wahr. Ich will versuchen, ein grundsätzliches Urvertrauen in das Sein aufzubauen, einen unbedingten Optimismus zu entwickeln sowie eine umfassende Liebe zum Sein.

Liebe das Sein

3. Doch freilich – zu 10 bis 20 Prozent tragen die objektiven Lebensumstände eben doch zu unserem Glück bei. Deshalb ist es durchaus lohnend, sich Veränderungsziele in Bezug auf unsere Umwelt zu setzen. Aber ich muss nichts erzwingen und werde nicht verkrampfen (Pendeln zwischen spielerischem und leidenschaftlichem Engagement). Gelassen kann ich auf die passende Gelegenheit zum Handeln warten. Ich kann den Dingen mit Geduld ihre Eigenzeit zum Wachsen geben. Ich bleibe jederzeit fähig, diese Ziele wieder loszulassen, wenn der Preis zu hoch wird. Ich kann meine Erfolgschancen durch ein Spiel mit paradoxen Strategien maximieren (Worst-Case-Szenarios und paradoxe Intention): Wer das Scheitern mitdenken und emotional akzeptieren kann, der handelt entspannt und kann seine Potenziale maximal ausschöpfen. Es kehren immer jene Samurai aus dem Kampf zurück, die mit der Bereitschaft gingen zu sterben.

Äußere Ziele nicht erzwingen wollen

Ich weiß um die prinzipiellen Grenzen der menschlichen Erkenntnis. Niemals werde ich mit letzter Sicherheit die Richtigkeit von Entscheidungen ausrechnen können. Ich kann nur mit bestem Wissen und Gewissen aus der begrenzten Perspektive meines Hier und Jetzt heraus handeln. Nur wenn ich aus unbedingtem Selbstvertrauen gemäß meinen eigenen Kriterien entscheide und

Keine Angst vor Fehlern

handele, kann ich lernen und wachsen. Dabei habe ich keine Angst vor »Fehlern«. Manches wird anders kommen als vermutet; oft wird auch meine Gefühlsreaktion auf das Befürchtete oder Erhoffte anders ausfallen als erwartet. Nicht selten wandelt sich etwas heute Negatives morgen oder übermorgen ins Positive.

Die Devise lautet: Probieren und korrigieren. Probleme und Misserfolge sind Lernchancen, schon kleine Fortschritte sind ein Grund zur Freude. Man muss die Dinge ohne Vorurteile auf sich zukommen lassen und das Beste draus machen.

Darüber hinaus bin ich freier in der Wahl meiner Ziele: Ich kann mich überwiegend für Engagements entscheiden, die mir ein hohes Maß an innerem Lohn spenden, sodass meine Bilanz auch dann stimmt, wenn der äußere Lohn ausbleiben sollte. Besser als Ingenieur mit Leib und Seele an der Basis arbeiten, als wegen Geld und Status in eine gehobene Managementposition aufsteigen, für die keine Eignung besteht.

Sein *Selbst* mit allen Eigenheiten positiv annehmen

4. Wenn ich alles wirklich Wichtige schon in mir trage beziehungsweise in meinem Inneren in Selbstverantwortung entwickeln kann, dann kann ich auch mein *Selbst* so akzeptieren, wie es ist. Ich weiß, dass ich ein Schöpfer bin, der über einzigartige Talente verfügt. Wie jeder andere Mensch bin ich unermesslich wertvoll, unabhängig von meinem Aussehen, meiner Leistung oder meiner sozialen Stellung. Ich kann mich selbst in Liebe annehmen, mit all meinen Eigenheiten (auch wenn einige davon in manchen Lebenszusammenhängen als »Schwächen« erscheinen). Wenn alle Menschen unermesslich viel wert sind, dann heißt das auch: Alle Menschen sind gleich viel wert und gleichberechtigt. Ich kann meine Furcht vor einer Abwertung durch andere ebenso loslassen wie meine Bestrebungen, mich über andere zu erheben.

Authentisch sein, Wünsche äußern, keine Erwartungen haben

5. Wenn ich alles Wichtige in mir trage beziehungsweise in mir entwickeln kann und ich mich mit all meinen Eigenheiten in Liebe annehme, dann kann ich mich zeigen, wie ich bin, dann kann ich offen und authentisch sein. Da ich nun nicht mehr unbedingt

etwas von den anderen bekommen muss, muss ich sie auch nicht mehr positiv für mich einnehmen oder gar manipulieren: Ich muss keine Rollen mehr spielen und keine Masken mehr tragen. Zur Offenheit gehört auch, dass ich das Recht habe, alle meine Wünsche zu äußeren. Allerdings müssen mir diese Wünsche nicht erfüllt werden und ich sollte das auch nicht erwarten: offen und authentisch sein, Wünsche äußeren, aber keine Erwartungen haben, sich über das freuen, was man bekommt, ohne Forderungen nach einem »Mehr« oder »Alles« daraus abzuleiten. (Auf Forderungen, die sich aus vertraglichen Vereinbarungen ergeben, sollte man natürlich bestehen – allerdings mit einer entsprechend ihrer Wichtigkeit abgestuften Vehemenz.)

Zuerst geben

Ebenso muss ich mein Geben nicht mehr von gleichwertigen Gegengaben abhängig machen. Ich will dann geben, wenn ich das Bedürfnis dazu habe, und so viel, wie ich für richtig halte – unabhängig von den Erwartungen der anderen und eventuellen Gegengaben. Ein solches Geben tut auch mir gut. Hier ist das Geben gleichzeitig ein Nehmen (von innerem Lohn). Das Gleiche gilt für die Liebe: zuerst lieben. Lieben ist wichtiger, als geliebt zu werden.

All dies enthebt mich der Mangelmentalität und bringt mir eine Mentalität der Fülle: Neid, Eifersucht, argwöhnisches Vergleichen und die Angst, zu kurz zu kommen – all das kann ich loslassen. Ich habe alles Wichtige und es ist genug für alle da. Ich kann mir Großzügigkeit leisten.

Ohne Erwartungen unverletzlich sein

6. Ich will mein Handeln immer mehr so einrichten, dass mir der innere Lohn als Entgelt genügt. Dann kann ich ohne Erwartungen durchs Leben gehen. Wer aber ohne Erwartungen lebt, ist weitestgehend unverletzlich. Andere könnten mich allenfalls mit einem Messer verletzen, aber nicht dadurch, dass sie tun, was sie aus ihrer Perspektive für das Richtige halten (und sei es, mich zu beschimpfen oder unfair zu behandeln).

Vom Konstruktivismus her weiß ich, wie verschieden die Menschen und ihre subjektiven Wirklichkeiten sind. Die meisten

Konflikte resultieren nicht aus genuin böser Absicht, sondern aus Missverständnissen. Im Wissen darum will ich mich um Verständnis bemühen und mich, so weit es geht, in die Schuhe des anderen stellen. Zuerst verstehen, dann verstanden werden. Wir müssen uns nicht einigen – wenn wir uns »zweinigen« (V. F. Birkenbihl), uns also wechselseitig in unseren verschiedenen Sichtweisen akzeptieren, wäre das auch gut.

Dem anderen gestatten, er selbst zu sein

Der andere soll und darf sein, wie er ist. Er ist für sein Tun selbst verantwortlich. Ich habe nicht das Recht, ihm Vorschriften zu machen. An mir ist es, meine eigene Selbstverantwortung wahrzunehmen: offen und authentisch Ich-Botschaften und Wünsche äußern und die Kontrolle über meine eigenen Gefühlsreaktionen ausüben. Ob ich mich verletzt fühle oder nicht, ist potenziell meine Entscheidung. Eigentlich kann ich mich nur selbst verletzen, indem ich an Illusionen festhalte.

5 Das Aikido-Prinzip: Die Kunst, Mitarbeiter zu führen

Wer die Lektüre bis hierher geschafft hat, interessiert sich offenbar ernsthaft für praktische Psychologie. Vermutlich macht Ihnen dann auch der Umgang mit Menschen Freude, und wenn Sie noch nicht in einer Führungsposition sind, dann sind die Chancen groß, dass dies in Zukunft einmal der Fall sein wird. Abgesehen davon sind viele der wirklich wichtigen Führungsprinzipien aber auch im alltäglichen Zusammenleben gültig: vom Koordinieren der Familie bis hin zum Organisieren eines Skiurlaubs mit Freunden oder eines Jahrgangstreffens.

Je flacher die Hierarchien und je flexibler die Netzwerke, desto unabhängiger wird Führung von der Position. In Abhängigkeit von den aktuell geforderten Kompetenzen oder freien personellen Kapazitäten sollte möglichst jeder in der Lage sein, ein kleineres Projektteam zu leiten. Auf Führungsaufgaben dieser Art sollten Sie also vorbereitet sein. **Führungsaufgaben für jeden**

Ob Sie allerdings als herausragender Spezialist den eventuell an Sie herangetragenen Aufstieg ins höhere Management mitvollziehen, sollten Sie sich gründlich überlegen. Konnten Sie Ihre Führungsqualitäten schon einmal in kleinerem Rahmen testen? Macht Ihnen die schwerpunktmäßige Arbeit mit Menschen und das Organisieren Freude? Können Sie andere begeistern und mitreißen? All dies kann man nur in Grenzen erlernen und entwickeln. Dazu gehören auch einige angeborene Persönlichkeitsdispositionen.

Führung im Topbereich ist kein Beruf wie jeder andere – es ist eine Berufung und eine Kunst, für die man auch eine gewisse Begabung braucht. Viele Aufgaben im Topmanagement sind eigentlich unlösbar. Hier sind die Besten kaum gut genug. Auch der Begabteste wird nur dann dauerhaft erfolgreich sein, wenn er nach Kräften lernt, und das lebenslang. Die Entwicklung persönlicher Meisterschaft ist eine Lebensaufgabe.

Im Folgenden werden wir jene Aspekte des Führungshandelns diskutieren, die sich auf die Arbeit mit Menschen beziehen. Hierfür bilden die besprochenen Prinzipien der Selbstführung die entscheidende Grundlage. Der Umgang mit Menschen ist die Kernaufgabe von Führung. Gleichwohl umfasst Management weitere Aufgaben, die an dieser Stelle nicht erörtert werden können (z. B. strategische Unternehmensführung oder mehr betriebswirtschaftliche Themen wie die Budgetierung). Im Hinblick auf die Grenzen unserer mentalen Aufnahme- und Merkfähigkeit werden wir uns auf einige wenige Prinzipien mit großer Hebelwirkung beschränken.

5.1 Führung im Zeitalter der Wissensarbeit

Noch vor wenigen Jahrzehnten wurden auch in der Fertigung noch viele standardisierbare Routinearbeitsschritte von Menschenhand ausgeführt. Für diese sprichwörtliche Fließbandarbeit sind Menschen nur sehr schwer über Selbstzweckmotivationen zu gewinnen. Entsprechend wurden sie über die beiden Mittel Lohn und Strafe fremdzweckmotiviert. Vorherrschend war ein autokratischer Führungsstil, der über Instruktion und Kontrolle funktionierte.

Seither wurden und werden immer mehr standardisierbare Arbeiten von Computern und Automaten übernommen. Der Mensch wird immer weiter aus der Fertigung verdrängt. Die Nachfrage bezüglich menschlicher Arbeitskraft verengt sich immer mehr auf das, was zumindest bisher nicht ersetzt werden kann: die menschliche Kreativität. Den Prototypen der Zukunftsarbeit bilden also Forschungs-, Entwicklungs-, oder Dienstleistungsteams, die sich flexibel aus kreativen Höchstleistern aggregieren. Kreativität ist ein flüchtiges Phänomen, das einer sorgsam gehüteten Atmosphäre von Vertrauen, Freiheit und Sicherheit bedarf, die positiv-emotional aufgeladen ist.

Kreativität kann nicht von außen erzwungen werden. Sie muss von innen heraus einer Eigenmotivation entspringen – idealerweise als Selbstzweckmotivation auf der Basis von Flow-Antrieben. Kreative, selbstzweckmotivierte Höchstleister sind in erster Linie an Gestaltungsverantwortung und anspruchsvollen Arbeitsinhalten interessiert, an denen sie ihre Stärken ausleben und sich weiterentwickeln können. Geld, Titel und hohe Positionen in der Firmenhierarchie reizen sie weniger.

Kreativität und Eigenmotivation als Schlüsselfaktoren

Dieser Wandel bei Motivation und Kompetenzen der Mitarbeiter erzwingt auch Änderungen im Führungsstil. Abgesehen von Ausnahmesituationen ist eine Führung angezeigt, die als demokratisch, kooperativ oder partizipativ bezeichnet wird.

Ihre Hauptaufgabe ist das Empowerment von Mitarbeitern und Teams: Bringen Sie den einzelnen Mitarbeiter dazu, sein Leistungspotenzial für das Erreichen der Unternehmensziele zu entwickeln und auszuschöpfen. Formieren Sie Teams so, dass die Gesamtleistung deutlich größer ist als die Summe der Einzelleistungen. Bei alledem haben Sie durchaus Grund, sich zu beglückwünschen. Nie waren die Chancen für ein wirkliches Führen durch Empowerment so gut wie heute, nie war das Potenzial, Mitarbeiter- und Unternehmensinteressen zur Deckung zu bringen, so groß, wie im Zeitalter der Wissensarbeit. Team-Flow – gemeinsames Surfen auf den Wellen des Erfolgs – heute ist das möglich.

Team-Flow erreichen

5.2 Mitarbeiter-Empowerment

Empowerment bedeutet: Die Führungskraft befähigt die Mitarbeiter so weit als möglich, anspruchsvolle Arbeitsaufgaben eigenverantwortlich aus eigener Kraft und Befähigung zu erfüllen.

Drei Stufen zum Empowerment

Der erste Schritt in diese Richtung ist die Motivierung – was in unserem Kontext nur heißen kann, die Bildung von Eigenmotivationen bei den Mitarbeitern anzuregen. Für den zweiten Schritt, den Aufbau noch fehlender Kompetenzen, müssen Sie nur noch die Rahmenbedingungen schaffen, da er bereits weitgehend eigenmotiviert erfolgt. Schließlich sollten Sie wissen, wie man mit eigenmotivierten Mitarbeitern so umgeht, dass die zarte Pflanze der Kreativität auch weiterhin gedeiht.

5.2.1 Motivierung und Kompetenzaufbau

Wie Sie bereits wissen, ist es sinnvoll, zwei Grundformen der Motivierung zu unterscheiden.

Fremdzweckmotivierung

Die erste Stufe ist die Fremdzweckmotivierung (extrinsische Motivation). Sie knüpft an die angeborenen Bedürfnisse des Mitarbeiters an (insbesondere an Konsum- und Statusbedürfnisse). In Form von Belohnung oder Bestrafung werden die Befriedigungsmöglichkeiten dieser Bedürfnisse verbessert oder verschlechtert. Für gute Leistungen gib es beispielsweise Lohnerhöhungen, Zuschläge, die Teilnahme an einer Incentive-Reise oder den Aufstieg in der Machthierarchie. Bei schlechten Leistungen droht der Entzug all dieser Dinge.

Der Zweck der geleisteten Arbeit liegt also nicht in ihr selbst und hat inhaltlich nichts mit ihr zu tun – er ist ihr fremd. Weil Arbeit und Lohn somit getrennte Dinge sind, bestehen immer Möglichkeiten und Anreize zum Betrug. Oft genügt schon der Anschein von Arbeit und Leistung, um in den Genuss der Belohnung zu kommen: Es reicht, Zahlen zu frisieren, Berge von Papier mit sinnlosen Texten zu füllen und große Reden zu schwingen. Deshalb sind Misstrauen und Kontrolle angezeigt, mit den entsprechenden negativen Folgen für das Arbeitsklima.

Warum Fremdzweckmotivierung scheitert

Darüber hinaus greift das im Zusammenhang mit solchem äußeren Lohn besprochene Phänomen der Gewöhnung. Nach drei Monaten ist eine Gehaltserhöhung eine Selbstverständlichkeit und kein Anreiz mehr. Wenn die gewohnten Bonuszahlungen nicht weiter steigen, dann wirkt das eher demotivierend. Mit fremdzweckmotivierenden Anreizsystemen geraten Sie also in eine gefährliche Belohnungs-Frustrations-Spirale, die sich nicht endlos weiterdrehen lässt. Der Harvard-Professor Alfie Kohn resümiert: »Es gibt keine Studie weltweit, die eine dauerhafte Leistungssteigerung durch Anreizsysteme nachgewiesen hätte. ... Je mehr Menschen über Belohnungen nachdenken, desto mehr bevorzugen sie leichte, kurzfristig lösbare und tendenziell quantitative Aufgaben. Kreativität und Qualität bleiben auf der Strecke.« (zit. n. Sprenger 2000, S. 8)

Letzteres deutet darauf hin, dass Fremdzweckmotivierungen sogar das so wertvolle Pflänzlein der Selbstzweckmotivation zerstören können. Die leise heraufklingende Freude am kreativen, gelingenden Tun um seiner selbst willen kann vom lauten Getöse der Fremdzweckmotivatoren völlig überdeckt werden.

Ein genialer Trick

Mit einem Augenzwinkern mag das die folgende, von Kohn berichtete Geschichte illustrieren. Nachbarskinder machten sich einen Spaß daraus, einen alten Mann jeden Tag aufs Neue mit ihrem Schabernack zu ärgern. Doch der Alte ersann eine List. Er begann, die Kinder für ihre Streiche mit Geld zu belohnen. Nachdem er ihnen eine Zeit lang einen Dollar pro Tag gegeben hatte, reduzierte er die Belohnung unvermittelt zuerst auf 50 und dann auf 20 Cent. Nun blieben die Kinder weg. Wer mag schon für so wenig Geld einem alten Mann zu Diensten sein? Was für eine Zumutung! Endlich hatte er seine Ruhe.

Also: Finger weg von Fremdzweckmotivatoren. Die Hauptstrategie der Motivierung darf nicht mit äußerem Lohn arbeiten. Der äußere Lohn liefert den stabilen Rahmen: sicherer Arbeitsplatz, angemessene Sozialleistungen, gerechte Entlohnung beziehungsweise Gewinnbeteiligung. Die eigentliche Motivierung kann nur über inneren Lohn, also über den Aufbau von Selbstzweckmotivationen erfolgen.

Der Antrieb zur Arbeit muss stattdessen aus der Freude am gelingenden Tun um seiner selbst willen erwachsen. Das (nahezu) perfekte Beherrschen von komplexen, anspruchsvollen Tätigkeiten und ihre qualitative und quantitative Weiterentwicklung verschafft uns Stimmigkeitsgefühle und Flow-Momente. Die Arbeit wird zum Selbstzweck, Tun und (innerer) Lohn fallen in eins. Da somit ein Betrug wie bei der Arbeit für äußeren Lohn nicht möglich ist, sind auch Misstrauen und Kontrolle sehr viel weniger am Platze.

Entsprechend gilt:

1. Sie müssen Ihre Mitarbeiter kennen, wirklich persönlich kennen. Wo liegen die Wünsche und Interessen Ihrer Mitarbeiter? Welche Lebens- und Karriereziele haben sie? Was sind ihre Werte und Prinzipien? Welche Talente und Stärken haben sie? Auf welchem Niveau von Wissen und Kompetenz bewegen sie sich derzeit? Stellen Sie Fragen und üben Sie sich im Zuhören.
2. Stellen und Aufgaben müssen »groß« genug sein. Nach Möglichkeit sollten Aufgaben ganzheitliche Handlungszyklen umfassen: Planung, Entscheidung, Ausführung und Erleben des Ergebnisses. Dies ist die beste Voraussetzung für Lernen und Wachstum beim Mitarbeiter und trägt sehr zur Arbeitsfreude bei. Legen Sie so viel Eigenverantwortung in die Hände des Mitarbeiters wie möglich.
3. Die mit Ihren Mitarbeitern vereinbarten Aufgaben sollten ihren Talenten und Stärken entsprechen. Je mehr Ihrer Mitarbeiter in einem möglichst großen Teil ihrer Arbeitszeit genau das tun dürfen, was sie am besten können, desto erfolgreicher wird Ihr Unternehmen sein. Mindestens ebenso wichtig ist, dass Ihre Mitarbeiter bei ihren Aufgaben etwas

lernen können, was für ihre eigenen Entwicklungs- und Karriereziele bedeutsam ist.

4. Die potenziell stärksten Selbstzweckmotivationen und Flow-Antriebe lassen sich im Bereich von Tätigkeitsinhalten besonders gut entwickeln, die unter anderem folgende Eigenschaften haben: Vielschichtigkeit, Komplexität, Entwicklungsfähigkeit, Freiraum für kreatives Gestalten. Und genau diese Inhalte sind es, auf die sich die Arbeit im Zeitalter der Wissensgesellschaft immer mehr verengt.

5. Coachen Sie Ihre Mitarbeiter im Hinblick auf die Entwicklung von Kompetenzen und Einstellungen, die das Ausschöpfen der Potenziale für Lernen, Wachstum und Freude bei der Arbeit ermöglichen.

6. Sind Selbstzweckmotivationen in ausreichendem Maße aufgebaut, werden Ihre Mitarbeiter Sie von allein darauf ansprechen, welche Kompetenzen sie in Weiterbildungen noch erwerben sollten. Nur in dieser Reihenfolge ist es sinnvoll. Nur wenn Lernen eigenmotiviert erfolgt, hat es nachhaltige Wirkungen.

Die Führungskraft als Coach

Ich bin davon überzeugt, dass jeder – wirklich jeder – Job große Potenziale für das innere Wachstum birgt. Inwieweit diese ausgeschöpft werden können, hängt von der Größe und Differenziertheit des inneren »Resonanzraumes« beim Mitarbeiter ab und von seiner Kreativität im Generieren förderlicher Einstellungen. Hierbei Hilfestellung zu geben, ist sicher eine der größten Herausforderungen für die Führungskraft als Coach.

Lassen Sie uns das etwas idealisierend und mit einem humoristischen Augenzwinkern an einem Beispiel durchdeklinieren.

Fiktives Fallbeispiel: Reinigungsfirma

Wenn es uns gelänge, im Falle eines scheinbar ganz »geringwertigen« Jobs zu zeigen, wie viel Potenzial zur persönlichen Entwicklung in ihm steckt – würde Sie das überzeugen, dass dies dann für jeden Job gelten müsste? Dann beginnen wir doch beim Job der »Putzfrau«. Putzen und Saubermachen gelten gemeinhin als unangenehme und unqualifizierte Tätigkeiten, die kaum jemand gerne ausführt. Die »Putze« steht in der Firmenhierarchie ganz unten und wird häufig entsprechend behandelt. Stellen Sie sich nun vor, Sie übernehmen eine Reinigungsfirma. Ihre Vorarbeiter sind sehr unzufrieden und klagen über die Arbeitsunlust der Mitarbeiterinnen. Entsprechend instruieren und kontrollieren sie die Putzfrauen-Teams en detail.

Mehr Eigen-verantwortung

Als Erstes ersetzen Sie die »Putzfrau« durch die »Raumpflege-rIn« und machen die Jobs »größer«. Die Teams sollen zukünftig so viel wie möglich selbst entscheiden und gestalten: Testen und Auswählen von Putzmitteln und Gerätschaften, Einsatzpläne erstellen und Qualitätskontrollen durchführen. Dann bieten Sie ein Seminar an mit dem Titel »Putzen als Weg zu persönlicher Meisterschaft« (lachen Sie aber nicht zu lange, es ist schon auch ein wenig ernst gemeint ☺). Dabei könnte es im Telegrammstil um Inhalte wie die folgenden gehen:

Sinn in der Arbeit

Machen Sie den Sinn der Arbeit deutlich.
Erläutern Sie, für welche positiven Ziele sich die Unternehmen engagieren, für die Sie arbeiten, und machen Sie deutlich, dass die Gebäudereinigung hierzu einen unverzichtbaren Beitrag leistet. Ein Beispiel: Ein Genie rutscht auf der kurz zuvor entfernten Bananenschale *nicht* aus und rettet die Welt (die dann ja eigentlich sie, liebe Mitarbeiterin, gerettet haben).

Der äußere Lohn ist nicht alles

Machen Sie deutlich, dass die Entlohnung vielleicht vergleichsweise niedrig, gemessen an den Möglichkeiten Ihres Unternehmens, aber fair ist.
Erläutern Sie die wirklichen Quellen von Lebenszufriedenheit und schildern Sie, wie wenig sie von materiellem Reichtum abhängt. Sprechen Sie über die Möglichkeiten und Chancen, die in der Kunst eines einfachen Lebens liegen (z.B. Fokussierung auf das wirklich Wichtige im Leben). Notfalls verschenken Sie das Buch *Das Sterntaler-Experiment* von Heidemarie Schwermer als Weihnachtspräsent.

Arbeit als Quelle von Wissen und vielfältigen Kompetenzen

Erarbeiten Sie die Lern-, Wachstums- und Genussmöglichkeiten, die in der Reinigungstätigkeit liegen:
Freude am Putzen, wenn man es in einer achtsam-ästhetischen Einstellung tut: schwungvolle, harmonische Bewegungen, die

neu entstehende, glänzende Sauberkeit. Putzen als eine Form von Tanz. Vor allem: Putzen als Übung in Achtsamkeit, Putzen als Form der Meditation. Einführung in die Meditation und Übungen dazu. Andere gehen ins Kloster oder in einen Ashram und zahlen eine Menge Geld für Meditations- und Achtsamkeitsübungen – Sie, liebe Mitarbeiter, werden dafür bezahlt.

Darüber hinaus Training sozialer Kompetenz: im Team, in der oft schwierigen Interaktion mit den Unternehmensangestellten, die sich gestört fühlen oder wie Wasserläufer über den frisch gewischten Flur tapsen. Entwickeln Sie eine positive Ausstrahlung, die auf Ihr soziales Umfeld beruhigend oder erheiternd wirkt (Humor!). Was sagen Ihnen die Räume über die Menschen, die dort arbeiten? (Name des Spiels: Zeige mir deinen Schreibtisch und ich sage dir, wer du bist.) Training von Ego-Souveränität: Lernen, sich durch Herabsetzungen nicht mehr verletzt zu fühlen und in der scheinbar »niedrigen« Arbeit Würde und Adel auszustrahlen. Training von Managementkompetenzen als Teamleiterin, Vorarbeiterin oder mehr.

Training sozialer Kompetenz

Beliebig tiefes Eindringen in naturwissenschaftliche Zusammenhänge: Physik / Chemie der Interaktion von Putzmitteln und Oberflächeneigenschaften; Biomechanik / Ergonomie der Reinigungsgeräte; Gesundheitsfolgen von Putzmittelrückständen; ökologisch verträgliche Reinigung: Biologie / Ökologie.

Fachwissen

Machen Sie deutlich: Ohne Rendite ist alles nichts, aber: Rendite ist nicht alles. Das Leben ist ein Spiel zu unserer Freude. Und unser Unternehmen ist eine Lernmaschine in Sachen persönlicher Meisterschaft. Sie müssen in unserem Unternehmen nichts für den Profit tun, das nicht gleichzeitig inneren Lohn für Sie abwerfen könnte. Dazu gilt es, das flexible Spiel mit förderlichen Geisteshaltungen zu erlernen. Das kann sich in allen Bereichen Ihres Lebens positiv auswirken.

Geld ist nicht alles

Nun, vielleicht kommt zu Anfang nur die Hälfte Ihrer Mitarbeiterinnen zu Ihren Workshops. Davon geht die Hälfte schon nach den ersten zehn Minuten. Aber die, die bleiben, werden positi-

Vielleicht spricht sich's ja rum

ve Veränderungen erleben und ausstrahlen, die andere neugierig machen. Die Sache mit dem ganzheitlich-spirituellen Putzen in Ihrer Firma wird sich rumsprechen. Neue, passende Mitarbeiter werden davon angezogen. Andere Mitarbeiter werden das Unternehmen verlassen. Sie werden sehr viel bessere Arbeitsergebnisse erzielen und gewaltig expandieren können.

Ihre talentiertesten MitarbeiterInnen werden grandiose Karrieren starten: Ein langhaariger Kerl mit einem abgebrochenen Physikstudium entwickelt ein neues Reinigungsgerät, meldet ein Patent an und begründet einen Mythos: vom Straßenfeger zum Millionär. Eine ehemals langzeitarbeitslose Geisteswissenschaftlerin schreibt ein Buch, begeistert Hausfrauen und gründet ein Seminarunternehmen. Sie selbst werden mit dem Thema »Durch Putzen zur Erleuchtung« von Talkshow zu Talkshow weitergereicht.

Seien wir realistisch – versuchen wir das Unmögliche Völlig unrealistisch? Gewiss nicht. Der erste Punkt – das »Vergrößern« der Jobs – beruht auf einem realen Beispiel. Und tatsächlich gibt es eine diplomierte Ethnologin, die viele Jahre mit Freude als Putzfrau gearbeitet hat. Sie hat ein Buch mit dem Titel *Wellness beim Putzen* geschrieben und gibt Seminare zu diesem Thema (Zaugg 2004).

5.2.2 Coaching

Im Sinne eines Empowerment mit Mitarbeitern umzugehen, verlangt ein Führungsverhalten, das am ehesten mit dem Begriff »Coaching« erfasst wird. Zunächst müssen wir uns wirklich für unsere Mitarbeiter interessieren, ihre Eigenarten erkunden, ihre Wünsche und Ziele. Dies fördert zugleich den Beziehungsaufbau. Kaum etwas mögen Menschen mehr als ein ehrliches, wertschätzendes Interesse an ihrer Individualität.

Vertrauen spürbar machen Dann gilt es, Vertrauen und Zutrauen zu den Mitarbeitern aufzubauen. Richten Sie dabei den Fokus auf die Stärken. Die Führungskraft muss an die Fähigkeiten ihrer Mitarbeiter glauben und sie das auch spüren lassen. Schon Goethe beobachtete: »Wenn wir die Menschen nur nehmen, wie sie sind, so machen wir sie schlechter, wenn wir sie behandeln, als wären sie, wie sie sein sollten, so bringen wir sie dahin, wohin sie zu bringen sind.«

Sofern Sie ein Team von kreativen Höchstleistern leiten, wird ein anderes Herangehen auch kaum möglich sein. Sie haben natürlich Leute an die vorliegenden Aufgaben gesetzt, die diesbezüglich wesentlich mehr Wissen, Erfahrung und Kompetenz besitzen als Sie selbst. (Oder leiden Sie am bekannten »Schmidt-sucht-Schmidtchen-Syndrom«? Stellen Sie nur Leute ein, die so sind wie Sie, nur ein wenig kleiner?)

Kreativen Freiraum lassen

Insbesondere in dieser Situation würden sich autoritäre Eingriffe fatal auswirken. Die kreative Leistung kann nur aus dem freien Spiel der Kräfte im mentalen Universum Ihres Mitarbeiters entstehen. Da Sie dieses Universum nicht vollständig durchschauen und verstehen können, werden direkte Eingriffe von Ihrer Seite mit großer Wahrscheinlichkeit Zerstörungen anrichten. Die fachlichen Zerstörungen ziehen dann Zerstörungen in Sachen Motivation und Beziehung nach sich: Druck erzeugt Gegendruck. Dies kann sich so weit verselbständigen, dass Ihre Mitarbeiter Sie auch dort boykottieren, wo Sie eigentlich recht hätten.

Druck erzeugt Gegendruck

Empowerment heißt, bei den Mitarbeitern eine eigene innere Entwicklungsdynamik zu entfachen, die Raum hat, ihrer Eigenlogik zu folgen, und zwar in ganzheitlichen Handlungszyklen: Nach der Entscheidungsvorbereitung muss der Mitarbeiter sich aus seinem ureigenen Wissen und Bauchgefühl heraus selbst auf eine Entscheidung festlegen. Er muss dabei »Fehler« machen dürfen und aus den Resultaten lernen können. Nur so ist wirkliches inneres Wachstum möglich.

An der Entscheidungsvorbereitung können Sie mitwirken: Haben Sie schon dies oder jenes bedacht? Könnte es sein, dass Sie diesen oder jenen Faktor überbewerten? Wir hatten vor Jahren schon mal ein ähnliches Projekt – es müssten noch Unterlagen existieren – die Fragen ergeben sich aus der jeweiligen Situation. Aber die endgültige Entscheidung muss dort getroffen werden, wo die

Sachkompetenz entscheidet

höchste Sachkompetenz ist, also beim eigens für ein bestimmtes Sachgebiet eingestellten Experten.

Aikido als indirektes Handeln

Das ideale Führungshandeln ist hier ein indirektes nach dem Aikido-Prinzip. Zur Erinnerung: Aikido ist eine »sanfte« asiatische Kampfkunst, in der versucht wird, mit minimalem eigenem Einsatz eine maximale Wirkung zu erzielen. Die Angriffsenergie des Gegners wird dabei nicht durch eigenen Energieeinsatz gestoppt oder gebrochen. Sie wird vielmehr geschickt so umgelenkt, dass sie sich am Ende gegen den Gegner selbst wendet. Wenn der Gegner etwa einen Faustschlag ausführt, zieht man ihn am Schlagarm, sodass er nach vorn aus dem Gleichgewicht gerät, und führt ihn dann im Halbkreis zu Boden.

Mit Fragen indirekt leiten

Übertragen auf Managementsituationen geht es also darum, die Entwicklung des Mitarbeiters nach Möglichkeit nur indirekt durch die Veränderung von Rahmenbedingungen zu beeinflussen. Die grundlegendste »Technik« ist dabei sicher das Stellen von Fragen: Das ist also Ihr Problem – haben Sie denn auch einen Lösungsvorschlag mitgebracht? Welche Hilfsmittel könnten Ihnen das Finden einer Lösung ermöglichen? Wo finden Sie diese Hilfsmittel? Wie kann ich Ihnen dabei helfen?

Positiver Auftakt!

Sind stärkere Korrekturen erforderlich, sollte man den Mitarbeiter zuvor positiv energetisieren. Zwei Beispiele dazu:

- Falsch: Ha – darüber brauchen wir gar nicht zu diskutieren – das kann nicht funktionieren! Richtig: Was Sie da sagen, ist interessant. Lassen Sie uns einmal das Pro und Contra im Einzelnen durchgehen! … Ah, da haben wir etwas nicht bedacht. Wir werden nach einer anderen Lösung suchen müssen.
- Falsch: Die Projektausarbeitung, die Sie mir da vorgelegt haben, ist völlig unzureichend! Richtig: Ihre Projektausarbeitung ist ein guter Einstieg. Ich habe da einige Fragen und Ideen, die weiterführen könnten.

Ziele sollten nicht oktroyiert, sondern gemeinsam mit dem Mitarbeiter erarbeitet werden. Nur selbstgesetzte Ziele werden mit nachhaltigem Engagement verfolgt. Sie sollten nicht nur über die Ergebnisseite für das Unternehmen reden, sondern auch die Lern- und Entwicklungsaspekte auf Seiten des Mitarbeiters schriftlich fixieren (»doppelte Buchführung« in einem anderen Sinn).

Leisten Mitarbeiter Widerstand, ist nach dem Aikido-Prinzip so zu verfahren:

Umgang mit Widerstand

1. Sich »in die Schuhe des anderen stellen«: Wie sieht die Situation aus der Perspektive des Mitarbeiters aus? Welche Punkte sind nachvollziehbar? Welche Aspekte der Gesamtperspektive fehlen aber vielleicht im Bild des Mitarbeiters?
2. Verständnis zeigen und die Perspektive des Mitarbeiters ergänzen: Ich kann gut nachvollziehen, dass Ihnen das sehr zu schaffen macht. Aber haben Sie schon daran gedacht, dass …
3. Den Mitarbeiter Lösungsvorschläge machen lassen: Was müsste sich aus Ihrer Sicht verändern, damit …?
4. Einen Win-win-Kompromiss aushandeln.

Wenn keine echte Notlage besteht, die rasche Entscheidungen erfordert, ist es bei anstehenden Veränderungen wichtig, ein Gefühl für den richtigen Zeitpunkt, den Kairos, zu entwickeln: Stellen Sie sich vor, auf das Team, das Sie leiten, kämen erhebliche Veränderungen zu, die für viele Teammitglieder auch unangenehme Konsequenzen hätten. Beginnen Sie zu früh damit, in diese Richtung Druck auszuüben, dann besteht die Gefahr, dass sich ein Gegendruck aufbaut. Vielleicht können Sie noch eine Weile warten, bis die Veränderungsnotwendigkeit auch für die anderen deutlicher wird. Dann bedarf es vielleicht nur noch eines kleinen Anstoßes für die Veränderung oder sie ergibt sich von ganz allein (weil vielleicht andere Teammitglieder aktiv werden).

Auf den Kairos warten

In diesem Sinne sollten Sie also regelmäßig Zielvereinbarungs- und Coaching-Gespräche mit Ihren Mitarbeitern führen. Für diese Gespräche lassen sich drei Hauptaufgaben differenzieren:

**Unternehmens-
und Mitarbeiter-
interessen zur
Deckung bringen**

1. Kaum etwas ist für das Unternehmen und für die Mitarbeiter von größerer Bedeutung als eine größtmögliche Übereinstimmung der gegenseitigen Interessen. Außer durch eine adäquate Stellenbesetzung beziehungsweise Aufgabenverteilung kann diese auch folgendermaßen erreicht werden: Achten Sie bei der Mitarbeiterauswahl darauf, dass diese über ein Minimum an Ehrgeiz zur Selbstveränderung und -entwicklung verfügen. Versuchen Sie, im Coaching diesen Ehrgeiz zu stärken. Helfen Sie Ihren Mitarbeitern dabei, alle Potenziale im (Er-)finden und Wechseln förderlicher Sichtweisen zu nutzen, um ihre Arbeitsaufgaben samt der sich ergebenden Probleme als Wachstumschancen zu erleben und zu nutzen (denken Sie an unser Putzfrauen-Beispiel).

Hilfreiche Fragen

Wir selbst sind die Schöpfer unserer Wirklichkeit, und das umfasst natürlich auch den beruflichen Bereich. An dieser Stelle liegen in den Unternehmen noch gewaltige Potenziale brach. Sie zu erschließen hängt vor allem von den Kompetenzen der Führungskräfte bezogen auf angewandte Psychologie und persönliche Meisterschaft ab. Stellen Sie Ihren Mitarbeitern also Fragen wie diese: Was empfinden Sie als Problem und Belastung? Wie kann ich Ihnen helfen, etwas zu ändern? Wenn man nichts ändern kann: Haben Sie schon einmal darüber nachgedacht, ob Sie diese Probleme nicht auch als eine Lernchance sehen könnten? Sind Sie einmal auf allen Ebenen durchgegangen, welche Fähigkeiten Sie bei diesem Job schulen könnten und wo überall in Ihrem sonstigen Leben Ihnen diese Kompetenzen von Nutzen sein könnten? Haben Sie klare positive Lernziele für Ihr persönliches Wachstum formuliert? Nein? Dann lassen Sie uns einmal gemeinsam überlegen!

**Persönliche
Meisterschaft
lehren**

2. Gegebenenfalls können allgemeine Lehrunterweisungen in Selbstmanagement und persönlicher Meisterschaft erforderlich sein. Insbesondere für Menschen des westlichen Kulturkreises gibt es kaum institutionalisierte Möglichkeiten, psychologisches Grundwissen und den Umgang mit sich selbst zu erlernen (dabei handelt es sich um essenzielles Grundwissen, das in den Schulunterricht gehört). Entsprechend haben viele Arbeitnehmer mit diesen Fertigkeiten große Schwierigkeiten.

Ebenso groß ist die Bedeutung von persönlicher Meisterschaft für die Arbeitsleistung und die Teamfähigkeit. Nur wer sich selbst in einem entspannten und positiv-emotionalen Zustand halten kann, ist wirklich leistungsfähig und kreativ, insbesondere in Bezug auf die geistig anspruchsvollen Aufgaben im Zeitalter der Wissensarbeit. Nur wenn ein Großteil der Teammitglieder seine Ego-Impulse zu beherrschen gelernt hat, eigene Sichtweisen (im Sinne des Konstruktivismus) zu relativieren vermag und konstruktiv mit Konflikten umgehen kann, wird ein Team wirklich Synergieeffekte erzielen. Diese Dinge sind einfach unverzichtbare Grundvoraussetzungen.

Wenn es anderswo nicht vermittelt wird, dann obliegt es eben Ihnen, der Führungskraft. Herzlichen Glückwunsch! Schrecken Sie nicht davor zurück, Ihre Leute in entsprechende Weiterbildungen zu schicken oder sie selbst zu organisieren. Zumindest in Hochleistungsteams mit differenzierten und reflexionsfähigen Mitarbeitern sollte man versuchen, auch diese Möglichkeiten auszuschöpfen.

Vermittlung persönlicher Meisterschaft als Führungsaufgabe

Da gibt es dann immer die »harten Kerle«, die desillusionierten Realisten oder gar Zyniker, die Themen dieser Art als schwarmgeistige Gutmenschlichkeit, Gefühlsduselei und Wunschdenken abtun, das nichts mit der harten Realität des Überlebenskampfes zu tun habe. Mit den Konzepten der Psychosynergetik haben Sie da eine gute und harte Argumentationsbasis. Sie können aufzeigen: Alles, was im vorliegenden Buch vermittelt wird, ist transparent, rational und steht begründbar in Verbindung mit einer Steigerung sowohl der Lebenszufriedenheit des Mitarbeiters als auch der Leistung des Unternehmens.

Psychosynergetik: transparent, rational und eigennützig

3. Bei Bedarf ist fachspezifisches Coaching gefragt. Wenn ein Mitarbeiter mit einer bestimmten Arbeitsaufgabe nachhaltig fachliche Schwierigkeiten hat, weil er die entsprechenden Kompetenzen on the job entwickeln soll oder unvorhergesehene Probleme auftreten, kann und muss natürlich auch das zum Thema eines unterstützenden Coachings werden.

Auch fachliche Unterstützung leisten

5.3 Team-Empowerment

Die Aufgabe von Führung besteht darin, die Tätigkeit der Mitarbeiter und ihr Zusammenwirken als Gruppe so zu koordinieren, dass definierte Sachziele mit höchster Effektivität erreicht werden. Das Führungshandeln in Bezug auf die Mitarbeiter haben wir uns angesehen – was bleibt, ist das Team-Empowerment.

Traurige Team-wirklichkeit

Der Teamgedanke spielt in der Fachliteratur über Führungsfragen eine große Rolle. Doch um die Teamrealität ist es in vielen Unternehmen nicht gut bestellt. Konflikte, Drückebergerei, wechselseitige Blockaden und Ineffizienz sind an der Tagesordnung. Teambildung ist schwierig und langwierig – wirkliche Synergieeffekte werden nicht allzu oft erreicht.

Wo liegen die Schwierigkeiten von Zusammenarbeit und Teamwork? Den Schwerpunkt bilden sicher »Ego-Probleme«, Probleme, die mit der Angst vor Erniedrigung des *Ich* beziehungsweise mit dem Wunsch nach Erhöhung des *Ich* zu tun haben. Die Liste der negativen Folgen, die sich daraus ergeben können, ist lang und erhebt keinen Anspruch auf Vollständigkeit:

Ego-Impulse zum Schaden des Teams

- aus Angst nicht offen und ehrlich sein: Probleme nicht ansprechen, kein negatives Feedback geben, nicht um Unterstützung bitten etc.
- aus Angst Initiative unterlassen, keine Risiken eingehen und in seiner Kreativität blockiert sein
- Rechthaberei und Handeln aus Trotz
- Kompetenzstreitereien, weil man sich übergangen und nicht wichtig genug genommen fühlt
- Rückzug, weil man sich verletzt fühlt
- Zurückhalten von Informationen, um Konkurrenten zu schaden
- eine Vielfalt von Aktivitäten, die für das Team bzw. Unternehmen kontraproduktiv sind und nur auf den Ausbau persönlicher Macht gerichtet sind: von der Speichelleckerei nach oben über verdecktes Intrigieren bis hin zum inadäquaten diktatorischen Führen

Weitere zentrale Schwierigkeiten resultieren aus der Unfähigkeit, sich in die Schuhe der anderen zu stellen und eigene Standpunkte und Sichtweisen zu relativieren. So bilden sich nicht selten auf vielen Ebenen Fraktionen, die gegeneinander kämpfen. Gelegentlich wird eher die Nachbarabteilung als Konkurrent empfunden als ein gegnerisches Unternehmen. Es gibt Schätzungen, nach denen Unternehmen durch interne Grabenkriege im Schnitt 50 Prozent Produktivitätsverlust hinnehmen müssen.

Schädliche interne Konkurrenz

Auf das Team übertragen, bedeutet das Empowerment-Prinzip: so viel Selbstverantwortung fürs Team wie möglich und möglichst indirektes Führen über die Optimierung der Ausgangs- und Rahmenbedingungen.

Schon der chinesische Philosoph Laotse wusste: Ein guter Führer ist, wer von den Menschen gepriesen wird. Ein bedeutender Führer ist der, bei dem die Menschen sagen: Wir haben es selbst getan.

Um die Ausgangs- und Rahmenbedingungen zu optimieren, sollten die Teammitglieder, bezogen auf ihre persönlichen Voraussetzungen, so ausgewählt, weitergebildet und gecoacht werden, dass die genannten Probleme möglichst gar nicht erst auftreten. Das betrifft insbesondere das Thema »Ego-Souveränität« und die Fähigkeit zur »konstruktivistischen Selbstrelativierung«.

Zum Thema Ego-Souveränität hatten wir im Abschnitt über persönliche Meisterschaft schon Grundlegendes gesagt. Jeder sollte zwischen Sach- und Ego / Beziehungs-Ebene unterscheiden können, um die evolutionspsychologischen Hintergründe unserer Ego-Bestrebungen wissen und sich kritisch von ihnen zu distanzieren vermögen. Sie stimmen einfach zu oft nicht mit unseren wahren Interessen überein.

Ego-Souveränität

Nach Möglichkeit sollte jeder Mitarbeiter das Folgende so differenziert wie möglich verstanden haben. Um nachhaltig Lebenszufriedenheit zu erlangen, müssen wir als Hauptziele anstreben:

Wahre Ziele

- in eine Aufgabe hineinwachsen, in der wir unsere Stärken leben und unser *Selbst* im Sinne unserer Ziele weiterentwickeln können
- sich Werte und Prinzipien erarbeiten und so leben, dass wir im Einklang mit ihnen sind.

Falsche Ego-Ziele   Einkommenshöhe und soziale Hierarchieebene sind dagegen Nebenziele des *Ich*, die nur wenig zu unserem Glück beitragen. Deshalb muss die Sach / *Selbst*-Ebene immer die Führende sein. Wir sollten niemals eine Position oder Privilegien anstreben, die sachlich / fachlich nicht gerechtfertigt sind. Jede ungerechtfertigte Erhöhung des *Ich* trägt den Keim des Unglücks in sich. Schritt für Schritt gerät man in das Gefängnis eines falschen Images: Die notwendigen Anstrengungen, einen Schein aufrechtzuerhalten, der sich immer mehr vom Sein entfernt, werden immer größer (gelegentlich bis hinein in den Bereich strafrechtlich relevanten Verhaltens).

Entsprechend sollten wir auch nicht an Positionen oder Privilegien festhalten, wenn sich erweist, dass wir ihnen sachlich / fachlich nicht (mehr) gewachsen sind. Hierbei hilft sehr eine Unternehmenskultur, die Rückkehrmöglichkeiten offen hält. Wer sich für eine neue Position als nicht geeignet erweist, sollte die Möglichkeit erhalten, an seinen alten Platz zurückzukehren. Dies sollte nicht als Scheitern gewertet werden.

Über seinen Schatten springen   Wann immer wir spüren, dass unser Ego sich bedroht fühlt, gilt es, einen SDR-Schritt zu tun und dieses Bestreben bewusst loszulassen. Unser Wert als Mensch ist nicht von unserer Leistung, der Hierarchiestufe oder der Wertschätzung durch andere abhängig. Er ist prinzipiell unantastbar und hat allenfalls etwas damit zu tun, inwieweit wir mit uns selbst im Reinen sind: Habe ich mich meinen Werten und Prinzipien gemäß verhalten? Hab ich mein Bestes gegeben? Lehren Sie Ihre Mitarbeiter das gute Gefühl, das entsteht, wenn man unter Überwindung seines Ego zu seinen Prinzipien steht (z. B. eine wichtige Information an einen »Konkurrenten« weitergibt, die ihm einen Erfolg ermöglicht – und wenn es einem dann gelingt, sich über diesen Erfolg einigermaßen ehrlich mitzufreuen). Nicht nur bei einfachen Flow-Phänomenen ist *Ich*vergessenheit die höchste Form von *Selbst*sucht.

Das zweite Thema »Konstruktivismus« wurde in den Anfangskapiteln des Buches ausführlich besprochen, als Grundlage für die zu fordernde »Konstruktivismus-Kompetenz«. Unsere intuitive Wahrnehmung, dass wir einer objektiven Außenwelt gegenüberstehen, welche die anderen genau so sehen, fühlen und bewerten wie wir selbst, ist übermächtig. Allein mit der Kraft von Einsicht und Intellekt vermögen wir den Schleier dieser Illusion dauerhaft aus unserem Blickfeld zu halten.

Konstruktivismus-Kompetenz erlangen

Wir müssen uns immer wieder klarmachen: Jeder hat eine andere, von der unseren oft sehr verschiedene Perspektive auf die Welt und in jeder dieser verschiedenen Sichtweisen steckt ein Körnchen relative Wahrheit.

Wir müssen lernen, die abweichende Sichtweise der anderen nicht als Ärgernis, sondern als Bereicherung zu empfinden. Es gilt, unsere eigene Sichtweise zu relativieren und uns, soweit es geht, in die Landkarte des anderen einzudenken. Nur wenn sich alle Teammitglieder dieser Erkenntnisse bewusst sind, kann durch wechselseitige Korrektur und Bereicherung ein großer gemeinsamer Wirklichkeits- und Denkraum entstehen, in dem sich die Ideen über die Grenzen des Individuums hinweg frei und spielerisch zu assoziieren vermögen. Sie dürfen dabei nicht von Impulsen behindert und verzerrt werden, die außerhalb ihrer Eigenlogik liegen. Und nur dann ist das Team wirklich mehr als die Summe seiner Mitglieder.

Ganzheitliche Integration

Aus den beiden Punkten – Ego-Souveränität und Konstruktivismus-Kompetenz – ergibt sich ein dritter: Es gibt keine absolute und objektive Gerechtigkeit, was Arbeitsverteilung und äußeren Lohn angeht. Ein Team kann deshalb nur dann funktionieren, wenn jeder bereit ist, etwas mehr zu geben als die anderen. Dies fällt umso leichter, wenn man weiß und spürt, dass es alle anderen auch so halten: zuerst verstehen, dann verstanden werden, zuerst geben, dann bekommen. Der äußere und innere Gewinn,

Gib mehr

der aus einem wirklich funktionierenden Team erwächst, wird in der Regel deutlich größer sein als ein eventueller Mehreinsatz. Im Übrigen fallen Geben und Nehmen immer weitergehend in eins, je mehr wir selbstzweckmotiviert für inneren Lohn arbeiten.

Konflikte managen All dies ermöglicht eine konstruktive Konfliktkultur. In komplexen Verhaltenssituationen entstehen Konflikte überwiegend aus inkompatiblen Perspektiven und nur zu geringeren Teilen aus persönlichen Schwächen oder intendierter Bosheit (dies gibt es dann allenfalls im Endstadium eskalierter Konfliktsituationen). Es geht beispielsweise um fehlende Informationen, nicht kommunizierte Erwartungen, differente Sichtweisen und Bewertungen. Ein bewusstes, frühes Konfliktmanagement führt deshalb zu Angleichungen der Landkarten und ist ein wichtiger Katalysator der Team-Formierung. Konflikte sollten deshalb grundsätzlich als etwas Positives begrüßt werden.

Viele Menschen entwickeln im Konfliktfall sehr schnell Ärger und Wut, deren Affektlogik böse Absicht beim anderen suggeriert. Über SDR-Schritte lässt sich immer wieder ein bewusst kritischer Abstand hierzu aufbauen und gleichzeitig kann ein Loslassen dieser Impulse eingeübt werden (»kulturelle Aufhebung«).

Kritik äußern Beim Äußern von Kritik sollten Sie wie folgt vorgehen:

1. Sachlich die Problemsituation und das Verhalten des anderen beschreiben.
2. In »Ich-Botschaften« darstellen, wie man Situation und Verhalten erlebt hat und bewertet. Dabei dem Aikido-Prinzip folgen und Formulierungen vermeiden, die einen Anspruch auf die absolute Wahrheit erkennen lassen.
3. Bei alledem deutlich machen, dass man lediglich das Verhalten des anderen kritisiert, ihn als Person aber respektiert und nach Möglichkeit schätzt.

Wie reagieren Sie selbst auf Kritik?

- Halten Sie inne und lassen Sie Rückzugs- oder Abwehr-
  reflexe los (»SDR-Schritt«).
- Hören Sie dem anderen wirklich zu.
- Fühlen Sie sich durch die Kritik »verletzt«, sollten Sie sich
  eines klarmachen: Nur Hieb-, Stich- oder Schusswaffen
  verletzen zwangsläufig – das Verletztheitsgefühl als Reaktion auf Worte kann man nur selbst erzeugen (indem man
  sich die Maßstäbe des anderen zu eigen macht und sich
  durch negatives Denken hineinsteigert, indem man illu-
  sionäre Erwartungen an den anderen hat etc.).
- Wichtig ist, die Kritik nach den *eigenen* Werten und Maß-
  stäben zu prüfen: Trifft sie zu, kann man dem Gegenüber
  dankbar sein – man hat etwas gelernt und kann sich ein
  Stück weiterentwickeln. Trifft sie aber nicht zu, kann man
  sie innerlich zurückweisen und dem Gegenüber die eigene
  korrigierende Sichtweise darstellen.

Das Wichtigste ist, mit sich selbst im Reinen zu bleiben, auch
wenn das die Gefahr einer Kündigung nach sich ziehen sollte –
für diesen Fall sollte es immer ein Worst-Case-Szenario geben.

Grundsätzlich kann es nicht schaden, sich für die Reaktion auf
Kritik Zeit zu nehmen: Ich verstehe die Probleme, die du aus deiner Perspektive mit meinem Verhalten hattest. Ich werde darüber
nachdenken und dir morgen meine Position darstellen. Wichtig
ist, Konflikte möglichst schnell zu lösen und auch als Führungskraft ein Auge darauf zu haben, dass dies geschieht. Sonst besteht
die Gefahr, dass es zur Verfestigung und Eskalation kommt.

Die Beteiligten »schnappen ein«, reden nicht mehr miteinander, sie konstruieren Fantasiewelten, in denen der je andere der
Böse ist, und steigern sich in eine starke Abneigung hinein. Beim
nächsten geringfügigen Anlass platzt dann die Bombe, man verliert die Contenance und »verletzt« sich. All dies kostet auf vielen
Ebenen »psychische Energie«, die dann zur Lösung der Sachaufgaben fehlt.

Alle Teammitglieder sollten die folgende Denkfigur verinnerlichen: Wer den ersten Schritt auf den anderen zugeht, ist der Reifere und der Stärkere.

Gefahr Gruppen-dynamik

Ein letzter Punkt: Alle Teammitglieder sollten im Grundsatz über das Phänomen des Gruppendrucks Bescheid wissen und dafür eine kritische Sensibilität entwickeln. Selbstverstärkende soziale Eigendynamiken führen dazu, dass bestimmte Auffassungen eine sachlich nicht gerechtfertigte, zu starke Geltung gewinnen. Die Gründe dafür sind vielfältig: weil diese Auffassung von einer Autoritätsperson implizit vorgegeben wird, weil die Gegenposition von einem abgelehnten Teammitglied kommt, weil zufällig gleich die drei ersten Referenten hintereinander die betreffende Auffassung vertreten und so weiter.

Das Scheitern der Welt-AG

Welch entscheidende Rolle solche Mechanismen spielen können, zeigt das Beispiel Daimler-Chrysler. Wenn man den Quellen glauben darf, ist auf diese Weise wohl am 10.3.1999 die »Welt-AG« gescheitert, als im Beau Rivage in Lausanne die Entscheidung gegen eine Fusion von Daimler-Chrysler mit Nissan fiel. Die 17 Vorstände von Daimler-Chrysler saßen um einen ovalen Tisch herum – Schrempp und die Daimler-Fraktion waren eher für die Fusion, während die Chrysler-Leute eine ablehnende Position innehatten. Taktisch unklug, erteilte Schrempp der Chrysler-Fraktion zuerst das Wort und vermied ein eigenes Statement. Noch ehe die Nissan-Freunde auf der Daimler-Seite Position beziehen konnten, hatte sich die Meinungsbildung bereits irreversibel verfestigt. Bekanntlich avancierte später dann Renault-Nissan zum Erfolgsmodell, während Daimler-Chrysler Asien zu erobern suchte, mit dem Klotz Mitsubishi am Bein (nach *Manager Magazin* 04/07).

Normierungen und Polarisierungen

Setzt sich im Rahmen solcher Gruppendynamiken eine einzelne Meinung durch, kann man von Normierung sprechen. Schaukeln sich zwei Auffassungen gegeneinander auf, entstehen blockierende Polarisierungen. Zu einem bewussten Umgang mit solchen Phänomenen gehört unter anderem, dass sich jeder schon vor der Sitzung zu den wichtigen Fragen eine klare eigene Position erarbeitet hat.

5.4 Die lernende Organisation

Es wird Ihnen nicht entgangen sein: Auch das, was hier zum Thema Führung gesagt wird, ist auf Idealsituationen bezogen. Ähnlich wie das, was wir im Kontext der förderlichen Geisteshaltungen besprochen haben, sollen auch diese Führungsprinzipien Leuchttürme der Orientierung sein. Diese Orientierungshilfe kann beim Handeln im Alltagschaos sehr wertvoll sein, auch wenn man das Ideal in praxi nicht zu 100 Prozent erreicht.

Am Ideal orientieren

Gehen wir nun vom Team zur Gesamtorganisation über. Lassen Sie uns kurz zusammentragen, welche Merkmale eine sich ideal entwickelnde Organisation kennzeichnen.

1. Die Organisation muss über eine klare und allen bekannte Zielhierarchie verfügen. An der Spitze steht eine Vision, die Gefühl und Leidenschaft der Mitarbeiter anspricht. Sie sollte einem nachhaltigen Denken entspringen und zur Realisierung positiver menschlicher Werte und Gemeinwohlinteressen beitragen. (Dies setzt natürlich voraus, dass es solche gemeinsamen Werte und Sichtweisen, eine verbindende und verbindliche Kultur gibt bzw. dass eine solche Kultur geschaffen und bei der Einstellung von Mitarbeitern berücksichtigt wird.)

Begeisternde Ziele und Visionen

Ein begeisterndes Ziel, das sowohl hochgesteckt als auch realistisch ist, wirkt wie ein Kraftfeld mit einigender Wirkung: Jeder weiß, dass man dieses Ziel nur gemeinsam erreichen kann, wenn sich jeder der gemeinsamen Sache unterordnet. Fehlt das Kraftfeld, ist der soziale Organismus immer in Gefahr, zu desintegrieren. Allerlei wirr durcheinander wirkende »Nebenkräfte« brechen nun hervor: von den vielfältigen Ego-Bestrebungen der Mitarbeiter bis zum Sieg der Form über den schwächelnden Inhalt.

Nach der Formulierung der Vision muss es natürlich weitergehen. Die Wege, die zum Erreichen der Vision führen, müssen erkennbar und gangbar sein. Für die Motivation ist das Gefühl von Bewegung und Entwicklung zentral. Gibt es Stagnation, sind alle über Ursachen und Gegenmaßnahmen zu informieren.

Spüren, dass es vorangeht

Natürlich sollten sich die großen Ziele nach unten hin in Zwischen- und Teilziele bis hin zu den persönlichen Zielen jedes einzelnen Mitarbeiters ausdifferenzieren: Jeder muss zu jedem Zeitpunkt wissen, welchen Beitrag er zu leisten hat. Soweit dies möglich ist, sollten auf allen Zielebenen die Ist-Soll-Diskrepanzen zeitnah, plastisch und für alle sichtbar gemonitort werden (»Socreboard«). Jeder Mitarbeiter sollte bezüglich seiner Leistungen ein klares Feedback erhalten. So wird sichergestellt, dass die »Sinnfäden« von der Vision bis hinunter zu Herz und Hand eines jeden Mitarbeiters weitergeknüpft werden.

Diese Zielhierarchie und die durch sie induzierte Marktausrichtung, Innovation und Kompetenzentwicklung müssen sich in einer Weise weiterentwickeln, dass die Gewinne und damit die Überlebenschancen des Unternehmens für die Zukunft gesichert sind.

Bereitstellen, was gebraucht wird

2. Es müssen die für die Lösung der in der Zielhierarchie festgeschriebenen Kernaufgaben nötigen Kernkompetenzen in den Teams der Organisation vorhanden und abrufbar sein. Die materiellen und sonstigen Voraussetzungen zur Leistungserbringung müssen organisiert werden.

Jedem nach seinen Stärken

3. Alle Stellen und Aufgaben sollten so besetzt beziehungsweise verteilt sein, dass die Mitarbeiter überwiegend im Bereich ihrer Stärken und Selbstzweckmotivationen tätig sein können.

Persönliche Meisterschaft fördern

4. Alle Mitarbeiter sollten in möglichst hohem Maße über persönliche Meisterschaft verfügen – und insbesondere zu einem souveränen Umgang mit ihrem Ego und zur konstruktivistischen Relativierung ihrer Standpunkte fähig sein. Die Conditio sine qua non ist eine deutlich spürbare Motivation zur Selbstentwicklung.

Die Struktur organisiert sich selbst

5. Das Unternehmen/Team muss eine Struktur haben, die zur Erfüllung seiner Kernaufgaben hochgradig geeignet ist. Es wird wohl zu Recht die Auffassung vertreten, dass es für eine solche Strukturierung keine allgemeingültigen Regeln gibt – zu variantenreich sind die Aufgaben von Organisationen sowie die Eigen-

arten ihrer Mitarbeiter. Der Hauptansatzpunkt bleibt deshalb bis auf Weiteres das Empowerment des einzelnen Mitarbeiters.

Lernbegeisterte Mitarbeiter formieren lernende Organisationen, team- und systemkompetente Mitarbeiter organisieren kompetente Teams und soziale Systeme.

Generell kann man sicher sagen, dass Klima und Kultur einer Organisation durch Vertrauen, Freiheit, Sicherheit, Fehlerfreundlichkeit und eine positive Emotionalität gekennzeichnet sein sollten. Wie wir aus der Alltags- und Selbsterfahrung wissen und wie auch durch psychologische Untersuchungen eindrucksvoll bestätigt wurde, sind Menschen in einem positiven emotionalen Zustand sehr viel kreativer und leistungsfähiger, als wenn sie von Stress und Angst geplagt werden. Während das »Vertrauensschwungrad« eine Fülle von leistungssteigernden Prozessen aufschaukeln kann, vermag die »Misstrauensbremse« eine Organisation schnell in eine Abwärtsspirale zu führen.

»Vertrauensschwungrad« und »Misstrauensbremse«

Sind diese fünf Bedingungen weitestgehend erfüllt? Dann sollte das Unternehmen mit hochgradiger Lern- und Anpassungsfähigkeit auf dem Wege der sozialen Selbstorganisation seine Struktur so verändern, dass sie den jeweiligen inneren und äußeren Bedingungen am besten im Sinne der Aufgabenerfüllung entspricht. Zudem würden sich alle Glieder dieses sozialen Organismus eigengetrieben bewegen (intrinsische Motivation). Auf bürokratische Zwangsapparate mit formalen Regeln sollte man weitgehend verzichten können. Man bräuchte sie in diesem Idealfall weder zur Strukturierung von Abläufen noch zu deren Antrieb.

Das Idealziel

5.5 Führung mit persönlicher Meisterschaft

Zum Abschluss wollen wir das Thema Führung noch einmal auf die Führungskraft fokussieren. In welchen Rollen muss eine Führungskraft agieren können? Welche Aufgaben hat sie zu erfüllen?

5.5.1 Visionär / konzeptionell-strategischer Vordenker / Aktivator

Verwurzelung in Kultur und Gesellschaft

Insbesondere für die Erarbeitung, Weiterentwicklung und das kommunikative Wirksammachen der Unternehmensvision tragen die Topführungskräfte eine hohe Verantwortung. In der Vision sollte deutlich werden, auf welche Weise das Unternehmen zur Befriedigung positiver Bedürfnisse der Menschen in einer Gesellschaft beitragen will. Die Entwicklung dieser Bedürfnisse ist eingewoben in den Gesamtprozess der Kulturentwicklung. Um diesen Prozess mit einiger Treffsicherheit intuitiv vorwegnehmen zu können, muss eine Führungskraft über ein hohes Allgemeinwissen verfügen und auf vielfältige Weise mit der Gesellschaft verbunden sein (Medienrezeption, eigene Familie, Kontakte zu Schlüsselpersonen etc.).

Kraft aus Prinzipien und Überzeugungen

Um Visionen und strategische Konzepte überzeugend und mitreißend vertreten zu können, muss die Führungskraft zutiefst von deren Richtigkeit überzeugt sein. Dies setzt voraus, dass diese Konzepte zu tief verinnerlichten Werten und Prinzipien in Verbindung stehen. Diese Verinnerlichung erfolgt durch eine penible und ausdauernde innere Arbeit: Die Führungskraft sollte sich mit ihrer Lebensphilosophie, ihren Führungsprinzipien und den Grundlagen ihres speziellen Arbeitsfeldes gründlich auseinandersetzen und schriftlich die eigenen Standpunkte und Konzepte erarbeiten. Solchermaßen verinnerlichte Überzeugungen lassen den Leader in einer Weise brennen, die auch andere ansteckt und aktiviert.

5.5.2 Vorbild in persönlicher Meisterschaft

Wer ein wirklicher Leader werden will, sollte das Streben nach persönlicher Meisterschaft zu einem eigenständigen und wichtigen Bereich seines Lebens machen. Hierzu gehört: regelmäßig Literatur zu diesem Themenkreis lesen, zu Weiterbildungen gehen, den Alltag zu einem permanenten Lernprozess umfunktionieren mit ritualisierten »Terminen mit sich selbst«.

Es liegt in der immanenten Entfaltungslogik persönlicher Meisterschaft, dass sich Persönlichkeitseigenschaften entwickeln und nach außen strahlen, die für Leadership von zentraler Bedeutung sind: Offenheit, Ehrlichkeit, Integrität, Vertrauenswürdigkeit. Wichtig ist, zwischen Reden und Handeln keine großen Diskrepanzen zuzulassen und über andere in deren Abwesenheit nicht anders zu reden als in deren Anwesenheit. Die Führungskraft sollte allen Mitarbeitern das gleiche Maß an Respekt entgegenbringen: der Putzfrau nicht weniger als dem Aufsichtsratsvorsitzenden.

Die Qualitäten des wahren Leaders

Geben Sie nicht nur Ihren Mitarbeitern Feedback, fragen Sie auch im Sinne einer 360-Grad-Beurteilung, was Sie selbst nach Meinung Ihrer Mitarbeiter anders und besser machen könnten. Machen Sie deutlich, dass Sie insbesondere auch an »negativem« Feedback interessiert sind und dass dies keine bösen persönlichen Folgen für den Kritiker haben wird. Lernen Sie, über sich selbst zu lachen. Verbinden Sie persönliche Bescheidenheit mit Härte und Durchsetzungskraft bezüglich der Dinge, die Sie zum Wohl der gemeinsamen Sache für richtig halten (Level-5-Führungsqualitäten nach Collins, 2003).

Persönlich bescheiden, aber fordernd und hart in der Sache

Führen Sie möglichst mit der Art persönlicher Autorität, die aus persönlicher Meisterschaft erwächst. Gehen Sie so sparsam wie möglich mit formalen Machtinstrumenten um.

5.5.3 Coach und Lehrer

Ich bin davon überzeugt, dass der Schlüssel zum Erfolg für den Einzelnen wie auch für die Organisation, in der er tätig ist, persönliche Meisterschaft heißt. Dies ist der Zauberstab, mit dem man die Interessen des Einzelnen und seiner Organisation weitgehend zur Deckung bringen kann.

Sozialer Frieden Potenziell besteht so die Möglichkeit, den klassischen Streitpunkt »Ausbeutung« zu transzendieren: Zumindest die Löhne kreativer Höchstleister liegen deutlich über jener Grenze, über die hinaus weitere Gehaltserhöhungen nicht mehr zur Lebenszufriedenheit beitragen. Zugleich ist das Maß an innerem Lohn, das der Mitarbeiter in Abhängigkeit von seiner Kreativität und seinem Engagement generieren kann, nicht mit Gold aufzuwiegen. (Das soll die Notwendigkeit von Verteilungsgerechtigkeit natürlich nicht außer Kraft setzen. Aber es kann helfen, mit der einzig möglichen relativen Gerechtigkeit seinen Frieden zu machen. Denn eine absolute Gerechtigkeit, mit der alle Seiten bis auf die letzte Kommastelle einverstanden sind, wird es niemals geben.)

Lehrer in persönlicher Meisterschaft Deshalb: Streben Sie als Führungskraft nicht nur selbst nach persönlicher Meisterschaft – unterrichten und coachen Sie auch Ihre Mitarbeiter in diesem Sinne. Wirken Sie als Vorbild, nutzen Sie die Coaching- und sonstigen Mitarbeitergespräche hierfür, schicken Sie Ihre Leute in entsprechende Seminare oder veranstalten Sie selber welche. Infizieren Sie Ihre Mitarbeiter mit dem Virus »Freude an der Selbstentwicklung«.

5.5.4 Koordinator/Manager/Entscheider

In dieser Rolle sind einige Faktoren von zentraler Bedeutung. Die Führungskraft sollte

- über gut entwickelte Zielhierarchien im persönlichen und beruflichen Bereich verfügen,
- sich ihrer Werte und Prinzipien sicher sein,

- Übung in innerer Klarheit haben
- und all dies in regelmäßigen Terminen mit sich selbst
  sowie in möglichst häufigen SDR-Momenten auf die Tages-
  aktualität anwenden.

Für die Kernaufgaben Ihres Bereiches müssen Sie möglichst genau wissen, was Sie wollen. Vor Beginn eines jeden Arbeitstages
sollten Sie innerlich durchgehen: Welche Termine und Gespräche stehen an, welche Probleme könnten sich ergeben, was sind
diesbezüglich meine Erwartungen, Wünsche, Grenzen und (imperativen) Forderungen? Im Chaos des Arbeitsalltags gilt es dann,
in häufigen SDR-Schritten die aktuelle Lage an diesen Vorgaben
zu messen und klare Entscheidungen zu treffen. Ringen Sie sich
zu Entscheidungen durch und kommunizieren Sie diese klar und
deutlich. Das gehört zu Ihren Hauptaufgaben als Führungskraft.
Wichtiges sollte unbedingt erklärt werden, auch auf die Gefahr
hin, einmal Eulen nach Athen zu tragen. Das Gleiche gilt für be-
vorstehende unangenehme Veränderungen – kaum etwas ist gefährlicher als das unkontrollierte Grassieren von Gerüchten und
Ängsten.

Klare Entscheidungen treffen

Denken Sie jedoch bei aller Zielklarheit und Entscheidungskraft
daran: Regieren Sie Ihren Mitarbeitern und Teams nicht in Dinge hinein, die in deren Verantwortungsbereich liegen. Hier gilt
im Normalfall das indirekte Führen nach dem Aikido-Prinzip:
Es werden gemeinsam Ziele vereinbart, den Weg aber finden die
Leute selbst (denn Sie haben ja die richtigen Leute eingestellt).
Sie können Anregungen und Hinweise geben. Ansonsten ist es
Ihre Aufgabe, die Rahmenbedingungen für ein erfolgreiches Arbeiten zu organisieren und äußere Hindernisse aus dem Weg zu
räumen.

Den Weg zum vereinbarten Ziel allein finden lassen

Unwichtige Entscheidungen kann man irgendwie treffen – Haupt-
sache, es geht schnell. Wichtige und schwierige Entscheidungen
dagegen sollten Sie immer in zwei Phasen unterteilen:

Entscheidungs-findung in zwei Phasen

In einer ersten »Brainstorming«- und Inkubationsphase werden
Ideen gesammelt, sie werden zu möglichen Lösungsvarianten zu-

sammengebaut und dann kann man mit diesen Varianten innerlich spielen. Auch wenn es sich um Entscheidungen Ihres Verant-
wortungsbereichs handelt, sollten Sie nach Möglichkeit in dieser
Phase Ihre Mitarbeiter miteinbeziehen. Es kann niemals schaden,
sich die Meinungen und Ideen anderer anzuhören, selbst wenn
man am Ende autokratisch entscheidet. Haben Sie sich in einer
wirklich wichtigen Angelegenheit bereits vorentschieden, sollten
Sie diese Entscheidung noch einmal relativieren und sich die Zeit
für eine Inkubationsphase nehmen.

In der sich anschließenden Phase der endgültigen Entscheidung
wählen Sie dann diejenige unter den Lösungen, bei der neben den
passenden formal-logischen Kriterien das intensivste allgemeine
Stimmigkeitsgefühl entsteht (das berühmte »gut feeling«).

Persönlicher Respekt und Fehlerfreundlichkeit

Der Koordinator und Kommunikator muss auch sicherstellen,
dass alle Mitarbeiter möglichst zeitnah darüber informiert sind,
ob, wie und wann die wichtigen Ziele ereicht wurden. Wenn Sie
Feedback geben, bewerten Sie Verhalten und Leistungen, nicht
aber Personen. Es steht uns nicht zu, Personen zu bewerten. Achten Sie darauf, dass diese Unterscheidung zum Bestandteil der
Kultur Ihrer Organisation wird. Fördern Sie eine Kultur der Fehlerfreundlichkeit – Fehler sind kein Anlass, Schuldige zu suchen
und zu strafen, sondern etwas zu lernen. Als ein junger Banker
einen Riesendeal in den Sand gesetzt hatte und deprimiert seinen
Chef fragte, ob er jetzt entlassen sei, antwortete dieser: Sind Sie
verrückt? Ich habe gerade 10 Millionen Dollar in Ihre Ausbildung
investiert!

Hilfe zur Selbsthilfe

Ist es notwendig, Verhaltensänderungen bei Mitarbeitern durchzusetzen, versuchen Sie es solange wie möglich gemäß dem Aikido-Prinzip: Beschreiben Sie Tatsachen und Verhalten, stellen
Sie Fragen bezüglich der Folgen, machen Sie notwendige Konsequenzen deutlich. Führen Sie so den Mitarbeiter an einen Punkt,
an dem er von selbst die Notwendigkeit der Verhaltensänderung
erkennt und das Gefühl bekommt, damit aus eigener Motivation
zu beginnen. Wird aber deutlich, dass der Mitarbeiter nicht zu seiner Aufgabe oder zum Unternehmen passt, dann leiten Sie schnell

und klar das Trennungsprocedere ein. Helfen Sie dem Mitarbeiter dabei, eine neue Stelle zu finden.

5.5.5 Autokrat

Führung ist auch immer situativ, und es gibt Situationen, in denen der Leader als Autokrat gefragt ist, zum Beispiel: in äußeren Notlagen, in denen schnell gehandelt werden muss; wenn Mitarbeiter oder ganze Teams aus inneren Problemen heraus nicht dazu in der Lage sind, eigenverantwortlich zu entscheiden; wenn soziale Konflikte nur durch ein Machtwort reguliert werden können.

Hier muss genau zwischen einem verantwortlichen Machtgebrauch im Dienst der Sache und dem Machtmissbrauch im Dienst des Ego unterschieden werden. Menschen, die Macht um ihrer selbst willen zelebrieren, disqualifizieren sich als wirkliche Führungspersönlichkeiten. Sie zeigen, wie sehr ihr sachlicher Blick in Gefahr ist, von Ego-Zielen verzerrt zu werden, die nicht im Interesse der Organisation liegen.

Zwei Arten des Machtgebrauchs

Wann immer Sie Mitarbeiter nicht überzeugen können und Sie Ihr Weisungsrecht einsetzen müssen, sollten Sie nach Möglichkeit Folgendes deutlich und spürbar machen: Der andere soll sich nicht mir und meinem Ego unterordnen, sondern einem gemeinsamen übergeordneten Prinzip, dem wir beide unterstehen – der formalen Verantwortungs- und Entscheidungshierarchie (Sinngemäß: Sie wissen, ich mache das nicht gern, aber ich muss Sie auffordern, dass in dieser oder jener Weise auszuführen. Ich trage formal die Letztverantwortung und muss und werde am Ende dafür geradestehen. Ich kann Sie nur bitten, sich voll und ganz für diese Lösung einzusetzen, auch wenn Sie eigentlich ein anderes Prozedere vorgezogen hätten.) Es gilt, eine sachadäquate funktionale Hierarchie zu leben und nicht eine Primatenhierarchie.

Sich verbindlichen Prinzipien unterstellen

Schlusswort

Wollen Sie dem hier empfohlenen Weg folgen, kommen spätestens jetzt die nächsten Schritte auf Sie zu: Sie müssen konkrete Veränderungsinhalte mental und praktisch üben und eventuell auch Teilbereiche Ihres Alltagslebens grundlegend umstrukturieren.

Weiterführende Lektüre Zum mentalen Üben gehört auch das Weiterlesen! Mit der Lektüre dieses Buches haben Sie einige neue Leitsaiten in Ihr inneres Klavier eingezogen. Wahrscheinlich hat sich der Grundton Ihrer (aus vielen Millionen aufeinander abgestimmter Gedankensaiten) bestehenden Lebensphilosophie dadurch jedoch noch nicht tiefgreifend verändert. Nun geht es darum, durch Umsteuern des inneren Dialogs geduldig und nachhaltig Umstimmungsarbeit in Richtung Ihrer neuen Lebensgrundsätze zu leisten.

Durch kaum etwas kann dieser Prozess besser in Gang gehalten werden als durch eine weiterführende Lektüre zu den entsprechenden Themen. Sollten Sie das Gefühl gewonnen haben, dass Ihnen der hier vertretene Ansatz entspricht, empfehle ich Ihnen mein Buch *Erfolgsprinzip Persönlichkeit*. Die Grundaussagen, die ich Ihnen vorgestellt und erläutert habe, werden dort deutlich ausführlicher dargestellt, erweitert und aus einem modernen, systemisch-evolutionistischen Weltbild abgeleitet. Darüber hinaus schließen sich an das Literaturverzeichnis des vorliegenden Buches Literaturempfehlungen an.

Was Sie im Anhang erwartet Der Anhang hält Folgendes für Sie bereit: Zunächst finden Sie sieben Grundregeln für den Umgang mit anderen Menschen. Da der Umgang miteinander sowohl im Privaten als auch im Beruflichen von so zentraler Bedeutung ist, schien es mir sinnvoll, die Prinzipien dieses Buches noch einmal in Bezug auf dieses Thema zusammenzufassen.

Für den auch grundlagentheoretisch interessierten Leser schließen sich zwei Exkurse zum Verhältnis von Denken und Gefühlen an. Kaum etwas ist für die Probleme der psychischen Veränderung vom Selbstmanagement bis zur Psychotherapie von so zentraler Relevanz wie die Fragen von Bedeutung und Wechselwirkung kognitiver und emotionaler Prozesse. Und kaum etwas wird gleichzeitig in der Literatur so unklar und kontrovers diskutiert. Deshalb war es mir wichtig, die Sicht der Psychosynergetik hierzu noch einmal etwas systematischer darzustellen, als dies für den regulären Buchtext angemessen war.

Literaturverzeichnis

Bodian, S. (2000) Meditation für Dummies. Für ein entspannteres und bewussteres Leben. MITP-Verlag, Bonn

Buckingham M., Clifton D. O. (2002) Entdecken Sie Ihre Stärken jetzt. Das Gallup-Prinzip für individuelle Entwicklung und erfolgreiche Führung. Campus, Frankfurt New York

Buss D. M. (1994) Die Evolution des Begehrens. Geheimnisse der Partnerwahl. Goldmann, München

Buss D. M. (2004) Evolutionäre Psychologie. Pearson, München Boston

Collins, J. (2003): Der Weg zu den Besten. dtv, München

Covey S. R., Merrill A., Merrill R. (2001) Der Weg zum Wesentlichen. Zeitmanagement der vierten Generation. Campus, Frankfurt New York

Csikszentmihalyi M. (1993) Flow. Das Geheimnis des Glücks. Klett-Cotta, Stuttgart

Csikszentmihalyi M. (2004) Flow im Beruf. Das Geheimnis des Glücks am Arbeitsplatz. Klett-Cotta, Stuttgart

De Mello A. (2004) Der springende Punkt. Wach werden und glücklich sein. Herder, Freiburg

Fölsing A. (1999) Albert Einstein. Biographie. Suhrkamp, Frankfurt a. M.

Haken H. (1995) Erfolgsgeheimnisse der Natur. Synergetik. Die Lehre vom Zusammenwirken. Rowohlt, Reinbek

Haken H., Haken-Krell M. (1997) Gehirn und Verhalten. Unser Kopf arbeitet anders als wir denken. DVA, Stuttgart

Hansch D. (2003) Erste Hilfe für die Psyche. Selbsthilfe und Psychotherapie. Die wichtigsten Therapieformen. Fallbeispiele und Lösungsansätze. Springer, Berlin Heidelberg New York

Hansch D. (2004) Evolution und Lebenskunst. Grundlagen der

Psychosynergetik. Ein Selbstmanagement-Lehrbuch. Vandenhoeck & Ruprecht, Göttingen 2. Auflage

Hansch D. (2006) Erfolgsprinzip Persönlichkeit. Selbstmanagement mit Psychosynergetik. Springer, Berlin Heidelberg New York

Huhn G., Backerra H. (2004) Selbstmotivation. Hanser, München

Jammer M. (1995) Einstein und die Religion. UVK, Konstanz

Knoblauch J. W., Hüger J., Mockler M. (2003) Dem Leben Richtung geben. Campus, Frankfurt, New York

Lindemann H. (1996) Autogenes Training. Mosaik, München

Lorenz R. (2004) Salutogenese. Reinhardt, München

Pircher-Friedrich A. (2005) Mit Sinn zu nachhaltigem Erfolg. Schmidt, Berlin

Randall L. (2006) Verborgene Universen. Eine Reise in den extra-dimensionalen Raum. S. Fischer, Frankfurt

Schäfer, K. H. (2005) Entspannungstraining nach Jacobson. Kneipp, Leoben

Schwermer, H. (2001): Das Sterntalerexperiment. Mein Leben ohne Geld. Goldmann, München

Scott M. (2001) Zeitgewinn durch Selbstmanagement. So kriegen Sie Ihre neuen Aufgaben in den Griff. Campus, Frankfurt New York

Seiwert L. J. (2001) Wenn Du es eilig hast gehe langsam. Das neue Zeitmanagement in einer beschleunigten Welt. Campus, Frankfurt New York

Seligman M. (1991) Pessimisten küsst man nicht. Optimismus kann man lernen. Knaur, München

Seligman M. (2002) Der Glücksfaktor. Warum Optimisten länger leben. Ehrenwirth, München

Sprenger R. K. (2000) Mythos Motivation. Wege aus einer Sackgasse. Campus, Frankfurt New York

Stehling W. (2002) Leadership mit Lust und Leistung. Verlag Moderne Industrie, München

Vallés C. G. (2001) Nachgedanken über Anthony de Mello. Santiago Verlag, Goch

Zaugg K. (2004) Wellness beim Putzen. Zaugg

Literaturempfehlungen

Selbstorganisation, komplexe Systeme, Evolutionistisches Weltbild

Blackmore S. (1999) Die Macht der Meme. Die Evolution von Kultur und Geist. Spektrum, Heidelberg Berlin Oxford

Brockman J. (1996) Die dritte Kultur. Das Weltbild der modernen Naturwissenschaft. Goldmann, München

Csikszentmihalyi M. (1995) Dem Sinn des Lebens eine Zukunft geben. Eine Psychologie für das 3. Jahrtausend. Klett-Cotta, Stuttgart

Dawkins R. (1978) Das egoistische Gen. Springer, Berlin Heidelberg New York

Ebeling W., Feistel R. (1994) Chaos und Kosmos. Prinzipien der Evolution. Spektrum, Heidelberg Berlin Oxford

Fischer E. P. (2001) Bildung. Was man von den Naturwissenschaften wissen sollte. Ullstein, München

Gell-Mann M. (1994) Das Quark und der Jaguar. Vom Einfachen zum Komplexen – die Suche nach einer neuen Erklärung der Welt. Piper, München Zürich

Haken H. (1995) Erfolgsgeheimnisse der Natur. Synergetik. Die Lehre vom Zusammenwirken. Rowohlt, Reinbek

Hansch D. (2004) Evolution und Lebenskunst. Grundlagen der Psychosynergetik. Ein Selbstmanagement-Lehrbuch. Vandenhoeck & Ruprecht, Göttingen 2. Auflage

Jantsch E. (1982) Die Selbstorganisation des Universums. Vom Urknall zum menschlichen Geist. dtv, München

Kaufman S. (1996) Der Öltropfen im Wasser. Chaos, Komplexität, Selbstorganisation in Natur und Gesellschaft. Piper, München Zürich

Kelly K. (1997) Das Ende der Kontrolle. Die Biologische Wende in Wirtschaft, Technik und Gesellschaft. Bollmann, Mannheim

Kriz J. (1997) Chaos, Angst und Ordnung. Wie wir unsere Lebenswelt
  gestalten. Vandenhoeck & Ruprecht, Göttingen
Kriz J. (1999) Systemtheorie. Eine Einführung für Psychotherapeuten,
  Psychologen und Mediziner. Facultas, Wien
Krugman P. (1998) The Self-Organizing Economy. Blackwell, Oxford
Lewin R. (1993) Die Komplexitätstheorie. Wissenschaft nach der
  Chaosforschung. Hoffmann & Campe, Hamburg
Mandelbrot B.B., Hudson R.L. (2005) Fraktale und Finanzen. Märkte
  zwischen Risiko, Rendite und Ruin. Piper, München Zürich
Prigogine I., Stengers I. (1980) Dialog mit der Natur. Piper, München
  Zürich
Waldrop M.M. (1993) Inseln im Chaos. Die Erforschung komplexer
  Systeme. Rowohlt, Reinbek
Wesson R. (1995) Chaos, Zufall und Auslese in der Natur. Insel,
  Frankfurt a. M.

Evolutionäre Psychologie

Bischof N. (1989) Das Rätsel Ödipus. Die biologischen Wurzeln des
  Urkonflikts von Intimität und Autonomie. Piper, München Zürich
Buss D.M. (1994) Die Evolution des Begehrens. Geheimnisse der
  Partnerwahl. Goldmann, München
Buss D.M. (2004) Evolutionäre Psychologie. Pearson, München
  Boston
Eibl-Eibesfeldt I. (1995) Die Biologie des menschlichen Verhaltens.
  Grundriß der Humanethologie. Piper, München Zürich
Ekman P. (2004) Gefühle lesen. Wie Sie Emotionen erkennen und
  richtig interpretieren. Spektrum Akademischer Verlag, München
Lorenz K. (1978) Vergleichende Verhaltensforschung. Grundlagen
  der Ethologie. Springer, Wien New York
Pinker S. (1998) Wie das Denken im Kopf entsteht. Kindler, München
Rowe D. (1997) Genetik und Sozialisation. Die Grenzen der Erziehung.
  Beltz, Weinheim
Wuketits F. (1997) Soziobiologie. Die Macht der Gene und die Evolution
  sozialen Verhaltens. Spektrum, Heidelberg Berlin Oxford

Arbeitsweise des Gehirns

Crick F. (1997) Was die Seele wirklich ist. Die naturwissenschaftliche Erforschung des Bewußtseins. Rowohlt, Reinbek

Engel A.K., König P., Singer W. (1994) Bildung repräsentationaler Zustände im Gehirn. In: Singer W. (Hrsg) Gehirn und Bewußtsein. Spektrum, Heidelberg Berlin Oxford

Haken H., Haken-Krell M. (1997) Gehirn und Verhalten. Unser Kopf arbeitet anders als wir denken. DVA, Stuttgart

Hansch D. (2004) Evolution und Lebenskunst. Grundlagen der Psychosynergetik. Ein Selbstmanagement-Lehrbuch. Vandenhoeck & Ruprecht, Göttingen 2. Auflage

Hansch D., Haken H. (2004) Wie die Psyche sich selbst in Ordnung bringt. Psychologie Heute Juli, 36 – 41

Norretranders T. (1994) Spüre die Welt. Die Wissenschaft des Bewußtseins. Rowohlt, Reinbek

Evolutionäre Erkenntnistheorie

Irrgang B. (1993) Lehrbuch der Evolutionären Erkenntnistheorie. Reinhardt, München Basel

Lorenz K. (1977) Die Rückseite des Spiegels. Versuch einer Naturgeschichte menschlichen Erkennens. dtv, München

Vollmer G. (1994) Evolutionäre Erkenntnistheorie. Hirzel, Stuttgart

Konstruktivistische Erkenntnistheorie

Fischer E.P. (1997) Das Schöne und das Biest. Ästhetische Momente in der Wissenschaft. Piper, München Zürich

Glasersfeld E. v. (1996) Radikaler Konstruktivismus. Suhrkamp, Frankfurt a. M.

Maturana H., Varela F. (1987) Der Baum der Erkenntnis. Die biologischen Wurzeln des menschlichen Erkennens. Goldmann, Bern München

Roth G. (1995) Das Gehirn und seine Wirklichkeit. Kognitive Neurobiologie und ihre philosophischen Konsequenzen. Suhrkamp, Frankfurt a. M.

Schmidt S. J. (1987) Der Diskurs des Radikalen Konstruktivismus. Suhrkamp, Frankfurt a. M.

Vernetztes Denken / Systemkompetenz

Dörner D. (1989) Die Logik des Mißlingens. Strategisches Denken in komplexen Situationen. Rowohlt, Reinbek

Kriz W. C. (2000) Lernziel Systemkompetenz. Planspiele als Trainingsmethode. Vandenhoeck & Ruprecht, Göttingen

Schiepek G., Wegener C., Wittig D., Harnischmacher G. (1998) Synergie und Qualität in Organisationen. Ein Fensterbilderbuch. dgvt-Verlag, Tübingen

Vester F. (1997) ecopolicy. Simulationsspiel (CD-ROM). Westermann, Braunschweig

Vester F. (1999) Die Kunst vernetzt zu denken. Ideen und Werkzeuge für einen neuen Umgang mit Komplexität. DVA, Stuttgart

Buddhismus / Meditation

Bodian S. (2000) Meditation für Dummies. Für ein entspannteres und bewußteres Leben. MITP-Verlag, Bonn

Dalai Lama, Cutler H. C. (2003) Die Regeln des Glücks. Lübbe, Bergisch Gladbach

Goleman D. (2003) Dialog mit dem Dalai Lama. Wie wir destruktive Emotionen überwinden können. Hanser, München

Herrigel E. (1998) Zen in der Kunst des Bogenschießens. Barth, München (zuerst 1951)

Kabat-Zinn J. (1998) Im Alltag Ruhe finden. Das umfassende praktische Meditationsprogramm. Herder, Freiburg

Nhat Hanh T. (1998) Das Herz von Buddhas Lehre. Herder, Freiburg Basel Wien

Protin A. (1997) Aikido. Die Kampfkunst ohne Gewalt. Ein Weg der Selbstfindung und Lebensführung. Kösel, München

Revel J. F., Ricard M. (2003) Der Mönch und der Philosoph. Buddhis-

mus und Abendland. Ein Dialog zwischen Vater und Sohn.
Kiepenheuer & Witsch, Köln

Varela F. J., Thompson E., Rosch E. (1992) Der mittlere Weg der
Erkenntnis. Der Brückenschlag zwischen wissenschaftlicher
Theorie und menschlicher Erfahrung. Scherz, Bern

Stressmanagement / Entspannungsverfahren

Ellis A. (1988) Training der Gefühle. mvg, Landsberg a. L.

Hofmann E. (2001) Weniger Stress erleben. Wirksames Selbstmanage-
ment-Training für Führungskräfte. Luchterhand, Neuwied

Lindemann H. (1996) Autogenes Training. Mosaik, München

Sapolsky R. M. (1998) Warum Zebras keine Migräne kriegen. Wie
Streß den Menschen krank macht. Piper, München Zürich

Schäfer K. H. (2005) Entspannungstraining nach Jacobson. Kneipp,
Leoben

Seligman M. (1991) Pessimisten küsst man nicht. Optimismus
kann man lernen. Knaur, München

Tausch R. (1997) Hilfen bei Streß und Belastung. Rowohlt, Reinbek

Positive Psychologie

Auhagen A. E. (Hrsg) (2004) Positive Psychologie. Anleitung zum
»besseren« Leben. Beltz, Weinheim Basel

Csikszentmihalyi M. (1993) Flow. Das Geheimnis des Glücks. Klett-
Cotta, Stuttgart

Csikszentmihalyi M. (1995) Dem Sinn des Lebens eine Zukunft
geben. Eine Psychologie für das 3. Jahrtausend. Klett-Cotta,
Stuttgart

Csikszentmihalyi M. (2004) Flow im Beruf. Das Geheimnis des
Glücks am Arbeitsplatz. Klett-Cotta, Stuttgart

Csikszentmihalyi M., Csikszentmihalyi I. S. (Hrsg.)(1991) Die außer-
gewöhnliche Erfahrung im Alltag. Die Psychologie des Flow-
Erlebnisses. Klett-Cotta, Stuttgart

Ernst H. (2003) Das gute Leben. Der ehrliche Weg zum Glück.
Ullstein, München

Gardner H. (1991) Abschied vom IQ. Die Rahmen-Theorie der vielfachen Intelligenzen. Klett-Cotta, Stuttgart

Klein S. (2003) Die Glücksformel oder wie die guten Gefühle entstehen. Rowohlt, Reinbek

Seligman M. (2003) Der Glücksfaktor. Warum Optimisten länger leben. Ehrenwirth, München

Selbstmanagement / Zeitmanagement

Birkenbihl V. (2001) Erfolgstraining. Schaffen Sie sich Ihre Wirklichkeit selbst. mvg, Landsberg a. L.

Covey S.R. (2005) Die sieben Wege zur Effektivität. Prinzipien für persönlichen und beruflichen Erfolg. GABAL, Offenbach

Covey S.R. (2006) Der 8. Weg. Von der Effektivität zur wahren Größe, GABAL, Offenbach

Covey S.R., Merrill A., Merrill R. (2001) Der Weg zum Wesentlichen. Zeitmanagement der vierten Generation. Campus Frankfurt New York

Gallwey W.T. (2000) Erfolg durch Selbstcoaching. Mit der Inner-Game-Methode zu mehr Balance im Beruf. BW-Verlag, Nürnberg

Hansch D. (2004) Evolution und Lebenskunst. Grundlagen der Psychosynergetik. Ein Selbstmanagement-Lehrbuch. Vandenhoeck & Ruprecht, Göttingen 2. Auflage

Hansch D. (2006) Erfolgsprinzip Persönlichkeit. Selbstmanagement mit Psychosynergetik. Springer, Berlin Heidelberg New York

Huhn G., Backerra H. (2004) Selbstmotivation. Hanser, München

Robbins A. (2002) Das Robbins Power Prinzip. Wie Sie Ihre wahren inneren Kräfte sofort einsetzen. Heyne, München

Seiwert L.J. (2001) Wenn Du es eilig hast gehe langsam. Das neue Zeitmanagement in einer beschleunigten Welt. Campus, Frankfurt New York

Führungskunst

Buckingham M., Clifton D. O. (2002) Entdecken Sie Ihre Stärken jetzt. Das Gallup-Prinzip für individuelle Entwicklung und erfolgreiche Führung. Campus, Frankfurt New York

Buckingham M., Coffman C. (2002) Erfolgreiche Führung gegen alle Regeln. Wie Sie wertvolle Mitarbeiter gewinnen, halten und fördern. Konsequenzen aus der weltweit größten Studie des Gallup-Instituts. Campus, Frankfurt New York

Haberleitner E., Deistler E., Ungvari R. (2004) Führen Fördern Coachen. So entwickeln Sie die Potentiale Ihrer Mitarbeiter. Piper, München

Kruse P. (2004) next practise – Erfolgreiches Management von Instabilität. GABAL, Offenbach

Senge P.M. (1996) Die fünfte Disziplin. Kunst und Praxis der lernenden Organisation. Klett-Cotta, Stuttgart

Schulz von Thun F. (1998) Miteinander Reden. Bde 1–3. Rowohlt, Reinbek

Sprenger R.K. (2000) Mythos Motivation. Wege aus einer Sackgasse. Campus, Frankfurt New York

Sprenger R.K. (2001) Die Entscheidung liegt bei Dir! Wege aus der alltäglichen Unzufriedenheit. Campus, Frankfurt New York

Sprenger R.K. (2002a) Das Prinzip Selbstverantwortung. Wege zur Motivation. Campus, Frankfurt New York

Sprenger R.K. (2002b) Vertrauen führt. Worauf es im Unternehmen wirklich ankommt. Campus, Frankfurt New York

Kreativität

Backerra H., Malorny C., Schwarz W. (2002) Kreativitätstechniken. Kreative Prozesse anstoßen. Innovationen fördern. Die K 7. Hanser, München

Csikszentmihalyi M. (1997) Kreativität. Wie Sie das Unmögliche schaffen und Ihre Grenzen überwinden. Klett-Cotta, Stuttgart

Metzger W. (1962) Schöpferische Freiheit. Kramer, Frankfurt a. M.

Michalko M. (2001) Erfolgsgeheimnis Kreativität. Was wir von Michelangelo, Einstein und Co. lernen können. mvg, Landsberg a. L.

Poincaré H. (1973) Die mathematische Erfindung. In: Ulmann G. (Hrsg) Kreativitätsforschung. Kiepenheuer & Witsch, Köln, S. 219–229

Wertheimer M. (1964) Produktives Denken. Kramer, Frankfurt a. M.

Körperliche und psychische Gesundheit

Benson H. (1997) Heilung durch Glauben. Selbstheilung in der neuen Medizin. Heyne, München

Ernst H. (1992) Gesund ist, was Spaß macht. Kreuz, Stuttgart

Hansch D. (2003) Erste Hilfe für die Psyche. Selbsthilfe und Psychotherapie. Die wichtigsten Therapieformen. Fallbeispiele und Lösungsansätze. Springer, Berlin Heidelberg New York

Marks I. (1993) Ängste. Verstehen und bewältigen. Springer, Berlin Heidelberg New York

Kanfer F., Schmelzer D. (2001) Wegweiser Verhaltenstherapie. Psychotherapie als Chance. Springer, Berlin Heidelberg New York

Anhang

Persönliche Meisterschaft im Umgang mit anderen Menschen – die sieben Grundregeln

Viel Leid aus unguten Beziehungen

Kaum ein Bereich in unserem Erleben ist stärker von Gegensätzen geprägt als das menschliche Miteinander: Im Kontakt mit anderen Menschen kann man den Himmel erleben, aber auch die Hölle. Viel zu oft ist es die Hölle: Menschen fügen anderen physisches Leid zu und berauben sie direkt ihrer Freiheit. Menschen glauben zu wissen, wie andere leben müssten, und üben auf vielfältige Weise indirekten Druck aus. Menschen glauben nicht, dass sie selbstständig lebensfähig sind, und leiden unter Versagungen in vielfältigen Abhängigkeiten. Menschen haben ganz klare und feste Vorstellungen davon, wie andere sich verhalten müssten, was sie von ihnen bekommen sollten, und sie leiden dann darunter, wenn dies nicht so eintritt. Menschen leiden unter realen oder auch nur vorgestellten Erwartungen der anderen. In der Folge quälen uns Fragen wie: Kann ich sein Angebot annehmen – kommt es wirklich vom Herzen, oder hat er es nur aus Höflichkeit oder Pflichtgefühl gemacht? Auch wenn ich eigentlich möchte – in dieser Sache kann ich einfach nicht Nein sagen, das bin ich ihr schuldig – die Liste der Möglichkeiten ist lang.

Prinzipien innerer Freiheit

All diese leidvollen Verstrickungen ließen sich weitestgehend lösen, wenn alle Menschen die Prinzipien der inneren Freiheit verstanden und verinnerlicht hätten und es ihnen weitgehend gelänge, danach zu leben (s. Kapitel 2.2, S. 75). Von besonderer Bedeutung in diesem Zusammenhang sind die Prinzipien 1 bis 4. Zur Wiederholung:

- Unsere Wirklichkeit ist eine von unserem Gehirn konstruierte Hypothese – die subjektiven Wirklichkeiten verschiedener Personen unterscheiden sich zum Teil sehr voneinander.
- Die Hauptquellen des Glücks liegen in unserem Inneren beziehungsweise können von innen heraus entwickelt werden.
- Deshalb können beziehungsweise müssen wir auch für unser Befinden und die Befriedigung unserer wichtigsten Bedürfnisse die volle Selbstverantwortung übernehmen.
- Unser Wert als Mensch ist unmessbar groß und hat nichts mit der Wertschätzung durch andere Personen, mit unserem Aussehen, unserer Leistung oder unserem sozialen Status zu tun.

Hierauf aufbauend kann man nun die folgenden sieben Regeln für den Umgang mit anderen Menschen formulieren:

1. Jeder Mensch trägt ein einzigartiges, hochkomplexes Universum in sich, das sich in vielen Aspekten von meinem eigenen Universum unterscheidet. Es gibt nichts Interessanteres unter der Sonne, als das innere Universum eines anderen Menschen zu erkunden. Interessieren Sie sich für die Menschen und nehmen Sie sie in ihrer Individualität wahr. Jeder Mensch ist ein Schöpfer mit einzigartigen Talenten. Fokussieren Sie Ihre Aufmerksamkeit immer zuerst auf die positiven Seiten, auf die Stärken und Talente Ihres Gegenübers. So fördern Sie diese Aspekte beim anderen und wirken gleichzeitig sympathisch. Geben Sie dem anderen einen Vorschuss an Vertrauen und Sympathie.

Jeder Mensch birgt ein einzigartiges Universum

In Bezug auf komplexe Fragen gibt es keine absolute Wahrheit. Nehmen Sie die Verschiedenheit der Menschen nicht als Ärgernis, sondern als Bereicherung. Es muss nicht immer einer Recht haben. Wenn man sich nicht einigen kann, dann sollte man sich in wechselseitigem Respekt »zweinigen« (V. F. Birkenbihl).

Es ist mit den Menschen wie mit den vielen verschiedenen Blumen auf einer Wiese. Alle Blumen sind auf ihre Weise schön. Doch

Mit Ablehnung umgehen

wenn man einen Strauß für einen bestimmten Anlass zusammenstellen sollte, würden auch nicht alle (zusammen) passen. Also Rechnen Sie damit, dass Sie nicht zu jeder Gruppe Zugang finden, dass es immer Menschen gibt, die Ihre Nähe eher meiden. Das ist keine Wertung im Sinne von gut oder schlecht, das muss Ihren Selbstwert nicht beeinträchtigen. Es passt halt nicht. Punkt.

Hilfe aus eigenem Bedürfnis und ohne Schuldkonten

2. Jeder hat für sein Glück und die Befriedigung seiner Bedürfnisse die Selbstverantwortung (und jeder gesunde Erwachsene trägt prinzipiell das Entwicklungspotenzial in sich, diese Verantwortung auch positiv für sich auszufüllen). Niemand hat das Recht, andere für sein Befinden verantwortlich zu machen.

Längerfristig sollten Sie andere nur dann und insoweit unterstützen, als es Ihnen ein echtes eigenes Bedürfnis ist (dann entsteht daraus aber auch kein einklagbares moralisches »Schuldkonto« zu Ihren Gunsten). Längerfristig sollten Sie einem anderen nie etwas abnehmen, das dieser auch selbst leisten kann (anderenfalls behindern Sie ihn in seiner Entwicklung).

Auch Sie selbst sollten Hilfe nur in Dingen annehmen, die Sie selbst nicht leisten können, und sich längerfristig nur von Menschen helfen lassen, bei denen Sie ein echtes Bedürfnis danach spüren (auch Sie müssen sich dann nicht durch eine wachsende moralische Schuld belastet fühlen).

Wünsche äußern, aber keine Erwartungen haben

3. Sie haben das Recht, Ich-Botschaften jeder Art sowie alle Ihre Wünsche zu äußeren – seien Sie offen und authentisch. Da Sie alles Wichtige in sich tragen, müssen Sie diese Wünsche von den anderen nicht erfüllt bekommen, und diese sind hierzu auch nicht verpflichtet. Ihr Motto lautet also: authentisch sein, Wünsche äußern, aber keine Erwartungen haben. Schließlich dürfen Sie sich über das freuen, was Sie bekommen (ohne Forderungen nach einem Mehr oder gar Alles daraus abzuleiten – wer A sagt, muss eben nicht auch B sagen).

4. Wenn Sie keine oder allenfalls relative Erwartungen haben, sind Sie unverletzlich (zumindest im Prinzip). Die anderen sollen

tun und sagen, was sie wollen, Sie haben nicht das Recht, ihnen dies zu verwehren (solange sie nicht Sie oder andere substanziell schädigen). Die anderen sollen werden und sein, der sie sind. Sie haben nicht das Recht, ihnen diesbezüglich Vorschriften zu machen. Für ihr Leben und Tun sind die anderen selbst verantwortlich. Lassen Sie ihnen diese Verantwortung und übernehmen Sie stattdessen für sich selbst die volle Selbstverantwortung – und das heißt in diesem Falle: Die negativen Gefühle des Verletztseins entstehen in Ihrem Inneren in Abhängigkeit von Ihren Sichtweisen und Bewertungen. Ob Sie sich verletzt fühlen oder nicht, das ist *Ihre* Entscheidung und Verantwortung.

Andere haben das Recht zu sein, wie sie sind

5. Sie haben das Recht, die Einhaltung von Verträgen einzufordern, die im beiderseitigen Einvernehmen geschlossen wurden. Dies gelingt umso besser, wenn es sich um Win-win-Absprachen handelt. Sie sollten also bei Vertragsabschlüssen jedweder Art darauf bedacht sein, auf Win-win-Situationen hinzuarbeiten, bei denen beide Seiten fair miteinander umgehen und etwas gewinnen.

Verträge einhalten

Sie haben die Pflicht, Ihrerseits Verträge zu erfüllen (es sei denn, man kann sie im beiderseitigen Einvernehmen lösen).

Zu diesen Verträgen gehören natürliche auch »Gesellschaftsverträge«, wie sie in Gesetzen ihren Niederschlag gefunden haben. Insbesondere haben Sie das Recht, Ihre Freiheit, Ihre physischen Grenzen und Ihr Eigentum zu schützen.

6. Bei nicht vertragsgebundenen, privaten Beziehungen hingegen gilt: Sie haben jederzeit das Recht, sich beliebig weit und beliebig lange zurückzuziehen (im Prinzip sogar ohne Begründung). Es gibt hier keine Schuldkonten oder Verpflichtungen. Private Beziehungen haben nur einen Sinn: zu bereichern, und zwar beide Seiten. Sofern dies für einen Partner nicht mehr gilt, kann er die Beziehung beenden.

Private Beziehungen nicht zur Pflicht machen

7. Wenn Sie Menschen in Ihrem Sinne beeinflussen möchten, dann tun Sie das möglichst indirekt. Eines der stärksten Motive

Aikido-Prinzip

des Menschen ist sein Autonomiebedürfnis. Deshalb erzeugt direkter Druck oft nur Gegendruck. Vermeiden Sie also imperative Forderungen und Vorschriften, wo immer es geht. Versuchen Sie, auf indirekte Weise die Eigenmotivation des anderen so zu beeinflussen, dass er sich aus sich heraus im Sinne förderlicher Prinzipien verhält (Aikido-Prinzip). Formen der indirekten Beeinflussung sind: Fragen stellen, auf relevante Sachverhalte und Konsequenzen hinweisen, Ich-Botschaften und Bitten äußern, Vorschläge machen.

Kommentare zu den einzelnen Punkten:

Zu Punkt 2 Oberflächlich betrachtet, könnte diese Regel etwas egoistisch oder gar asozial wirken – bei der Erläuterung des Prinzips »unbedingte Selbstverantwortung« hatten wir schon Grundlegendes hierzu gesagt. Ohne einen gesunden Egoismus, der uns genügend Treibstoff für unser Leben in Form von positiver Gefühlsenergie sichert, geraten wir in eine Depression. Wer zu viele Dinge aus reinem Pflichtgefühl tut, entwickelt ein Burn-out-Syndrom; Hilfe, die nicht vom Herzen kommt, tut letztlich auch dem »Beholfenen« nicht gut.

Erfülltes Miteinander ohne Pflichtenkorsett Umgekehrt gilt: Wir kommen mit einer sozialen Natur auf die Welt, sie ist uns angeboren. Je mehr wir diese Natur von den Fesseln der Soll- und Mussvorstellungen befreien, desto reicher und schöner wird sie zutage treten. Ich bin davon überzeugt, dass unter der Ägide von Regel 2 mehr wohltuende Mitmenschlichkeit gelebt würde als im Korsett einer Pflichtengesellschaft. Eine Gesellschaft, in der ein Großteil aller Aktivitäten aus Pflichterfüllung erwächst, macht die Menschen krank und führt sie am eigentlichen Sinn ihres Lebens vorbei (dem Selbstgenuss des Bewusstseins). Unter der Maßgabe größerer innerer und sozialer Freiheit könnte sich die Gesellschaft vielleicht auf vielen Ebenen passender sortieren und flexibler umsortieren: sowohl auf der Ebene von Beziehungen als auch auf der Ebene von Aufgaben und Berufen.

Zu Punkt 4 An dieser Stelle gibt es immer wieder Menschen, die mir entgegnen, sie wollten verletzlich sein und bleiben. Ich habe nie wirklich verstehen können warum. Ich persönlich möchte sensibel sein und bleiben. Aber meine Verletzbarkeit möchte ich, soweit es geht, reduzieren. Erstens ist es kein schönes Gefühl, verletzt zu sein, und zweitens ist es ein dummes Gefühl ohne reale Grundlage. Genau wie die Wut entspringt es einem alten Erbmechanismus, der heute jede Funktion verloren hat. Wenn wir uns hinsichtlich eines kritischen Anwurfs überprüfen und mit uns im Reinen sind, gibt es keinen Grund, verletzt zu sein. Und wenn nicht, gibt es eher Grund zu Freude und Dankbarkeit – wir haben etwas gelernt und können uns weiterentwickeln.

Denken Sie daran, was wir zum Umgang mit der Wut gesagt hatten: Nur selten verfolgen Menschen bewusst wirklich böse Absichten – zumeist tun sie in jeder Situation das, was sie aus ihrer Perspektive für richtig halten oder wozu sie sich gezwungen fühlen (genau wie wir es auch tun). Zumeist resultieren Konflikte aus unterschiedlichen Perspektiven und Missverständnissen. Andere beleidigen also gewissermaßen nicht Sie, sondern die Illusionen, die sie von Ihnen haben. Gleichfalls beruhen Ihre enttäuschten Erwartungen auf Illusionen. Illusionen zu verlieren, ist das nicht eigentlich ein Grund zur Freude?

Nicht persönlich nehmen

Und letztlich muss man sagen: Wir werden ihn niemals völlig wegbekommen – diesen kleinen Stich in der Magengegend, den man immer erst mal spürt, wenn man von anderen verbal angegriffen wird. Und vielleicht ist das auch gut so, denn es handelt sich dabei ja um ein wichtiges Signal. Die entscheidende Frage lautet vielmehr: Wie gehe ich damit um? Lasse ich den Teufelskreisen ihren Lauf und steigere mich hinein in Gefühle des Enttäuschtseins, der Wut und Verbitterung? Oder mache ich einen SDR-Schritt und gehe bewusst und produktiv mit dem Vorfall um, wobei durch kognitive Modulation die negativen Gefühle schnell abklingen? Ich plädiere ganz klar für Letzteres. In diesem Sinne ist die »prinzipielle Unverletzlichkeit« von Regel 4 zu verstehen.

Sich nicht hineinsteigern

Ein weiterer Punkt: Dürfen wir die anderen wirklich immer so sein lassen, wie sie sind? Was, wenn sie sich nicht an etablierte soziale Normen halten? Muss man da nicht auch Forderungen stellen?

Was tun bei Norm-verletzungen? Ein Beispiel: Ich fahre häufig Bahn und erlebe es in den letzten Jahren immer häufiger, dass Jugendliche ihre teilweise sehr beschmutzten Schuhe auf den Stoffpolstern der gegenüberliegenden Sitze abstellen. Was ist hier das richtige Verhalten? Über die Jahre habe ich je nach Stimmung verschiedene Strategien durchprobiert: von imperativen Forderungen bis zu höflich vorgetragenen Bitten beziehungsweise Wünschen. Meine Erfahrung: Die letztgenannte Strategie ist die bessere. Wenn einer auf eine deutliche Bitte nicht reagiert, ist die Wahrscheinlichkeit groß, dass er auch einer Forderung nicht im gewünschten Sinne nachkommt. Druck erzeugt Gegendruck. Was dann? Um das Gesicht nicht zu verlieren, müsste man dann zur Eskalation bereit sein, notfalls bis hin zu Handgreiflichkeiten mit schwer kalkulierbaren Folgen. Wäre das im Verhältnis zum Anlass angemessen? Würde man vor dem Richter überhaupt Recht bekommen? Unter dem Strich ist es in solchen Situationen wohl besser, das Stellen von Forderungen und das Ausüben von Druck den sozial autorisierten Organen zu überlassen (der Schaffner, die Polizei).

Gegen den Strom schwimmen? Sollte es der Fall sein, dass sich die nachwachsenden Generationen einer Gesellschaft auf neue Normen und Regeln – zum Beispiel die einer Ellbogengesellschaft – zubewegen, dann wird man das wohl irgendwann akzeptieren müssen. Wenn die Mehrheit andere Regeln will und lebt, wäre es weder demokratisch noch sinnvoll, dagegen anzugehen.

Kurzum – die Maxime »Wünsche äußern, keine Erwartungen haben« ist schon ein Prinzip, das unter sehr weitreichenden Bedingungen förderlich ist.

Zu Punkt 6 Diese Regel gilt auch für Freundschafts- und Liebesbeziehungen: Nicht »Pflichtenkorsett« oder »Handelsabkommen«, sondern »Resonanz« ist hier die passende Metapher. Resonanz ist kein materieller Austausch, Resonanz ist ein wechselseitiges sich Anregen zu intensiveren Lebensschwingungen. Menschen, die auf vielen Ebenen resonanzfähig sind, finden zueinander. Für sie gibt es viele Bedürfnisüberschneidungen, sie können vieles aus eigenem Bedürfnis und zugleich gemeinsam tun.

Das ist die Basis für Freundschaft. Kommen nun noch eine physische Anziehungskraft hinzu und eine hohe Wertschätzung, ja ein gewisses Maß an Bewunderung für bestimmte Eigenschaften des anderen, kann intime Liebe wachsen. Auch hier bleibt Folgendes gültig: Jeder Mensch soll und muss sein eigenes Leben selbstverantwortlich leben. Da man deshalb einander nicht essenziell zum Glücklichsein braucht, kann man sich dort, wo man nicht harmoniert, unschwer trennen und sein eigenes Leben leben.

Freundschaft und Liebe: Resonanz als Schlüsselmetapher

Was sind also die wichtigsten Voraussetzungen für gelingende Beziehungen?

So gelingen Beziehungen

- Resonanz: Möglichst große Überschneidungen in Bedürfnissen, Interessen und Werten. Gemeinsame Ziele und Visionen. Eine wechselseitige Attraktivität, die bewirkt, dass sich beide Seiten immer wieder neu in Freiheit dafür entscheiden, beieinanderzubleiben. Dies impliziert: Man mag den anderen so, wie er ist, man muss ihn nicht in irgendeinem Sinne erziehen oder therapieren. Und da man möchte, dass der andere die Qualitäten, die man liebt, weiter ausprägt, lässt man ihm allen Freiraum, sich weiterzuentwickeln, und unterstützt ihn darin.
- Die Fähigkeit und Bereitschaft eines jeden, auch mit sich allein glücklich zu sein und für die Befriedigung der eigenen Bedürfnisse die Selbstverantwortung zu übernehmen. (So sollte es nicht zu diesen verderblichen Verflechtungen wechselseitiger Erwartungen, Verpflichtungen und Schuldkonten kommen.)
- Eine reife Selbstliebe: Jeder mag sich selbst und hat ein entspanntes und annehmendes Verhältnis zu seinen »Eigenheiten«. So kann man sich ohne Angst öffnen und authentisch sein.

Und die Kinder? Klingt all dies nicht zu unverbindlich? Brauchen Kinder zum Beispiel nicht intakte und langzeitstabile Familien? Ja, sicher wäre das günstig. Nur, wenn die genannten Voraussetzungen nicht gegeben sind, entleeren sich Beziehungen ihres Sinns und ihrer Vitalität. Werden sie dann »der Kinder wegen« weiter aufrechterhalten, kommt es zu Sensibilisierungen, zu Teufelskreismechanismen aus wachsendem Druck und Gegendruck, zum Aufstau von Frustrationen, die sich bis zum Hass steigern können. Schließlich brechen diese Beziehungen doch auseinander und nichts könnte schädlicher sein, als der nun oft folgende, jahrelange »Krieg« um die Kinder.

Sich schon im Vorfeld solcher Eskalationen in Freundschaft und Respekt zu trennen und dann aus Patchworksituationen heraus für die Kinder zu sorgen, kann für diese sogar förderlich sein, da ihnen in höchstem Maße Beziehungskompetenz vorgelebt wird.

Ein idealisiertes Beispiel Lassen Sie uns abschließend ein idealisiertes Beispiel diskutieren, um das Zusammenspiel unserer Grundregeln noch einmal zu verdeutlichen:

Ein Arbeitskollege versucht, mir Arbeit zuzuschieben, die nach meiner Auffassung klar die seine ist. Zunächst läuft meine alte Konditionierung ab: Ich fühle mich unfair behandelt und verletzt. Ich unterstelle dem anderen böse Absichten, werde aggressiv und spüre den Impuls, ihn »einzuordnen«. Doch jetzt distanziere ich mich von diesen evolutionspsychologischen Automatismen und mache mir meine Prinzipien bewusst: Ich befrage den Kollegen zu seiner Sichtweise und messe die Situation nochmals an meinen Werten und Fairness-Kriterien.

Bestimmt, aber gelassen die eigenen Standpunkte vertreten Ich fühle mich mit mir im Reinen: Das ist ganz klar *nicht* meine Arbeit. Ich erkläre dem Kollegen meine Sichtweise und mache deutlich, dass ich diese Arbeit nicht annehme. Dabei fühle ich mich weder verletzt noch wütend: Der andere will mir nichts Böses. Er ist einfach nur er selbst und tut, was er für richtig hält, genau wie ich. Ich habe nicht das Recht, dem anderen vorzuschreiben, wie er sein und sich verhalten soll. Auch der Regen tut, was er tun muss, wenn er durch mein offenes Schiebedach fällt, ohne dass ich ihn dafür hasse.

Ich mache mir klar: Negative Gefühle entstehen in mir, in Abhängigkeit von meinen Sichtweisen, und es liegt in meiner Verantwortung, ob ich mich verletzt fühle oder nicht. Menschen, Kulturen und Subkulturen sind verschieden und entsprechend verschieden sind die Sichtweisen auf die Welt. Ich muss nicht von allen Menschen nach meinen Kriterien von Fairness behandelt werden und ich erwarte das auch nicht.

Ich bin einfach authentisch und mache diese Arbeit nicht. Notfalls muss ich es beim Chef klären und wenn der sich auf die Seite des anderen Kollegen schlägt, dann passe ich vielleicht nicht in die Kultur dieser Organisation und ich muss kündigen. Dieses Worst-Case-Szenario macht mir auch gar keine Angst, weil ich darauf vorbereitet bin und weiß, dass ich zur Not auch als Sozialhilfeempfänger oder in einem Kloster lernen kann, ein ausreichend zufriedenes Leben zu führen. Besser aufrecht gehen, als auf Knien arbeiten.

Was die Prinzipien bewirken können

Ich behaupte, dass sich anhand der genannten Prinzipien die meisten sozialen Konfliktsituationen »durchdeklinieren« lassen und dass dies im Sinne einer Leuchtturmfunktion beim inneren Umgang damit und bei der Lösungsfindung sehr hilfreich sein kann.

Exkurs I: Denken und Gefühle – Konditionierung, Gewöhnung und kognitive Modulation

Das Denken in der Lücke zwischen Reiz und Reaktion

Im Gegensatz zu unseren entfernten Vorfahren im Tierreich reagieren wir Menschen nicht mehr mit reflektorischer Zwangsläufigkeit auf Empfindungen oder Wahrnehmungen. Zwischen Reiz und Reaktion ist eine Lücke entstanden, die sich im Laufe der Evolution zum Menschen immer weiter vergrößert hat. In diese Lücke haben sich Freiheit, bewusstes Bewerten und Entscheiden

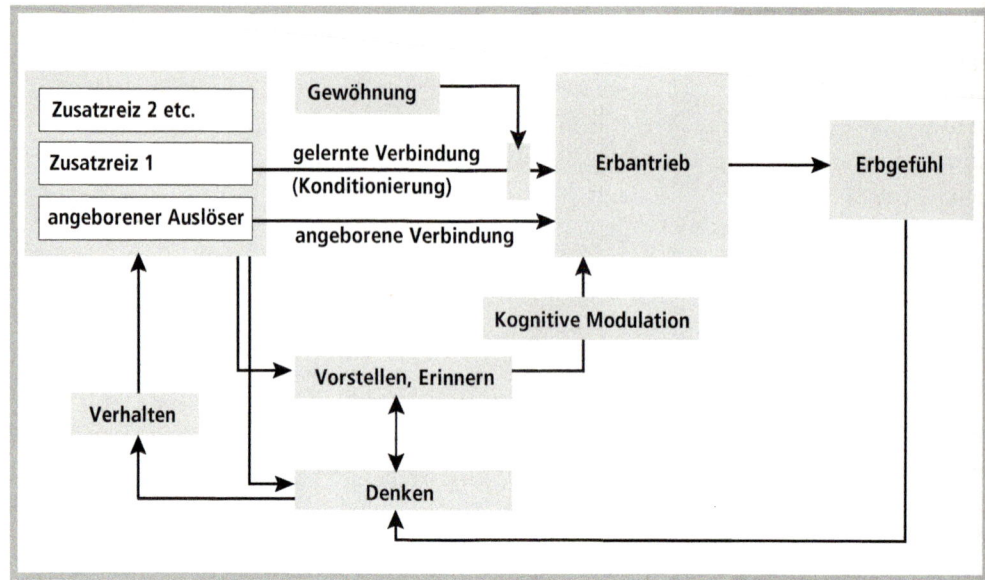

Abb. I.1 Funktionsschema für kognitive Modulation, Konditionierung und Gewöhnung

geschoben. Über das bewusste Interpretieren der Situation und das Bewerten der eigenen Handlungschancen gewinnt so das Denken einen enormen Einfluss auf unsere Gefühls- und Verhaltensreaktionen.

Stellen Sie sich vor, ein kräftiger Mann käme wutschnaubend und mit geballten Fäusten auf Sie zugestürmt. Als Normalbürger würden dann Schreck und Angst Sie überwältigen, insbesondere wenn sich die Szene vielleicht nachts auf einem entlegenen Bahnsteig abspielt. Nehmen wir nun aber an, Sie wären Kampfsportler, Sie hätten ein gutes Pfefferspray in Ihrer Handtasche oder das Ganze vollzöge sich in der Öffentlichkeit, wo Sie um Hilfe rufen könnten – dann würde die Intensität Ihrer Furcht deutlich geringer ausfallen.

Die kognitive Modulation Abbildung I.1 systematisiert und erweitert diese Zusammenhänge zwischen Denken und Fühlen. Unsere Erbantriebe werden durch die Wahrnehmung bestimmter angeborener Auslöser gestartet und erzeugen dann Erbgefühle, die uns zu einem Verhalten drängen, das zumindest unter Steinzeitbedingungen sinnvoll war. So würde ein heranstürmender Angreifer erst einmal Furcht und Flucht bei uns auslösen. Unsere Erbantriebe sprechen aber nicht nur auf reale Wahrnehmungen solcher Auslöser, sondern auch auf vorwegnehmende Vorstellungen oder auf Erinnerungen an. Auf diese Weise sind unsere Erbgefühle in die Denkprozesse eingebunden – auch wenn wir begrifflich denken, werden ständig bildhafte Vorstellungen oder Erinnerungen mehr oder weniger intensiv mitaktiviert.

So kommt es, dass die Furcht vor dem Angreifer in dem Moment schwächer wird, wenn die Vorstellung, erschlagen zu werden, durch die Vorstellung verdrängt wird, ihn mit dem Pfefferspray außer Gefecht zu setzen. Bei einem Kampfsportler, der zu der Einschätzung einer deutlichen eigenen Überlegenheit kommt, würde sich vielleicht sogar freudige Erregung einstellen, nach dem Motto: Endlich mal eine Feuerprobe. Diese Vorgänge der Beeinflussung unserer Erbgefühle durch das begriffliche und bildhafte Denken bezeichnen wir als kognitive Modulation.

Weitere wichtige Mechanismen sind die Konditionierung und die Gewöhnung. In unserem Nervensystem gibt es die grundlegende Tendenz, dass zwischen Prozessen, die gleichzeitig ablaufen, eine Verbindung entsteht, sodass schließlich der eine Prozess durch den anderen ausgelöst werden kann. Diese Verbindung wird umso stärker, je öfter der Konditionierungsvorgang abläuft und je mehr er von starken Gefühlen begleitet wird.

Konditionierung: Verknüpfung des Gleichzeitigen

Stellen Sie sich vor, ein kleiner Junge hat einen gewalttätigen Vater. Immer, wenn der Junge einen Fehler macht, wird er als Versager beschimpft und manchmal auch geschlagen. Die negativen Erbgefühle werden anfangs nur durch die Drohgebärden des Vaters aktiviert – sie sind angeborene Auslöser. Das Wort Versager aber weckt zunächst keine negativen Gefühle. Der Junge muss sich erst erklären lassen, was das überhaupt bedeutet. Nun aber verstärken die damit verbundenen negativen Vorstellungen die negativen Erbgefühle schon einmal im Sinne einer kogniti-

Ein Beispiel: der »Versager«

ven Modulation (»Ich werde wohl irgendwann unter der Brücke schlafen – was für eine schreckliche Zukunftsvorstellung!«).

Wird der Junge aber oft beschimpft und heftig geschlagen, dann kommt ein weiterer Prozess in Gang: Durch Konditionierung entsteht eine direkte, immer fester werdende Verbindung zwischen dem Lautmuster »Versager« und den negativen Gefühlen. Viele Jahre später bekommt das Team, in dem unser junger Mann inzwischen arbeitet, von seinem Chef zu hören: »Ihr seid doch alle Versager!« Bei den meisten Kollegen wird dies leichte negative Gefühle erzeugen, weil dadurch negative Vorstellungen geweckt werden (kognitive Modulation). Unser spezieller junger Mann aber wird aufgrund der noch immer erhaltenen Konditionierung überschießend mit negativen Gefühlen reagieren, vielleicht beginnt er sogar zu zittern und zu schwitzen.

Gewöhnung: Abschwächung der Verknüpfung

Was kann er tun? Er sollte zunächst einmal eine gegenläufige kognitive Modulation in Gang setzen: sich immer wieder klar machen, dass er kein Versager ist und dass es im Übrigen gar nicht so schlimm wäre, ein Versager zu sein, weil auch Versager Menschen sind, die Respekt und Liebe verdienen, vielleicht sogar noch mehr als hochbegabte Genies. Er sollte außerdem versuchen, durch Gewöhnung die konditionierte Verbindung wieder aufzulösen: den Begegnungen mit dem Chef trotz der Angst nicht ausweichen und sich so oft wie möglich den Auseinandersetzungen mit ihm stellen. Je öfter dies geschieht, ohne dass die eigentlichen angsterzeugenden Konsequenzen eintreten, ohne dass er also geschlagen oder gefeuert wird, desto mehr wird die konditionierte Verbindung abgeschwächt. Entsprechend löst das immer wieder einmal fallende Wort »Versager« immer weniger negative Gefühle aus.

Die Bedeutung von Konditionierungen

Konditionierungsprozesse dieser Art laufen im Hintergrund immer irgendwie mit. Ihre Kraft, die unser Verhalten beeinflusst, wird aber mit zunehmender geistiger Entwicklung und innerem Wachstum immer geringer. Eine wichtige Rolle spielen sie im Zusammenhang mit Verletzungen in Kindheit und Jugend, aber auch bei suchtartigen Verhaltensweisen. Gelingt es zum Beispiel im Urlaub sehr gut, auf Alkohol oder Schokolade zu verzichten, fällt man dann daheim wieder schnell in die alten unguten Gewohnheiten zurück. Die gewohnten Umgebungsreize wecken aufgrund konditionierter Verknüpfungen jene Verhaltensweisen, die früher in dieser Umgebung immer abgelaufen sind.

Exkurs II: Denken und Gefühle – die kulturelle Aufhebung unserer Natur

In Exkurs I hatten wir bezogen auf Abbildung I.1 die Phänomene kognitive Modulation, Konditionierung und Gewöhnung diskutiert. All dies bezieht sich auf die Regulierung unserer Erbgefühle, die von den Erbantrieben erzeugt werden. Das ist die Stimme unserer Gene, die allein darauf aus sind, sich maximal zu verbreiten, und die nichts von dem wissen, was wir als Moral oder Ethik bezeichnen. Die Erbantriebe sind die Überlebensmaschinen unserer Gene (um eine Formulierung des britischen Biologen R. Dawkins zu benutzen).

Erbantriebe als Überlebensmaschinen der Gene

Wir müssen nun aber auch noch die andere große Gruppe von Gefühlen einbeziehen: die Synergiegefühle. Diese werden vom Synergieohr erzeugt und erwachsen besonders intensiv aus Flow-Antrieben. Die Inhalte, die hier gespeichert sind, entstammen nun aber der kulturellen Evolution: Bewegungsmuster aus dem Sport, dem Tanz oder der Arbeitswelt, die in Generationen variiert, perfektioniert und weitergegeben wurden; Klang- und Formbildungen aus Musik und Kunst und die Gedankenmuster aus den Wissenschaften und der Volksweisheit.

Synergiegefühle sind kulturelle Gegenkräfte

In den Flow-Antrieben gewinnen diese kulturellen Inhalte nun eine eigenständige Motivationskraft. Haben wir viel von diesen Inhalten in uns angesammelt und haben wir ihre Elemente in eine hohe Ordnung und Harmonie gebracht, dann erfüllen uns diese Inhalte mit Synergie- und Stimmigkeitsgefühlen, was einen Drang nach Ausweitung und weiterer Perfektionierung auslöst. Diese harmonischen Inhalte begeistern uns, und wir sind ver-

Flow-Antriebe als Überlebensmaschinen der Meme

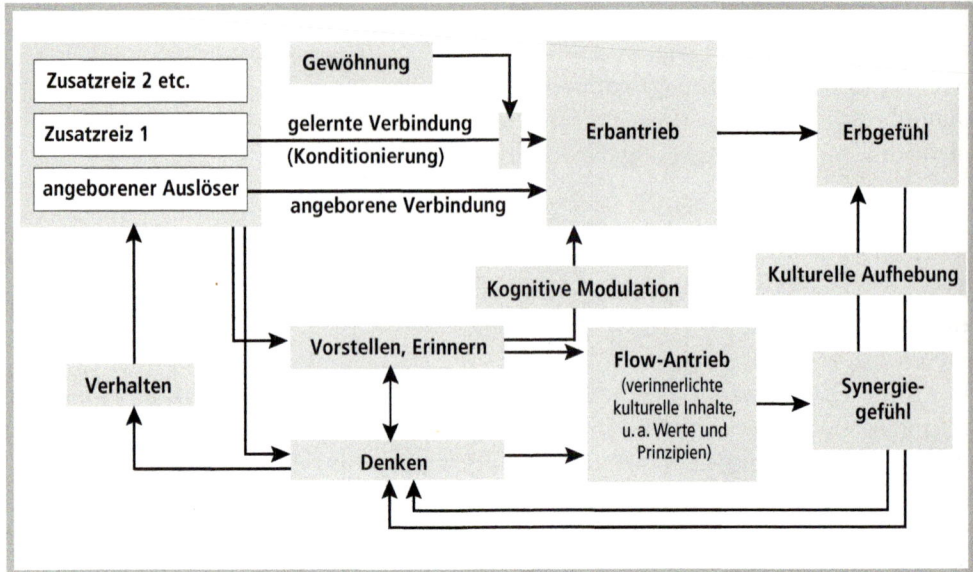

Abb. II.1: Das Funktionsschema ergänzt durch die kulturelle Aufhebung

sucht, sie an andere weiterzugeben. So könnte man in Analogie zur biologischen Evolution sagen, dass solche besonders harmonischen mentalen Inhalte eine Tendenz haben, sich soziokulturell fortzupflanzen. In Analogie zu den Genen als den Vererbungseinheiten der biologischen Evolution hat R. Dawkins deshalb von »Memen« als Vererbungseinheiten der kulturellen Evolution gesprochen. Dann wären die Flow-Antriebe die Überlebensmaschinen der Meme.

Die kulturellen Gegenkräfte stärken Die auf die Durchsetzung dieser kulturellen Inhalte gerichteten Synergiegefühle konkurrieren nun mit den Erbgefühlen um die Steuerung des Verhaltens. Um dies deutlich zu machen, können wir Abbildung I.1 nun zu Abbildung II.1 ergänzen. So wird deutlich, dass wir keineswegs die Marionetten unserer Gene sind und dass die Kultur – entsprechende Bildungs- und Erziehungsanstrengungen vorausgesetzt – sehr wohl eine Chance hat, sich gegen unsere instinktive Natur durchzusetzen.

Wir mögen eine Neigung zu sexuellen Seitensprüngen haben, aber Werte wie Ehrlichkeit, Fairness und Treue können so stark verinnerlicht sein, dass uns die Stimme des Gewissens davon abhält (die Stimme des Gewissens ist zu großen Teilen ein Synergiegefühl).

Wir mögen einem bestimmten Menschen gegenüber Impulse von Wut und Rache empfinden, aber das Wissen um die Unsinnigkeit und Schädlichkeit eines solchen Verhaltens kann so tief verstanden und über Synergiegefühle verinnerlicht sein, dass wir die Chance zur Vergeltung ungenutzt lassen.

Wir sind also zur kulturellen Aufhebung unserer Natur in der Lage. Wir können unsere Erbimpulse und ihre Wirkrichtung verstehen und sie vor dem Hintergrund der Werte unserer Kultur kritisch reflektieren. Wir können unseren Erbimpulsen folgen oder aber sie modifizieren beziehungsweise unterdrücken, sofern sie zu unseren Werten im Widerspruch stehen. Es gibt zwischen Reiz und Reaktion eine Lücke, in der Freiheit, Vernunft und Entscheidung wohnen. Und es gibt Synergiegefühle, die uns die Kraft geben, vernünftige, wertebasierte Entscheidungen auch in Handeln umzusetzen. Insbesondere in Situationen der Teamarbeit, wo es gilt, Impulse des persönlichen Macht- und Statusgewinns hinter die Erfordernisse der Sache zurückzustellen, ist dies von entscheidender Bedeutung.

Kulturelle Aufhebung ist möglich

Stichwortverzeichnis

Über den Autor

Dr. med. Dietmar Hansch, Jahrgang 1961, studierte Medizin, Physik und Philosophie in Berlin und Hagen. Nach einer mehrjährigen Tätigkeit am Deutschen Herzzentrum Berlin erwarb er den Facharzt für Innere Medizin am Universitätsklinikum Charité in Berlin. Danach war er in der Psychosomatik am Universitätsklinikum Aachen in Klinik, Forschung und Lehre tätig und absolvierte eine Ausbildung zum Psychotherapeuten mit Schwerpunkt Verhaltenstherapie. Im Jahre 2003 wurde er ins Deutsche Kollegium für Psychosomatische Medizin (DKPM) gewählt. Vor dem Hintergrund seiner langjährigen wissenschaftlichen Arbeit zu den Grundlagen der Psychosomatik entwickelte Dietmar Hansch das interdisziplinäre Konzept Psychosynergetik als Theorie und Praxis der psychischen Veränderung. Er ist Autor zahlreicher Zeitschriftenartikel, Bücher und Buchbeiträge und Referent auf nationalen und internationalen Konferenzen. Derzeit arbeitet Dietmar Hansch als Leitender Internist und Psychotherapeut an der Klinik Wollmarshöhe, Privatkrankenhaus für psychosomatische Medizin in Bodnegg; er ist Seminarleiter und Coach u. a. am Seminarzentrum Wollmarshöhe und hat Lehraufträge an verschiedenen Bildungseinrichtungen, u. a. an der Zeppelin University in Friedrichshafen.

Informationen zu Coaching-, Seminar- und Beratungsangeboten sowie zu Weiterentwicklungen im Bereich Psychosynergetik® unter: **www.psychosynergetik.de**